关爱在行动

——留守儿童生活现状实录

主编 赵菊

WUHAN UNIVERSITY PRESS
武汉大学出版社

图书在版编目(CIP)数据

关爱在行动:留守儿童生活现状实录/赵菊主编.—武汉:武汉大学
出版社,2018.12
ISBN 978-7-307-19958-3

Ⅰ.关⋯　Ⅱ.赵⋯　Ⅲ.农村—儿童—生活状况—研究—中国
Ⅳ.D432.7

中国版本图书馆 CIP 数据核字(2017)第 325373 号

责任编辑:徐胡乡　　　责任校对:汪欣怡　　　版式设计:韩闻锦

出版发行:**武汉大学出版社**　　(430072　武昌　珞珈山)
(电子邮件:cbs22@whu.edu.cn　网址:www.wdp.com.cn)
印刷:北京虎彩文化传播有限公司
开本:720×1000　1/16　印张:16.75　字数:301 千字　插页:1
版次:2018 年 12 月第 1 版　　2018 年 12 月第 1 次印刷
ISBN 978-7-307-19958-3　　定价:47.00 元

前　言

留守儿童寄托着全社会的希望，关注留守儿童的成长应该成为一种全社会共同承担的责任。我们愿尽一丝丝微薄的力量，为留守儿童撑起一片蓝天。

随着我国城市化的进程不断加快，为了改变自己的生存现状，越来越多的农村劳动力开始向城市流动，寻找工作的机会。但是由于城市的体制机制还不够健全，城市的包容力还不够，使得农民在自身进城务工的同时，无法将自己的孩子留在身边抚养。这些孩子在成长的过程中缺乏父母的教育和陪伴，情感空虚，出现各方面问题的可能性也随之上升。所以关注留守儿童，去发现他们的生活状况、学习、心理以及人际关系的状况就显得极其重要。

在这种背景下，湖北经济学院马克思主义学院赵菊老师及其他几位老师带领暑期社会实践小组——湖北经济学院蒲公英团队奔赴湖北省各个留守儿童集中地进行实践调研支教活动。让我们的大学生团队真正走到留守儿童的身边，走进他们的生活，去感受他们的感受。团队成员希望用自己的微薄之力为他们带去温暖和希望，也希望通过对留守儿童的调查和研究能够引起社会各界的关注，动员全社会奉献自己的一份爱心，共同托起我们明天的希望。

在2010—2014年的连续5年中，湖北经济学院蒲公英团队以支教的形式走进留守儿童的生活，配合社会调查的方式，想要更加全面地了解留守儿童的现状及其生活环境。通过第二课堂等形式的活动丰富留守儿童的假期生活，带领他们看一看外面的世界，拓宽他们的视野，希望在他们幼小的内心种下一颗希望的种子，让它生根发芽，燃起希望。让我们的留守儿童带着这种希望，以一种积极向上的面貌，梦想改变，梦想远方，成为有理想的中坚一代。

支教虽然是一种短期的教学活动，但是它却与素质教育紧紧挂钩，通过这种短期的教学能够帮助孩子们重新找到学习的乐趣，也能够让他们更好地明确学习的意义，真正激发学习的动力。相信这次实践一定会对孩子们有所启发，带给他们不一样的体验。我们的学生也通过家访等形式走进留守儿童的家庭，了解他们的家庭状况，建立留守儿童档案，并与当地妇联等组织及政府其他相关部门联系，了解他们在留守儿童群体中的投入，也希望进一步动用更多的社会资源来帮助留守儿童及其家庭，为他们提供一个相对较好的生活环境。

在支教的同时，蒲公英团队也致力于对留守儿童的社会调查，通过问卷和访谈的形式了解留守儿童的心理、学习和人际交往状况，力图通过这些调查，真正找到困扰留守儿童的难题，以求找到能够切实排除这些困扰的对策，让留守儿童能够像所有的儿童一样健康快乐的成长。最后通过资料的收集，将留守儿童与非留守儿童进行对比，发现其实在很多方面，留守儿童与非留守儿童的差异并不是很显著，而有差异的方面，主要是由于留守儿童父母不在身边而导致他们情感的缺失，在性格上表现得更加内向，也更缺乏自信等品质。在未知的领域，他们没有父母的鼓励，很难勇敢地迈出尝试的第一步。蒲公英团队的支教活动虽然短暂，但是一届又一届的蒲公英团队成员在这片土地上播撒爱的种子，他们精心浇灌，始终努力给孩子们更多的鼓励，鼓励他们勇敢地在人前表现自己，一次又一次的强化，相信定会从量变到质变，他们一定会与非留守儿童的差距越来越小，也能实现全面发展。

我们坚信这种实践方式也在一定程度上会给当地的老师一些启发，引导他们改变自己当前的教育方式。教书育人者，一定不能只看重学生的成绩，而是应该培养他们的能力，提高他们的综合素养，关注他们的心理健康成长，这也是新时代的教育者所必须坚持的理念。其间，蒲公英团队也积极与媒体联系，希望借助媒体的力量让更多人了解到留守儿童的生存现状，让更多的爱心能够汇集，流动到留守儿童的身边，让留守儿童即使不能时时刻刻享受来自父母的关心和呵护，也能够感受到来自社会的大爱，不再认为自己是被社会所遗弃的，帮助留守儿童重新肯定自己，接纳自己，使留守儿童的心理也能健康的发展。我们相信，只有我们不懈追求，共同努力，与政府积极联系，呼吁社会各界联动起来，才能为留守儿童争取更多的资源，让他们真正健康成长。

最后感谢所有指导老师和带队老师的付出，感谢蒲公英小组全体成员的积极实践。2011—2014 年度蒲公英实践团队成员钟彦姝、刘帷、周翔、柯凑巧、陆静、王梦君、李金枝、安东、钟媛媛、张志红、刘蒙、汪淋瑶、胡鹏鹏、刘办、吕彩云、戴绪、张月、肖晓宇、崔伟伟、李倩、朱曦、刘桥溪、韩璐、丁小雄、黄圆、于婷、胡清霞、董奇、高凡、程遥、周兰兰等对本书亦有贡献。这本书能让我们对留守儿童越来越了解，让我们有可能尽自己的微薄之力为留守儿童争取一个更好的生存成长环境，让我们每个人的心都获得一次成长。

目　录

第1编　留守儿童成长安全问题现状

第1章 留守儿童生活现状调研

一、问题提出

留守儿童问题目前已经引起了社会一定的关注度。改革开放以来，特别是近几年来，越来越多的农民进城打工，随之而来的农村留守儿童也越来越多。由于长期与父母分离，农村"留守儿童"在生活、学习、教育、心理、品行、安全等方面都存在着不同程度的发展问题，亟待引起社会各界关注并找到着力解决的办法。

当前来看，留守儿童问题的社会影响巨大。具体体现在以下几个方面：

（一）关系到农民工是否能够安心工作

一些农民丢下子女和老人进城打工，根本目的是要改变家庭经济状况，挣钱送子女上学，改变下一代的前途命运。但是，如果留在农村的孩子生活不好，让他们一心挂两肠，难以安心在城市里工作。农民工在外能否安心工作，不仅关系到工程（工作）质量，还关系到个人生命安全。

（二）关系到留守儿童的自身安危、家庭和谐及农村社会的治安

在一些农村留守儿童不断受到伤害的同时，农村留守儿童、少年的违法犯罪率也在呈不断上升趋势。不难想象：一个留守儿童的安危，牵涉两家甚至几家人的和谐安宁；几个留守儿童的违法犯罪，就关系到一个村的治安稳定。

（三）关系到中华民族整体素质的提高

据有关部门统计，中国目前农村留守儿童达4000多万。这样惊人数量的农村留守儿童，如果引导不好，必然影响到下一代的整体素质。留守儿童承载着民族的希望，他们不仅关系到现实社会的安宁与和谐，还关系到祖国下一代

的整体素质。因此，关爱农村留守儿童，不仅具有深刻的现实意义，而且具有深远的战略意义。

而当代青年生活在经济高速发展的时代，会受到各方的诱惑，我们更应该关注留守儿童中青少年身心的健康发展。青少年身心的健康发展以及身心健康发展的良好教育，直接关系到青少年的健康成长，以及社会的稳定。在知识大爆炸的今天，信息技术奔涌袭来，为当代青少年的健康成长提供了更为宽广和开放的空间。信息化给我们带来的不仅有好的一面，也有坏的一面，很多时候，坏的一面影响着我们青少年身心的发展，甚至导致社会问题的恶化。

勒温曾说过，青少年时期是由儿童"心理场"向成人"心理场"的过渡。这也就说明了青少年时期，身心的发展都是处于一个极其重要和关键的时期。对青少年的影响，不仅是身体方面的，更多的是心理方面的。

青少年的心理特点是多变的，容易受环境的影响。良好健康的身心发展离不开良好的家庭环境、学校和社会的支持与帮助。如何帮助青少年解决心理问题显得任重而道远。青少年身心健康发展的实现，将改变社会的面貌，在带给社会稳定的同时，还能促进社会繁荣发展。只要我们积极地进行沟通，真心接受，提高自身的素质修养，一定能够把握好青少年的心理特点，从而能够正确地引导青少年，使其身心得到良好的发展。

二、调查过程

（1）调查队伍：湖北经济学院国贸学院蒲公英暑期社会实践小分队。

（2）调查对象：湖北省孝感市孝昌县某镇中学在校学生。

（3）调查过程：在当地政府、学校和居民的配合下，我们进入学校与孩子们相处，了解他们的情况，进行问卷调查，并深入到孩子们的家庭进行采访。

（4）调查问卷：详见附录。

三、调查结果

本次调查问卷留守儿童与非留守儿童的比例是 2：1，男女比例为 1：3。下面为问卷分析：

（一）总体性分析

1. 监护人情况

第一，以单亲监护为主。调查问卷显示有 30.6% 的孩子是单亲监护，27.8% 的孩子是隔代监护。单亲监护略多于隔代监护，这也显示出现在的家长比以前更重视孩子，愿意留在家照顾孩子。

第二，以关爱为主。问卷反映 90% 的监护人对被监护人的态度是关爱，而态度是没办法推托、冷淡或其他的各占 3.3%。虽然大部分孩子得到了关爱，但是仍有少部分孩子得到的关注是不够的。

第三，文化程度有所提升，但不是很明显。监护人有 16.7% 是文盲，13.3% 是粗识字，13.3% 是小学，40% 是初中，16.7% 是高中以上学历。大部分文化程度是初中，这比起以前的调查，被监护人的文化程度是有所增长的，但情况仍然不理想。

2. 生活环境状况

总体趋势为与父母在家时并无很大差别，但也不排除例外。

当问到现在的卫生状况与父母在家时的卫生状况相比时，7.1% 的孩子表示比父母在家时好，67.9% 的孩子表示一样，而 25% 的孩子表示比父母在家时差。虽然多数表示和父母在家时一样，但是比父母在家时差仍占较大比重，这说明还是有一部分监护人未能营造一个较好的生活环境给被监护人，这对被监护人的健康成长也会造成一定的影响。

3. 情感沟通状况

第一，与同学交流情况：孩子们大多选择和同龄人交流，比较乐观开朗。据了解，61.1% 的孩子与同学交流频繁，33.3% 为一般，5.6% 较少，没有孩子几乎不与同学交流。可见绝大多数的孩子都是比较开朗的，乐于与同学交流，未发现非常孤僻的孩子。

第二，与父母沟通情况：沟通频率不高，且有相当一部分孩子不大愿意父母外出务工。调查显示，父母回家的频率大约为半年至一年一次，多数父母会时常打电话和孩子联系。孩子们都很想念外出打工的父母，一般不愿意父母出去打工。

当问到父母外出打工对孩子的影响时，48.3% 的孩子认为是没有影响的，37.9% 的孩子认为是起坏作用的（见表 1-1）。这两种都占了很大比重，应该引起父母对这方面情况的关注。

表 1-1   起坏作用的具体方面：（1~5 分递增）

	1 分	2 分	3 分	4 分	5 分
缺少监督					
缺乏关心					
日常生活照料不周					

其中缺乏关心与日常生活照料不周选 1 分的所占比例在 60%~70% 之间，占很大比重，而缺少监督选 3 分的所占比重较大，可见父母虽然外出，但是对孩子依然很关心，临时监护人对他们的生活照料也是比较到位的。但是他们缺乏很好的监督，而这种监督恰恰是临时监护人给不了的。

第三，与班主任交流情况：班主任关心程度不够。当问到班主任是否关注学生的心理状况时，2.8% 的孩子认为是没有，38.9% 的孩子认为是偶尔，33.3% 的孩子认为是比较多，25% 的孩子认为是经常。孩子普遍认为班主任的关心并不到位，不是特别关注。通过家访我们也了解到监护人与班主任的交流并不多，该学校的初一、初二学生是没有家长会的，也就是说，班主任对孩子们在家的状况和家庭情况也不是很清楚，对孩子们的心理状况亦没有深入了解。

而根据我们的调查发现，当孩子们有心里话时，朋友是第一选择的倾诉对象，他们也愿意对父母说，但是很少会对临时监护人说，这说明他们心理上并不是很接纳临时监护人。

4. 学习状况

大多数孩子认为学习压力较大，且对自己要求较高，但是缺乏相关人员的辅导成为他们学习的主要障碍。

当问到孩子们是否有压力时，绝大多数孩子选择了有压力，当问到压力来源时，孩子们主要选择了学习压力，同时经济压力也占了较大比重。

调查问卷显示，28.6% 的孩子不满意自己的学习状况，但是只有 8.6% 的父母不满意孩子的学习状况，后者的比例远小于前者，孩子们对自己的要求是高于父母的要求的。

而对于学习方面遇到的最大困难，33.3% 的孩子认为是自己基础差而听不懂，57.6% 的孩子认为是课后无人辅导。可见监护人文化程度不高对辅导孩子课后学习是不利的，同时这也提醒教师在教学中要注意孩子的基础，因材施教。

5. 课外安排及其他情况

当问到孩子们的空余时间安排时，我们发现，孩子们很少选择巩固课堂知识，这大概也是导致孩子们学习基础差的原因。选择上网的孩子所占比重较大，这既可以看到高科技已融入孩子们的生活，又反映出孩子们可能缺少这方面的监督。同时，也有很多孩子选择帮家里干活。

我们也对孩子们的偶像选择进行了调查，33.3%的孩子选择明星作为偶像，大于科学家等其他选项，可见电视传媒对于孩子们的影响较大，这种利弊还有待考察，但是孩子们的这种崇拜有的是比较盲目的。

当问到孩子们是否有明确而坚定的理想时，72.2%的孩子选择肯定的答案。可见他们对于自己的未来是有一定规划的。

(二) 差异性分析

我们主要是研究留守儿童与非留守儿童在某些方面的差异，通过问卷和数据分析，我们发现了如下结论，并分析了相关的原因。

1. 对于理想目标问题

相比于非留守儿童，大部分留守儿童缺乏理想和目标，处于迷茫之中。

留守儿童与非留守儿童在理想目标上存在着明显的差异。尽管数据显示大部分孩子有明确的理想和目标，但是留守儿童从未考虑过自己理想的占比较大，达到了29.2%，而非留守儿童只有8.2%，这说明留守儿童可能由于缺乏家长的正确引导等因素，大部分缺乏理想和目标，处于迷茫之中，不知道未来的路该如何走。如图1-1所示。

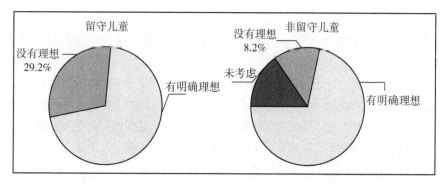

图1-1　留守儿童与非留守儿童的理想目标分析

因此，我们建议学校作为培养孩子的第一学堂，教师所做的不仅是要教授知识，还要帮助孩子们确立各自的理想和奋斗目标，树立正确的价值观和人生观。我们还发现，没有理想目标的孩子中，非留守儿童所占的比例也不小，这在某个角度上可以解释为，孩子依赖性比较强，家长说什么做什么，并没有自己的目标与理想。

2. 对于早恋态度的问题

调查发现，相比于非留守儿童，留守儿童更可能有早恋的对象。

虽然没有一个孩子选择支持恋爱，但是"无所谓"作为一个主要的判断依据，我们可以推测留守儿童更可能有早恋的对象，他们中只有约一半的孩子反对早恋，但是非留守儿童中有近80%的孩子明确反对早恋。孩子在初中阶段正处于青春期，心理、生理发生着较大变化，若没有家长和老师的正确引导，很容易陷入早恋，荒废学业。对于早恋问题，要正确引导，不要"上纲上线"，而是进行健康的引导，确认学业的重要性，让学生及早从感情的漩涡中走出来。

3. 对于偶像的问题

相比于非留守儿童，留守儿童中有8.3%的孩子崇拜的是自己的父母，而非留守儿童中却几乎不存在这种现象。

通过整体性描述，我们看到，差不多三分之一的孩子的偶像是明星。通过对留守儿童与非留守儿童进行对比，我们发现，留守儿童中有8.3%的孩子崇拜自己的父母，而非留守儿童则很少有崇拜自己父母的，他们更多的是崇拜科学家或大师级的人物。对于不少留守儿童来说，父母是他们心中的偶像，因此父母更要树立好榜样，在孩子心中保持好的形象，并帮助孩子健康成长，教育他们生活哲理，在学习上多给予支持与鼓励。

4. 对于课外生活的安排问题

相比于非留守儿童，留守儿童的课外生活显得更单调，但他们也更懂事，更早地承担家务劳动。

课外生活内容，留守儿童主要是在玩耍或干家务活，而非留守儿童主要是在上网、读课外书籍以及玩耍。孩子们普遍都不怎么巩固课堂知识，所以这是个问题，我们建议学校的老师要强调课外复习的重要性，让孩子们打好学习基础。通过比较可以知道，非留守儿童的课余生活相对而言是比较丰富的，见表1-2。

5. 对于压力及压力来源的问题

相比于非留守儿童，留守儿童的压力更大。在学习与经济状况上，留守儿童所承受的经济压力更大。

表 1-2　　　　　　　　　留守儿童与非留守儿童的课外生活安排

课外活动方式 儿童类别	上网或 看电视	读课外 书籍	巩固课 堂知识	干家 务活	找同 学玩
留守儿童	18%	23%	7%	27%	25%
非留守儿童	28%	24%	4%	16%	28%

　　整体来看，选择有很大压力这个选项的，两者所占的比例相同；而选择压力一般这个选项的，非留守儿童有 50%，留守儿童有 70.8%，后者比前者要多 20.8%。再来分析压力的来源：两者的主要压力来源都是在于学习，但是很明显，非留守儿童的压力更大，可能家长在家，对孩子的学习要求更高。但是留守儿童在家庭经济状况上承受的压力更大，家长外出务工让他们总有一种不安全感，强烈地希望家庭境况好转。让我们惊奇的是，非留守儿童似乎更难以处理好人际关系（与同学、老师和家长的关系），而无法找到合适的倾诉人也时时让非留守儿童苦恼（见图 1-2、图 1-3）。

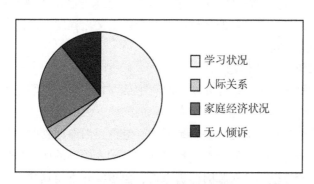

图 1-2　留守儿童的压力来源

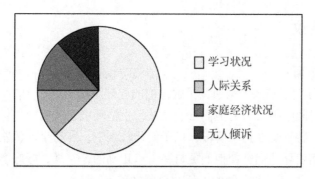

图 1-3　非留守儿童的压力来源

9

6. 个人性格差异问题

相比于非留守儿童，留守儿童的性格偏内向。

我们发现，非留守儿童和留守儿童在性格方面也存在着微妙的差异，以与同学和老师的交流频率作为观测量，分析后发现，留守儿童选择交流频繁的比例是 54.2%，而非留守儿童是 75%；在交流频率一般这个选项上，留守儿童选择的比例是 37.2%，而非留守儿童是 25%。由此可以看出，非留守儿童的性格大多是外向开朗的，有一小部分留守儿童依旧很少或几乎不与同学和老师交流，这部分孩子是我们应重点关注的对象。

7. 对于学习的问题

相比于非留守儿童，留守儿童在学习方面遇到的困难更大，原因主要在于他们的监护人文化程度较低，无法提供有效辅导。

我们发现，绝大部分孩子遇到的最大学习困难是课后无人辅导，留守儿童因基础较差而感到学习困难所占的比例较大，相对来说，非留守儿童的学习基础要好些。整体来看，父母对孩子学习状况的满意度相差不大，而孩子对自己学习状况的满意度差异较大，非留守儿童对自己学习状况不满意的比例较大。另外，绝大部分非留守儿童的父母都是初中以上文化程度，而留守儿童监护人的文化程度普遍不高。

8. 对于倾诉对象的问题

相比于非留守儿童，留守儿童更愿意把话憋在心里，不愿与人交流。

而孩子们的倾诉对象也是一个有意思的问题。大部分孩子会选择朋友为倾诉对象，然后是自己的父母，接着是同学、老师，而最糟糕的一种方式就是憋在心里。奇怪的是，孩子们愿意选择对临时监护人倾诉的所占比例很小，按常理来说，孩子的心里话会对临时监护人说，但事实并不是这样，这个问题应该引起我们的深思。而留守儿童选择把心里话憋在心里所占的比例要更大一些。

四、建议

1. 家庭方面

（1）父母应多和孩子沟通，了解他们的心理想法。

多花些时间陪孩子，为他们营造良好的生活环境，父母中尽量能有一人在家照顾孩子。特别是在初中阶段，孩子们比较叛逆，容易出现偏差，这时候需要多花些时间引导他们，使他们更自律，有正确的是非观，好好学习。

（2）监护人应了解自己的责任，教养好孩子。

对于孩子的监护，不仅仅是物质上的照顾，还要提高对其卫生的关注度，让孩子们养成良好的卫生习惯。此外，还需要关注孩子们的心理状况，代替父母了解他们的内心想法，了解孩子们的交友情况，若是外出，应了解他们的去向。同时，应保持和孩子父母及学校的良好沟通，了解孩子各方面的情况，为孩子营造良好的成长环境。

（3）孩子自身也应自律，理解父母的艰辛。

孩子尽量不要让父母操心，在力所能及的情况下可以帮监护人分担一些家务。

2. 学校方面

（1）建立健全留守儿童档案，增强学校及教师对留守儿童的关爱。

班主任要做好留守儿童的摸底工作，将其在校的各方面表现记入档案，定期召开家长会，及时向监护人和外出务工的家长通报其成长情况，形成学校、家庭共同教育的局面。教师应承担起家长或监护人的部分责任，多与留守儿童交流谈心，提高他们的信任度，给予其更多关爱和正面引导。

（2）开通亲情热线和设立心理健康咨询室。

学校可开通亲情热线电话，为外出务工家长与子女沟通提供方便，并使外出务工家长可随时与班主任取得联系，了解子女在校的学习情况；还可设立心理健康咨询室，聘请专家或安排有经验的教师担任心理医生，及时帮助"留守儿童"解决心理上的困惑。

（3）加强家长与青少年之间、青少年与青少年之间的交流互动。

引导青少年互助互爱，让留守儿童充分感受到来自集体的温暖。推行寄宿制管理，对部分不能得到有效监护的留守儿童，可动员家长将其转入学校寄宿，由专门教师负责其饮食起居生活。寄宿的孩子有着相似的经历，对他们进行集中管理，不但容易唤起孩子的自信，而且能激发其学习热情，增强其集体归属感。

（4）积极开展丰富多彩的青少年活动。

如开展公益活动，为其创造参加社会实践的环境；开展体谅父母的辅导活动，解决其可能面临的问题等。在活动中对留守儿童进行正面的引导，通过活动来赞扬和鼓励其继续发扬自律自强的精神。

3. 政府及社会方面

（1）大力发展当地经济。

政府可通过多种措施为当地提供更多就业机会，使当地青年可以在家乡就业，从而为其子女提供更好的成长环境。

（2）强化政府统筹管理，加大社会的支持力度。

例如，在城市打工族密集的地方，增加城市基础教育设施，降低打工子女的入学标准，逐步改善民工子女的上学条件，使其享受与打工所在地孩子同等的教育待遇。

（3）建立帮助留守儿童的机构，开展关注留守儿童的活动。

例如，设立农村少年儿童教育服务中心，建立关爱留守儿童志愿者队伍，动员社会各界热心人士加入到关爱留守儿童的行动中来，组织他们深入留守儿童家庭开展帮扶活动，使留守儿童深刻体会到社会的浓浓暖意。

（4）对于留守儿童家庭实施优惠政策改善其生活状况，并确保这些政策的落实。

例如，通过实施"两免一补"对贫困留守儿童进行重点救助；通过"春蕾计划"、"希望工程"、民政救助等扶助资金，帮助贫困留守儿童完成学业；通过开展"手拉手"、"一帮一"、城乡帮扶等系列活动，为留守儿童创造良好的成长环境，

（5）政府加大对农村教育的投入，加强和改善农村中小学寄宿条件。

建议政府加大对农村中小学阶段寄宿制学校建设的投资力度，建立起和义务教育阶段相配套的寄宿制学校，使寄宿学校变成留守儿童"暂时的家"，使学校和教师及时填补留守儿童家庭教育的空白。

综上所述，我们从各个方面具体研究了留守儿童与非留守儿童在学习、生活、心理状况等方面的差异，发现留守儿童存在的潜在问题要明显多于非留守儿童，希望这些具体的分析可以为有关部门提供参考。

通过这次活动，我们深入了解了留守儿童的生活现状，希望能通过我们的行动给他们带去温暖，同时我们呼吁更多人来关注留守儿童，给予他们帮助与关怀，为他们创造更好的成长环境。

◎ 附录（调查问卷）

为了确保调查的客观性，请各位同学如实填写。

性别：男　女

监护人：（A. 单亲监护　B. 隔代监护　C. 亲戚监护　D. 其他）

1. 对被监护人的态度（　　　）

　　A. 关爱　　　　　　　　B. 没办法推托

　　C. 冷淡　　　　　　　　D. 其他

2. 监护人文化程度 （　　　）

　　A. 文盲　　　　　　　　B. 粗识字　　　　　　C. 小学

　　D. 初中　　　　　　　　E. 高中及以上

3. 现居住卫生状况 （　　　）

　　A. 比父母在家时好　　　B. 与父母在家时一样　C. 比父母在家时差

4. 父母一般多长时间回来一次 （　　　）

　　A. 1 到 3 个月　　　　　B. 3 个月至半年

　　C. 半年至 1 年　　　　　D. 1 年以上

5. 是否想念外出打工的父母 （　　　）

　　A. 经常想念　　　　　　B. 有时想念　　　　　C. 不想念

6. 愿意父母出去打工吗 （　　　）

　　A. 愿意　　　　　　　　B. 愿意，但希望常回家　C. 不愿意

7. 对自己目前的学习状况 （　　　）

　　A. 满意　　　　　　　　B. 比较满意　　　　　C. 不满意

8. 父母对留守孩子的学习状况 （　　　）

　　A. 满意　　　　　　　　B. 比较满意　　　　　C. 不满意

9. 你在学习方面遇到的最大困难是 （　　　）

　　A. 由于基础差而听不懂　B. 课后无人辅导　　　C. 老师的原因

10. 平时和同学交流的频率 （　　　）

　　A. 频繁　　　　　　　　B. 一般　　　　　　　C. 较少

　　D. 从不与人交流　　　　E. 其他

11. 你的班主任是否关注学生的心理状况 （　　　）

　　A. 没有　　　　　　　　B. 偶尔

　　C. 比较多　　　　　　　D. 经常

12. 父母外出打工对你的学习有什么影响 （　　　）

　　A. 起好作用　　　　　　B. 没有影响　　　　　C. 起坏作用

请填写如下表格：

	1分	2分	3分	4分	5分
缺少监督					
缺乏关心					
日常生活照料不周					

13. 你有心里话时最想对谁说 (　　)

    A. 父亲　　　　　　　　B. 母亲　　　　　　　　C. 临时监护人

    D. 老师　　　　　　　　E. 同学　　　　　　　　F. 朋友

    G. 不想说，憋在心里

14. 你内心有压力吗？(　　)

    A. 比较大　　　　　　　B. 一般　　　　　　　　C. 没有

15. 你的压力来源是 (　　)

    A. 学习　　　　　　　　B. 人际关系

    C. 家庭经济情况　　　　D. 找不到人倾诉

16. 你空余时间一般做什么？(　　)

    A. 上网或看电视　　　　B. 读课外书籍

    C. 巩固课堂知识　　　　D. 帮家里干活

    E. 找同学玩等其他事情

17. 你的偶像是谁 (　　)

    A. 明星　　　　　　　　B. 科学家等大师级人物

    C. 老师　　　　　　　　D. 亲人

    E. 其他

18. 你对初中生恋爱问题怎么看？(　　)

    A. 支持　　　　　　　　B. 反对　　　　　　　　C. 无所谓

19. 你是否有明确而坚定的理想？(　　)

    A. 有　　　　　　　　　B. 没有　　　　　　　　C. 未考虑

20. 对于未来，你有什么期待或者理想？

第2章 留守儿童与非留守儿童义务教育阶段消费对比

一、调查目的及背景

留守儿童作为留守群体的组成部分，他们的生活状况牵动着父母的心，同时也越来越受社会的关注。为了更好地了解他们的生活，帮助留守儿童，我们对留守儿童与非留守儿童在义务教育阶段的消费情况进行了调查。希望此次调查，可以使我们更加清楚留守儿童的消费情况，更加明确留守儿童所需要的帮助，为真正地帮扶留守儿童提供依据。

二、调查地点和内容

本次调查的地点主要是湖北省黄石市阳新县王英镇，围绕王英镇和周边的乡村进行随机抽样调查。调查的内容主要是留守儿童与非留守儿童在义务教育阶段花费情况的对比，包括零用钱的来源，以及伙食费、学习用品、通信、服饰、读物、补习班等方面具体花费情况的调查。

三、调查方法

本次调查主要采用问卷调查法，共发放问卷100份，最后收回问卷89份，有效问卷85份。问卷回收并整理完毕之后，用spss和excel统计软件进行数据分析处理，发现总结规律，并尽量结合图表的形式将结果如实明了地表现出来。

四、调查结果及分析

1. 年龄与父母外出打工情况的关系

从图2-1可以看出，三个年龄段，父母外出打工的比重分别为48%、

46.9%、45%，三者相差并不大。根据我们的调查，父母外出打工与孩子的年龄没有必然的直接关系，出现这种情况的原因可能是因为我们的样本数量太少，在代表性上有所欠缺。

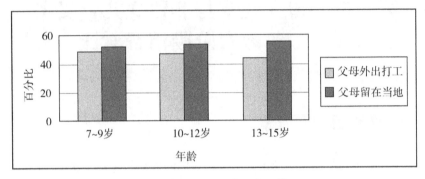

图 2-1　年龄与父母外出打工情况

2. 零用钱来源对比情况

如图 2-2 所示，关于零用钱来源，有 60.2% 的留守儿童选择来自父母的收入，39.8% 选的是来自爷爷奶奶的收入。而非留守儿童则有 86.3% 选择来自父母的收入，13.7% 的选择了来自爷爷奶奶的收入。留守儿童与非留守儿童中都没有人选择零用钱来自政府补贴。

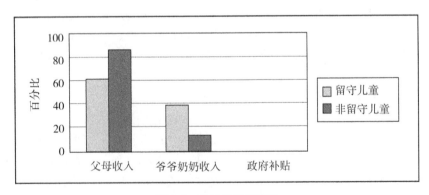

图 2-2　零用钱来源情况

通过家访发现，留守儿童如果父母有一个在家，并跟其一起住的话，零用钱基本上来自父母；如果父母双双外出打工，则由爷爷奶奶给零花钱的情况比较普遍。所以留守儿童零用钱来源在父母收入和爷爷奶奶收入两个选项之间的占比相差较小。而非留守儿童由于父母都在身边，所以零用钱基本来自父母的收入，故而在父母收入与爷爷奶奶收入两个选项之间的占比相差较大。同时，不论是留守儿童还是非留守儿童，都可能会因为爷爷奶奶疼爱而有一部分零用钱来自爷爷奶奶的收入。

据我们了解，该地的中学有针对留守儿童的补贴政策，该政策规定如果留守儿童住校，则每学期有 500 元的补贴。由于在我们调查的孩子当中，没有人得到这个补贴，所以选择零用钱来源于政府补贴的占比为 0。而且由于该政策名额有限，所以即使有的留守儿童住校了仍然得不到补贴。我们认为，政府的补贴需要比较好的监督机制，让补贴真正落到实处，给有需要的人。同时也有一些家长表示，学校离家比较近，更希望孩子可以在家吃饭，这样营养会比学校更好。营养问题直接关系到孩子的成长，希望能有更多的学校和家长关心孩子的营养问题。

3. 伙食费对比情况

如图 2-3 所示，留守儿童与非留守儿童在伙食费方面的差异并不大。分析原因，我们认为，一方面，由于在同一个地方，物价水平相同，故而伙食方面的花费也差不多；另一方面，由于调查地属于农村，很多家庭是兄弟姊妹住在一起，对于孩子的伙食费无法给出很精确的数据，所以会存在一定偏差。

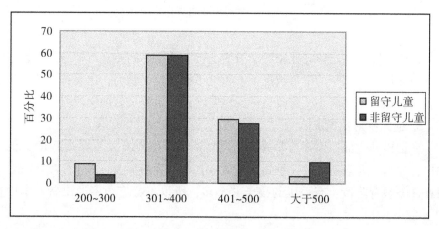

图 2-3　伙食费对比情况

4. 学习用品方面的花费对比情况

如图 2-4 所示，留守儿童与非留守儿童每学期的学习用品花费集中在 50～100 元，究其原因，我们认为，一方面，我们所说的学习用品是指学习资料、模拟题、字典、书包、笔记本等，而孩子们在义务教育阶段年龄较小，在这方面的花费不多，再加上学习资料等很多都是学校统一定的，所以花费比较集中。另一方面，花费小于 50 元这一选项，留守儿童所占比重比非留守儿童大，而大于 100 元的选项，非留守儿童所占比重大于留守儿童。可见在学习用品上的花费，非留守儿童总的来说要多于留守儿童。通过家访我们发现，留守儿童由于父母不在身边，而单亲监护或者隔代监护人往往并不太重视孩子的学习情况，所以他们在学习用品方面的花费比较少；而非留守儿童的家庭相对比较关心孩子的学习，所以学习用品的花费要多一些。

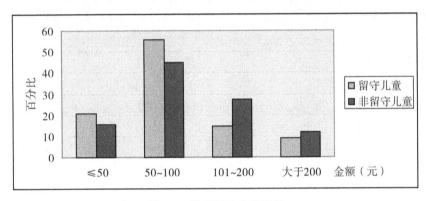

图 2-4 　学习用品花费情况

这个问题反映出留守儿童的学习情况得不到很好的监督与辅导，而且留守儿童的父母对于孩子的学习情况关心程度不够。我们认为，这对孩子的成长是不利的，孩子年纪尚小，需要监护人监督学习，培养良好的学习习惯。

5. 通讯费对比情况

在通讯费方面，留守与非留守儿童大部分都小于 10 元，而大于 10 元的选项中，非留守儿童所占的比重要大于留守儿童。我们认为，由于此项调查对象尚在义务教育阶段，有手机的孩子并不多，所以不会有很多通讯费，集中在 10 元以下。

我们原本以为留守儿童的通讯费会比较多，因为要与父母联系，但是通过家访了解到，事实上，孩子们和父母联系的次数并不多。一方面父母工作忙，孩子们怕打扰父母，同时为了省电话费，所以他们给父母打电话比较少；另一方面，孩子们年纪小，有时虽然想念父母，但是很容易就转移注意力，也就不会常常给父母打电话了；再加上有的父母外出很久，与孩子的关系生疏了，孩子们也就不会常常想打电话。当然，也有一些家庭主要是由父母打电话回来的，所以即使联系很多，对于孩子们而言通讯费也是比较少的。通讯费大于10 元的选项中，非留守儿童通讯费比留守儿童多，这是因为有些非留守儿童家境比较好，有的孩子有了手机，所以通讯费相对就多一些。再加上非留守儿童在 10~15 岁的比较多，这个年纪的孩子大一些，有一些社交需求，相应的通讯费稍微多一些（如图 2-5）。

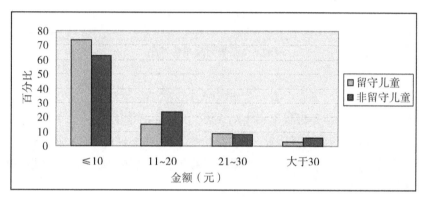

图 2-5　通讯费对比情况

通过这项调查可以看到，有的留守儿童和父母的联系并不多，很多家长并不了解孩子的成长情况特别是心理情况。有的家庭是只有父母打电话回来，孩子不能主动联系父母，这种情况下，如果孩子有心理上的烦恼，家长也不能起到很好的开导作用。我们希望这个问题可以引起重视，家长应注意与孩子的联系沟通。

6. 服装饰品等方面的花费对比情况

留守儿童与非留守儿童每月在服装饰品等方面的花费集中在 31~50 元；大于 50 元时，非留守儿童所占比重大于留守儿童；小于 30 元时，留守儿童所占比重大于非留守儿童（如图 2-6）。

究其原因，主要是孩子们还小，所以在服装饰品等方面的花费还不多。而留守儿童中，有的是家庭条件不好，所以衣服买的不多；有的是父母不在身边，爷爷奶奶也较少买衣服，所以总体上衣服饰品等方面的花费小于非留守儿童。

但是这些数据并不能很真实地反映情况。据我们家访获知的信息，孩子们在买衣服方面的花费和是否是留守儿童的关系并不是很大，而更多与孩子在家

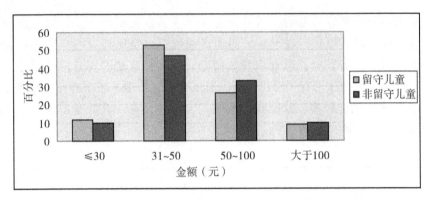

图 2-6　服装饰品花费情况

中排行第几有关，如果家中有哥哥姐姐的，则孩子在服饰上面的花费就会少很多，因为很多孩子穿哥哥姐姐小了的衣服。所以并不能从这一点来判定留守儿童没有得到很好的照顾。例如，我们家访的小炜（化名），其实他父母对他很关心，但由于他有三个表兄弟，年龄比较相近，感情也很好，所以他很多衣服都是哥哥们给的。

　　我们虽然不提倡给孩子们买很多衣服，但是希望父母对孩子们的穿衣方面也多关心一下，满足孩子基本的生活需求。但是不建议给孩子们买太贵的衣服，不要让孩子产生穿名牌的虚荣心，另外，由于孩子长身体比较快，也不用买太多的衣服。

7. 玩具花费对比情况

　　留守儿童和非留守儿童每月在玩具方面的花费如图 2-7 所示，比较集中在 20 元以下，当大于 20 元时，非留守儿童所占比例基本大于留守儿童所占比例。玩具花费相近的原因在于当地只是一个小镇，镇上的玩具种类较少，价钱也不会很贵，所以留守儿童与非留守儿童的玩具花费不会相差太多。但是大于 20 元时，非留守儿童所占比例相对较高，原因在于非留守儿童由于父母在身边，所以买的玩具会多一些。

　　但是仍然和服装等方面的花费一样，玩具方面的花费其实受家中有几个孩子的影响比较大。例如，我们家访的玲玲（化名）家，她和爷爷奶奶还有叔叔们住在一起，家里有一个大她 3 岁的堂哥。她在玩具方面的花费并不多，因为她叔叔很疼儿子，给她的堂哥买了很多玩具，而她也可以玩哥哥的玩具。

　　一方面，虽然买玩具的多少并不能完全体现父母是否真正关心孩子，我们

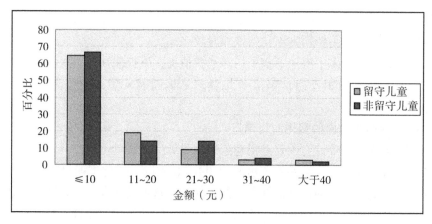

图 2-7　每月玩具花费情况

也不提倡父母在物质上过多的满足孩子，但是偶尔买些玩具也是有必要的，让孩子有玩具陪伴他们度过一个纯真快乐的童年，而且父母不在的时候，他们还可以看着玩具想念父母。另一方面，笔者认为孩子到了小学 4 年级以后，就不需要买太多玩具了，以免玩具让孩子分心，不好好学习，而且孩子们太依赖玩具不利于心理的成长。

8. 每月交际花费对比情况

我们指的交际花费包括交友送礼等。从图 2-8 可以看出，孩子们的交际花费并不多，这主要是由于孩子们年纪还小，零花钱有限，并没有很多钱可以用于交际花费，而且他们在交际方面花钱的意识也不强。金额大于 10 元以后，

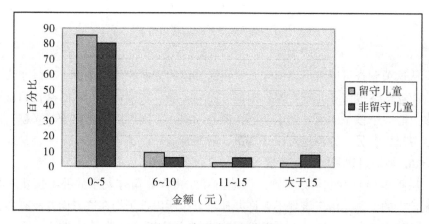

图 2-8　每月交际花费情况

非留守儿童所占的比例较大，可能是因为非留守儿童父母在身边，要零花钱比较容易，所以在交际费用方面花的钱相对较多。

希望家长们能多了解一下孩子们的消费情况，不提倡在孩子太小的时候就有比较多的交际费用支出，非留守儿童的家长们需要多注意一下这方面的情况。

9. 课外读物方面的费用对比情况

本次调查的课外读物主要是指趣味知识或者文学类的书刊。从图 2-9 中可以看出，留守儿童每学期课外读物的费用在 30 元以下的比重明显高于非留守儿童，而其他金额段的比重都低于非留守儿童，这说明留守儿童在课外读物上的花费普遍要低于非留守儿童。原因主要在于留守儿童的零用钱有限，小孩子大多会把零用钱拿来买零食，也就不会买很多课外读物了，而父母不在身边，爷爷奶奶也很少意识到要给孩子们买课外读物。

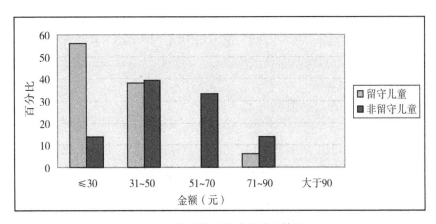

图 2-9　每学期课外读物费用情况

从这项调查可以看出，留守儿童在课外读物方面的消费是少于非留守儿童的，而这会造成留守儿童在课外知识方面的欠缺。希望留守儿童的家长和监护人多关心一下孩子的课外知识问题，课外知识一方面可以培养孩子的兴趣，舒缓学习压力；另一方面也可以开阔孩子的视野。

10. 补习班费用的对比情况

从图 2-10 中我们可以看到，该地留守儿童与非留守儿童的补习班费用都是比较少的。这是由于该地不允许办补习班，所以孩子们在这方面并没有多少花费。只有 2011 年有一些大学生过来办了个补习班，学了两个月，每人交

200 元，此外基本没有补习班费用。有个别孩子曾到阳新县县城的学校上过学，上过补习班，这方面的支出就会多一些。

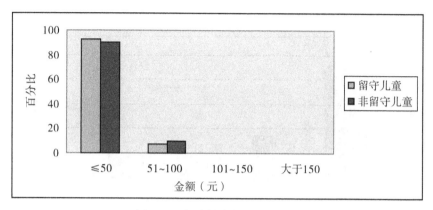

图 2-10　每学期补习班费用情况

我们家访过的一个孩子叫小铠（化名），他不是留守儿童，曾被爸爸送到阳新县上学，因为跟县里的孩子比，他的学习成绩比较差，学习压力比较大，所以他爸爸就给他请了家教，经过一个学期的努力，他的成绩上升了很多，还得了三好学生。小铠在阳新县上学时是母亲陪读，后来由于家里的店人手不够，母亲得回来，他自己又不愿意住校，加上家里考虑到县城花费比较大，就让他回镇里读书了，由于镇里学习压力小，老师作业也留得很少，再加上又和贪玩的孩子一起玩，他的成绩下降了不少。

我们并不提倡办补习班，但是却希望父母可以多关心孩子们的学习情况，让孩子们在有课业不懂时能有人指导。而且孩子们年纪尚小，需要监护人多监督学习，别让玩乐分了心。我们调查的很多乡镇，家长们并不是很关心孩子们的学习情况，老师责任心也不强。我们认为，家长和老师应双管齐下，共同努力，培养孩子良好的学习习惯，为他们今后的学习打下坚实的基础。

11. 每月零食费用的对比情况

我们所说的零食指的是汽水、饼干、膨化食品等食物。从图 2-11 中可以看出，非留守儿童在每月零食费用≤10 元的选项上比重略大于留守儿童，留守儿童比重为 47.1%，非留守儿童为 54.9%；其他三个选项比重相差不大，而且随着每月零食费用的上升，所占比重都是越来越小。但是每月零食费用在大于 10 元时，留守儿童所占比例要高于非留守儿童。据我们了解，这是因为该地的零食物价并不高，中学对面的小卖部售卖的饼干之类的小零食价格多在

0.5~1元。但是由于留守儿童的监护人并不是很关心零用钱的去向问题,知道孩子们买了小零食也不多问,并不在意这些,所以留守儿童的零用钱花费多于非留守儿童。

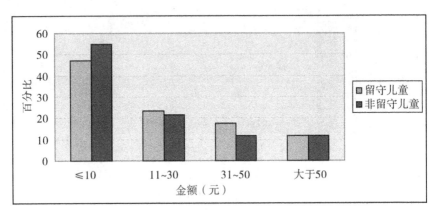

图 2-11　每月零食费用情况

这件事情同样要引起重视。我们也买过学校对面的小零食,很多都是出产厂家不明的小零食,有的甚至还过期了,孩子们长期吃这些零食对身体不好。曾看到有调查节目就披露了一些零食卫生安全问题,孩子吃了会发生腹泻等情况。我们一方面希望监护人多注意,不要让孩子吃这些没有食品安全保障的零食;另一方面,该镇的店家也要注意食品安全,把好质量关。

12. 每月营养品费用对比情况

营养品指水果、牛奶、钙片等食物。从图 2-12 中可以看出,在这个方面,

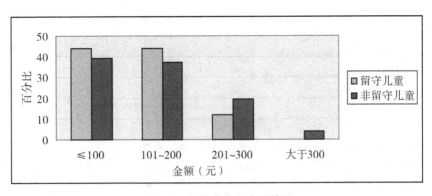

图 2-12　每月营养品费用情况

留守与非留守儿童在 200 元以下的支出比较集中，留守儿童略大于非留守儿童，而非留守儿童在营养品花费 200 元以上的选项中所占比例明显大于非留守儿童。

这是因为留守儿童的监护人一般给孩子买的都是牛奶、水果等，而非留守儿童当中有不少孩子还有钙片之类的营养品。虽然我们也不确定钙片之类的营养品是否真的有作用，但水果和牛奶等有益于孩子成长的东西还是可以适量买一些。

13. 每月网吧上网费用对比情况

如图 2-13 所示，孩子们在上网吧方面的费用是比较少的。这是因为采访对象是义务教育阶段的孩子，比较小，对上网需求不是很大，所以上网吧的费用比较少。但是不论是留守还是非留守儿童中，仍有一些孩子会偷偷去网吧，父母也管不住。此次调查只是对于上网吧的费用，我们家访时，有些家庭情况比较好的孩子家里有电脑，孩子也会想要上网玩游戏，但是父母一般都会监督，不让孩子玩游戏，以免沉迷其中。多数孩子家里是没有电脑的。

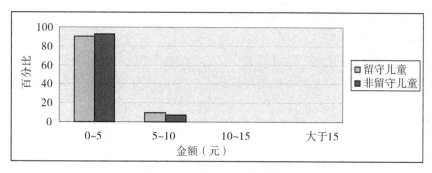

图 2-13　每月上网吧费用情况

孩子们现在大多还没有出现沉迷上网的现象，但是家长们仍然要重视，一旦孩子出现沉迷上网的迹象，要想办法进行积极引导。

五、对留守儿童的成长不利的因素

1. 监护人监护不力

留守儿童的监护人多是单亲、爷爷奶奶、外公外婆或者近亲，监护人在他们的成长过程中的监管对于他们的成长有着重要的作用。但我们了解到的监护人一般都只对孩子进行物质上的基本给予，让孩子吃饱穿暖就行了，而对于孩子们零食消费情况了解得并不多，对于孩子们的心理需求也了解甚少。

我们走访码头时，码头工人告诉我们，当地的家长并不关心孩子的学习，他们认为把孩子送去学校，能完好地回来就好了，对于孩子在学校是否有被欺负、学习成绩如何等情况都不了解。在该地的家长看来，孩子就算学习不好，以后还可以去码头当工人，也不会饿死。

我们认为监护人的这种态度以及当地这样的风气对于孩子的成长是很不利的，一方面监护人要提高对于自身责任的认识，另一方面当地还应想办法提高教育水平。

2. 老师责任不到位

据了解，当地教师自身的学历都不是很高，不能很好地辅导孩子们的学习。而且不少老师也缺乏责任心，作业布置得很少，对孩子要求也不高，让孩子们课下不能很好地巩固学习。据我们了解，孩子们当中有比较多的打架事件，有的甚至拿了管子等当工具，这对孩子们的成长以及人身安全都是非常不利的，老师应予以关注和引导。

3. 留守儿童与父母的沟通不方便

调查通信费时我们了解到，留守儿童与父母的交流很有限，有了烦恼父母也不能及时地帮忙开导。例如，孩子们在学校被打了或者受了委屈，爷爷奶奶毕竟隔代了，他们不会和爷爷奶奶诉说，父母不在身边也没有办法跟父母诉说，最后只好不了了之，这对孩子们的健康成长是不利的。

六、解决建议

（1）我们希望可以通过社区功能的完善来改善留守儿童的成长环境。比如，一些在县里退休的老师可能会回镇上居住，可以聘请他们到社区，孩子们每月交一笔费用，每周可在固定时间去社区写作业、学习。这样就有人可以监督并辅导孩子们的学习了。同时，社区也可以建立心理辅导站，帮助孩子们解决心理上的烦恼。

（2）提高监护人的监护意识。社区可以进行一些针对留守儿童的调查及家访，在家访时了解孩子们的成长状况，并且告诉监护人有哪些地方需要注意。

（3）让父母了解更多有关孩子们的情况。很多父母在外务工，忽略了对孩子们情况的了解。在我们的调查中发现，隔代监护或者近亲监护，不仅在情感上不能满足孩子们，在物质上也往往有做得不周到的地方，所以要让父母更加了解当地的情况。我们了解到该县在其他镇上建立了帮助留守儿童的站点，包括给留守儿童提供途径联络父母，以及组织社会爱心人士来帮助留守儿童，希望这种站点可以得到推广。

（4）提高当地的整体教育水平。希望当地政府可以对学校多一些支持，吸引更多的优秀教师来教学，同时，老师要保护学生们在学校的安全，并做好引导孩子们学习的工作。

（5）形成良好的居民与政府的沟通机制。希望该地一些不必要的支出可以减少，由群众监督，让政府把钱用到实处。同时，孩子们在学校的打架斗殴事件，也希望得到公安机关方面的及时关注，制止这种苗头。

（6）建立完善、真实的留守儿童档案。我们走访政府和妇联的时候了解到，其实妇联也有心做好留守儿童的工作，但是由于留守儿童的资料不能实时更新，他们了解不到留守儿童的动态信息，所以没有办法较好地帮助到真正的留守儿童。希望有更多的志愿者能帮助妇联建立起这份档案，并实时更新档案，让社会上有更多善心人士愿意出钱出力来帮助留守儿童。

七、研究回顾

1. 问卷内容方面

经过组内艰辛的讨论，最终设计出一份让大家比较满意的问卷。但是在后来的调查分析过程中，我们又发现了些许不足：有些问题还是设计得不够严谨，如每月花在营养品（补钙品、促进大脑发育的药品或者牛奶、水果等）购买的钱有多少，这个涵盖太广了；另外，缺乏一些对比度较高的题目，问题设想不够全面，有些局限性。

2. 调查方面

由于缺乏对被调查者充分的考虑，留守儿童不是特别多，样本数量也有些少。

3. 团队合作方面

设计问卷这段时间比较仓促，准备不够充分，但是大家还是团结协作，最后制定出了比较满意的问卷。数据分析期间，因为对软件不熟悉，所以分析数据花费了大量的时间。在制作报告及整合所有材料的期间，组内分工明确，配合默契。最后，整个团队辛苦且高效地完成了所有工作。

八、研究后续建议

我们的报告是以留守儿童为立足点，通过调查留守儿童在义务教育阶段的花费情况，对比普通的家庭，找到帮扶留守儿童的更好方法。但是，我们调查得还比较浅显，没有很好地与学校、政府方面进行沟通了解。希望后续研究可以是：以留守儿童为关注点，以义务教育阶段的花费研究为重点，对比普通家庭，真正地了解留守儿童的困难之处，真正地帮扶他们。更希望可以做好追踪调查，深入了解留守儿童在每一个年龄阶段的成长状况。

◎ 附录（调查问卷）

1. 年龄（　　）

　　A. 7~9 岁　　　　　B. 10~12 岁　　　　C. 13~15 岁

2. 父母是否外出打工（　　）

　　A. 是　　　　　　B. 否

3. 零用钱的主要来源（　　）

　　A. 父母收入　　　B. 爷爷奶奶收入　C. 政府补贴

4. 每月的伙食费是多少元？（　　）

　　A. 200~300　　　B. 301~400　　　C. 401~500　　　D. 大于 500

5. 每学期花在学习用品（学习资料、模拟题、字典、书包、笔记本等）的钱有多少元（　　）

　　A. ≤50　　　　　B. 50~100　　　　C. 101~200　　　D. 大于 200

6. 每月花在通讯的钱有多少元（　　）

　　A. ≤10　　　　　B. 11~20　　　　C. 21~30　　　D. 大于 30

7. 每月花在购买服装饰品等物品的钱有多少元（　　）

　　A≤30　　　　　B. 31~50　　　　C. 50~100　　　D. 大于 100

8. 每月花在玩具的钱有多少元（　　）

　　A. ≤10　　　　　B. 11~20　　　　C. 21~30

　　D. 31~40　　　　E. 大于 40

9. 每月花在交际，如交友、送礼等的钱有多少元（　　）

　　A. 0~5　　　　　B. 6~10　　　　C. 11~15　　　D. 大于 15

10. 每学期购买课外读物的钱有多少元（　　）

      A. ≤30   B. 31~50   C. 51~70

      D. 71~90   E. 大于 90

11. 每学期参加补习班的钱有多少元（　　）

      A. ≤50   B. 51~100   C. 101~150   D. 大于 150

12. 每月买零食的钱有多少元（　　）

      A. ≤10   B. 11~30   C. 31~50   D. 大于 50

13. 每月花在营养品（补钙品、促进大脑发育的药品或者牛奶、水果等）购买的钱有多少元（　　）

      A. ≤100   B. 101~200   C. 201~300   D. 大于 300

14. 每月用于上网吧的费用有多少元（　　）

      A. 0~5 元   B. 5~10 元   C. 10~15 元   D. 大于 15 元

第3章 留守儿童安全意识现状研究

——以黄冈市罗田县大河岸镇杨峡坪村为例

一、农村留守儿童安全意识的背景

(一) 全国背景下的农村中小学生安全意识背景

随着我国城市化、工业化进程的加快，以及农村青壮年人口外出数量的继续攀升，农村留守儿童的数量还有持续增长的趋势。留守儿童由于缺少父母的关爱、引导和教育，在学习、家庭、社会和心理上存在或多或少的问题，如果这些问题不能得到很好的解决，不但会影响他们的成长，也会使未来中国社会面临很大的不安定因素，我们必须要关注留守儿童这一群体。

儿童是国家的未来，儿童的地位与命运，在很大程度上决定着一个国家的未来与前途。据央视报道，在中国每年大概会有2万名青少年非正常死亡，花蕾般的生命过早地凋零，在人们为之痛惜的同时，也引发了人们对农村儿童的关注。由于对农村儿童疏于监护、安全教育缺位等原因，农村儿童的安全事故一直居高不下，因此关注农村儿童安全问题是很有必要的。

而大多数农村中小学生是留守儿童，在隔代监护过程中，祖辈更多的是给予留守儿童物质上的满足，在生活、道德上的管束则由于其知识的限制而更多地采取了宽容放任的态度；在亲戚或朋友的监护中，监护人心里难免有所顾虑，在教养过程中不愿意严格管教，无法对留守儿童形成较强约束力。许多留守儿童的行为处于放任自留的状态，致使他们在内心缺乏安全感，而且他们自身对安全风险的认知及风险防范知识的了解太少，安全问题愈发严重。

作为当代大学生，应该在了解社会现实的基础上将理论与实际相结合，为这个社会奉献自己的绵薄之力，走出课堂，贴近现实，关心农村中小学生，关注他们的成长与这个社会的发展。

(二) 大河岸镇杨峡坪村留守儿童的安全意识背景

杨峡坪村位于大河岸镇南部，属山区地带，整体地势东北高西南低，森林覆盖率高达 85%。其位于大别山主峰天堂寨南麓，这里人杰地灵、物华天宝，自古就有"进士之乡"之美称，是明代医圣万密斋、近代方志学家王葆心的故里；由于得天独厚的自然地理条件，这里孕育出来的板栗更是闻名全国。但是由于村子多山，交通不便，旅游资源丰富却由于配套设施不完善等原因鲜为人知；虽然自然条件优越，物产也因此受到一定的限制。总体而言，杨峡坪村经济仍比较落后，多数父母选择外出务工补贴家用。

这个村子里面多数是父母外出务工的留守儿童，外出父母难以对"留守"在家中的孩子进行教育和监护，由于种种条件的限制，对于留守孩子出现的问题，他们基本上也是爱莫能助。而对于这些孩子而言，他们难以得到父母情感与生活上的爱护和关怀，也得不到父母在思想认识和价值观上的指导，导致许多孩子出现心理失衡、行动失控的问题。而留在家里照顾孩子的爷爷奶奶或其他亲人，精力有限，防护、防范意识弱，无法保护和避免留守儿童受到伤害。安全意识普遍薄弱。

（三）研究意义与目的

农村中小学生由于缺乏有效的监管和约束，加之学校的安全教育较少，他们的自我防范意识和安全意识缺乏，致使溺水、车祸、触电、斗殴等人身意外伤害事故时有发生。而我们当代大学生有责任去了解社会现实，将所学反映于社会之中，在学术背景的支撑下，让更多的人了解农村中小学生的安全现状，呼吁更多人关注这一群体的健康成长。

而对于我们自身，也能够通过此次的调查研究，巩固我们的理论知识，更深层次地了解社会现状，培养我们的写作能力、逻辑思维能力、资料的搜集与整理能力、团队合作能力，提高自身的学习能力、科研能力，增强我们的社会责任感，并影响身边更多的群体。

研究儿童安全意识，符合当代关爱妇女儿童的号召，作为社会主干力量的青年，我们理应出一份力，理论联系实际。我们坚信，星星之火，可以燎原。

二、调查过程

（一）问卷设计

（1）头脑风暴。收集蒲公英所有队员关于农村中小学生安全意识问卷的问题点。

(2) 讨论问卷结构,并筛选合适问题。

(3) 根据老师的意见、建议进一步修改问卷。

(二) 研究方法

1. 调查法

综合运用在学校里学过的 SPSS 知识、统计学等知识,通过问卷调查、访谈走访、个案研究等方法,对课题进行系统的了解,并对调查收集的资料进行整理、分析、比较、归纳。

2. 定量分析法和定性分析法

对研究问题进一步的精确化,运用归纳和演绎、分析与综合等方法,对获得的各种材料进行思维加工,从而能去粗取精、去伪存真、由此及彼、由表及里,达到认识事物本质、揭示事物内在规律的目的。

3. 个案研究法

对有针对性的学生进行个案分析研究;针对某一特定问题,对某个现象或问题进行调查研究。

4. 研究思路

现状分析—问卷设计—调查研究—找出问题—剖析原因—对策建议。

三、农村留守儿童安全意识分析

(一) 农村留守儿童的基本情况

表 3-1　　　　　　　　　　儿童性别与年龄情况

类别	性别		年　　龄			
特征	男	女	6~8 岁	9~11 岁	12~14 岁	15~17 岁
比重	52.5%	47.5%	17.7%	55.7%	25.3%	1.3%

表 3-2   儿童与谁生活的情况

类型	和谁生活在一起		
特征	爸爸妈妈	爷爷奶奶	哥哥姐姐
比重	58.2%	40.5%	1.3%

由表 3-1、表 3-2 可知，接受本次调查的儿童中，男女比例接近，但是男生略多于女生。儿童大部分处于 9~14 岁的阶段，即本次调查中，小学四年级至初中二年级的学生占绝大多数，他们已经具备一定的思维方式和思考能力，所以问卷发放有一定的合理性，调查结果也具有一定的真实性。本次调查中，58.2% 的学生和爸爸妈妈居住在一起，40.5% 的学生和爷爷奶奶居住在一起，还有 1.3% 的学生和哥哥姐姐居住在一起，可以看到接近一半的孩子是留守儿童，反映出当地留守儿童数量多、比例大。

（二）农村中小学生对食品安全的关心程度

1. 购买食品时最关心的因素

由图 3-1 可知，在购买食品时，有 26.6% 的学生会关注食品质量，有 12.7% 的学生会关心食品的外包装，有 3.8% 的学生会关心食品的价格，有 49.4% 的学生会关心食品的保质期，有 6.3% 的学生会关心食品的口味。根据调查结果，主要关心食品外包装和口味的学生大多数是留守儿童或者父母疏于监管的孩子，由于缺乏父母亲的有效监护，他们很难得到正确的指导与引导；

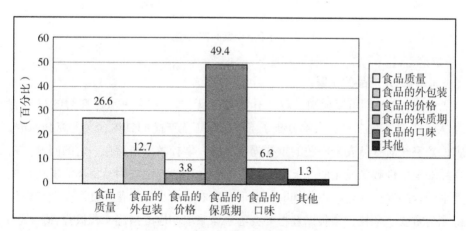

图 3-1　购买食品时最关心的因素

而学校的教育主要侧重于学生在校时段的教学管理，学生放学以后的行为学校很难去干预，学校对这一群体的关心也不够，所以孩子行动力弱。家庭与学校教育的双重缺失致使食品安全成为威胁留守儿童安全问题的重要因素之一。

2. 对于过期食品的处理方式

由图 3-2 可看出，当购买到过期食品时，76% 的学生会要求换掉或退钱；15% 的学生会扔了，不吃或者重新购买没有过期的食品；6% 的学生会告诉家人，让他们去换；3% 的学生会忍气吞声。一部分孩子在面对此问题时会显得不知所措，尤其表现为"不吃或者再次购买没有过期的"，这充分显示了孩子缺乏正确的维权意识与正确的食品安全意识。光知道理论知识不会运用是孩子们最大的问题所在，而这部分孩子由于缺乏家庭和学校的正确引导，在面对食品过期问题时不懂得正确处理。

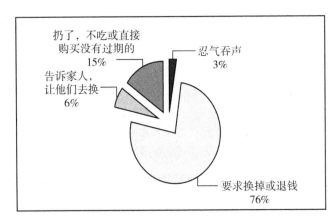

图 3-2 对于过期食品的处理方式

3. 对三无产品的了解

由图 3-3 我们可以得知，对"什么是三无产品"这一问题答对的孩子有21 人，占总人数 27%；大部分孩子都不了解三无产品的具体含义，究其原因，应该是家长对食品安全问题的重视程度不够，学校教育也存在一定的问题。在食品安全事件频频发生的今天，农村中小学生生活的地方因经济不够发达存在更多的食品安全问题，在这样的环境下，对农村中小学生普及食品安全知识显得尤为重要。学校、家长以及村委会等应该采取相应的措施来积极弥补。

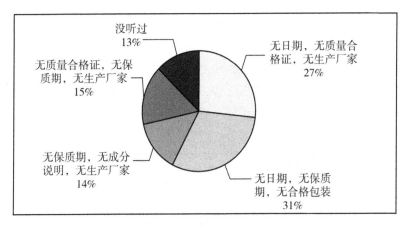

图 3-3　对三无产品的了解情况

4. 对待陌生人给的食物的态度

由图 3-4 可知，在被调查对象中，对待陌生人给予的食物，73.4% 的学生会选择拒绝，22.8% 的学生会接受但不会吃，2.5% 的学生会选择接过来就吃。食品安全问题是威胁农村中小学生安全的重要因素之一，一部分学生由于父母长期外出务工，监护人文化程度不高，在对待陌生人给的食物时不能正确处理，学校以及家长要注重这方面的问题。

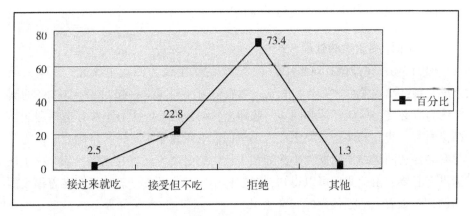

图 3-4　对待陌生人给的食物的态度

5. 是否会购买父母认为不安全的食品

如图 3-5，参与此次问卷调查的人数有 80 人，其中没有觉得不安全、经常瞒着父母买的学生有 4%；偶尔会去购买的学生有 12%；认为父母或者监护人是对的，不会去购买的有 83%；还有 1% 的学生的父母或监护人不管这个问题。我们在调查中发现，父母或监护人对学生食品的监管力度与方式直接决定了孩子是否听从劝告。

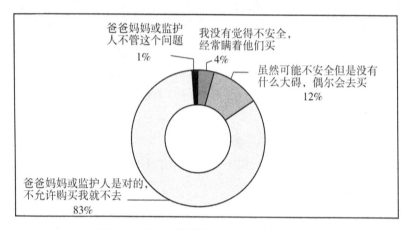

图 3-5　是否会购买父母认为不安全的食品

（三）农村中小学生生活中的安全意识分析

1. 回家距离较远的处理方式

如图 3-6，在被调查对象中，有 8.9% 的学生认为回家距离远，一个人回家没关系；27.8% 的学生会看情况，可能会选择和同学一起回家；20.3% 的同学认为有必要，应该经常和同学一起回家；43% 的学生认为非常有必要和同学结伴回家。我们的调查对象多数为小学四、五年级学生，近一半的孩子认为非常有必要和同学结伴回家，小部分孩子认为有必要，还存在相当一部分孩子认为没有必要。由此我们可以得知，对农村中小学生的安全教育还存在着很大的问题，应该着力加强他们的安全意识。

2. 对待陌生人的态度

如图 3-7，调查结果显示，有陌生人接学生回家，会相信他的话并跟他走的占 3%；开始不信，但是听他说了一会儿就信了的仅占 4%；一开始就不信，

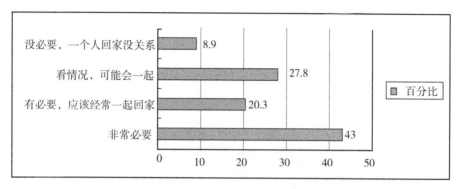

图 3-6　是否需要和同学结伴回家

立即走开的占 33%；心里明白他是骗子，想办法逃开，尽量不要发生正面冲突的占 60%。调查显示，大部分孩子的防范意识较强。我们希望监护人要多引导孩子，给孩子灌输正确的观念，以便让孩子在面对安全问题时有灵敏的反应。

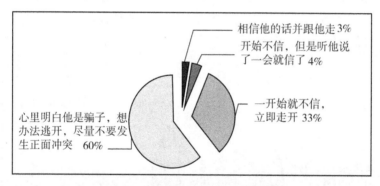

图 3-7　对待陌生人接自己回家的态度

3. 面对游泳诱惑的处理方式

如图 3-8，在被调查对象中，90% 的学生会劝住好友不要去池塘游泳；5% 的学生会选择和好友一起去；5% 的学生会选择不去，但不会劝好友也不去。大部分孩子会劝解好友不去游泳，极少数孩子会与其一起去或者同意其去，说明当地孩子对游泳这一事件认识片面。游泳是正当行为，但一定要在有大人陪同的前提下才能游泳，而不是一味的抵触，监护人的教育方式对孩子们的思想起着至关重要的作用。

37

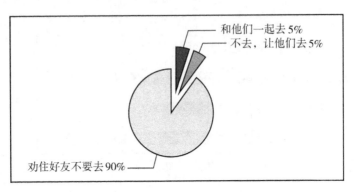

图 3-8　同学邀请去池塘游泳时的态度

4. 溺水时的正确救生方式

如图 3-9，调查结果显示，在接受调查的 80 人中，69% 的学生选择身体放松，让救自己的人托住腰部；有 21% 的学生会选择紧紧抓住对方的胳膊和腿；10% 的学生会用双手抱住对方的身体。说明当地孩子大部分有正确的安全意识，懂得正确的方法，但少数孩子不懂得正确的救生方式，更不懂得自救。农村存在大量的湖泊，近几年农村留守儿童溺水事件时有发生，应当引起学校和家庭的重视，给予学生正确的引导。

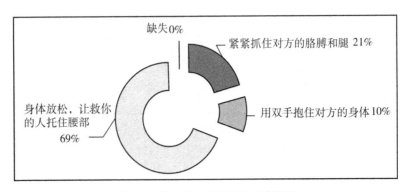

图 3-9　溺水时，你认为的正确做法

5. 对待生病的态度

如图 3-10，调查显示，在生病之后，有 65.4% 的中小学生选择看医生；打电话给父母的较少，只有 21.8%；另外"自己配药，相信土方"的学生占

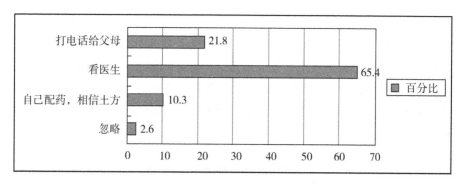

图 3-10 中小学生对待生病的态度

总体的 10.3%；忽略的学生占总体的 2.6%。在生病的时候选择跟父母讲的孩子占少数，反映出父母与孩子的联系不够紧密，随着留守儿童与外出务工父母的距离渐渐拉大，他们大多患有"亲情饥渴症"，从生病这件小事上可以看出隐藏在背后的心路感受。

6. 在校期间受伤的频率

如图 3-11，在接受调查的 80 人中，有大部分人是有时受伤，很少是较少受伤，极少数人经常受伤，只有 21 人没有受过伤。从占比来看，7.8% 的学生经常受伤，22.1% 的学生较少受伤，41.6% 的学生有时受伤，27.3% 的学生没有受过伤，这说明多数孩子在校玩耍时会受伤。学校除了对孩子进行基础的文化课教育外，还应考虑向孩子宣传一些安全、法制知识以增强孩子的安全和自我保护意识。

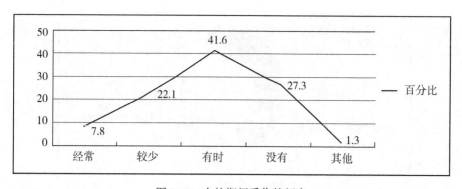

图 3-11 在校期间受伤的频率

7. 学校暴力问题

如图 3-12，在接受调查的学生中，40%的学生认为打架是一种冲动行为，不能解决问题；52%的学生认为同学之间应该和睦相处，打架会受伤，很危险；8%的学生认为冲突只能靠打架来解决。暴力问题是常见问题，而农村中小学生中，一部分由于长期脱离父母的监护管教，还有一部分由于父母或者监护人文化程度低，监管方式有误，极易受到周围环境的影响，无论是学校还是其监护人，都应当引起重视。

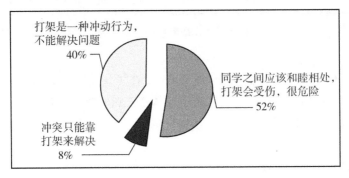

图 3-12　如何看待同学之间的打架行为

8. 与他人发生矛盾时的解决方法

如图 3-13，调查显示，有 55%的学生选择告诉老师和家长；10%的学生选择武力解决，与其打架，不能显得自己没骨气；8%的学生会默默承受，当没

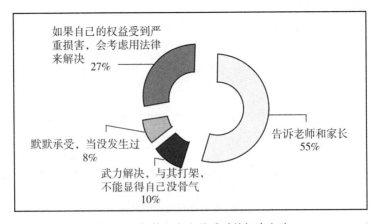

图 3-13　与他人发生矛盾时的解决方法

发生过；27%的学生会在自己的权益受到严重损害时，考虑用法律来解决。调查发现，选择用暴力、武力解决问题的孩子大多是留守儿童，父母或者监护人应该给予孩子正确的引导，暴力不是解决问题的方法。

（四）农村中小学生对法律的了解程度

1. 对法律概念的了解

如图 3-14，调查显示，67.5%的学生听过，并且经常听到法律；22.5%的学生听过，但不知道法律具体是什么；10%的学生不知道法律是什么，没听过。这说明现如今中小学生的法律意识在渐渐增强，但是还有待进一步的学习。法律很重要，生活中处处都有法律。在习近平主席提出将依法治国作为治国立政基本方式的今天，法律的地位显得尤为重要。

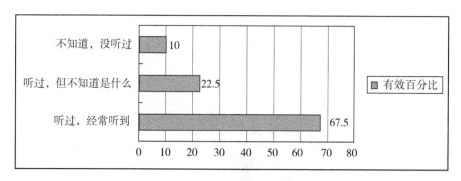

图 3-14　对法律概念是否了解

2. 了解法律的途径

如图 3-15，调查显示，67.6%的学生是从电视上获取的法律知识，5.4%

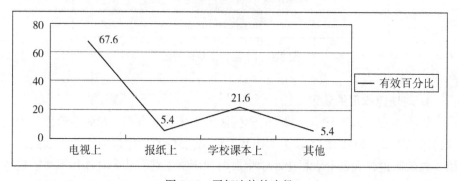

图 3-15　了解法律的途径

的学生是从报纸上了解的法律知识，21.6%的学生是从学校课本上得到的法律知识。由此可以看出，一方面，孩子们对电视的喜好程度更大，极少看报纸；另一方面，学校在这方面的教育存在一定缺失。作为儿童，其最主要的学习渠道就是学校，如果学校能在这一方面加强教育，对学生们法律意识的增强会有显著影响。对于留守儿童更是如此，缺少父母的教育，其在学校的学习就更重要。在资源匮乏的农村，学校不光要增加专业课程的老师，还要注重学生法律素质的培养。

3. 了解法律的程度

如图 3-16，调查显示，63%的学生有些了解法律知识，34%的学生比较了解法律知识，3%的学生不了解或认为不需要了解。据此可知，由于缺少了解法律知识的渠道，大部分孩子无法获取法律知识。也可能是因为留守儿童大多与爷爷奶奶一起生活，在爷爷奶奶的观念里，学习是第一位，只有学习好了才会有出路，很多时候会忽视其他方面的重要性，例如法律。学校应该开设相应的法律课堂，或者在平时的学习中为孩子们灌输法律思想，增强孩子们的法律意识。

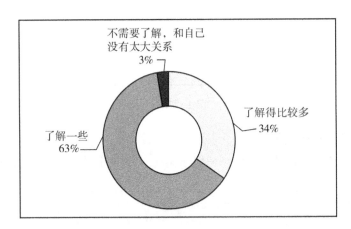

图 3-16　对法律了解的程度

4. 对法律作用的认识

如图 3-17，调查显示，74%的学生认为法律非常有用，13%的学生认为法律的作用不大，8%的学生认为法律基本没用，5%的学生认为法律不如武力有用。总的来说，大部分农村中小学生对法律不够了解，认为其作用不大。这一调查结果说明，现今法律普及程度还不够，对于农村中小学生来说更是如此，因为他们缺乏了解，所以对其作用也不够重视，还有孩子选择用武力去解决问题。在现今这个法制健全的社会里，普及法律显得尤为重要，让人人都知法懂法。

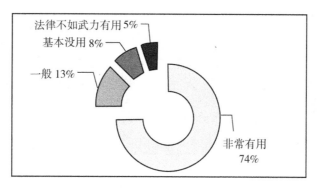

图 3-17 对法律作用的认识

四、结论

（一）结果分析

通过对杨峡坪村孩子调查的整体观察和数据分析，我们对农村中小学生的安全意识有了一个基本的了解。农村中小学生普遍存在安全感问题，而这又表现在多个方面，首先是人身伤害，这些伤害主要来自监护人、同学以及社会人员，其中具体包括监护人打骂和同学欺负；其次是心里恐惧，表现在心里孤单、害怕独处以及没有安全感；最后是意外伤害和其他伤害。总结基本情况如下：

（1）孩子普遍有一定的安全意识，包括食品安全、人身安全、法律意识，但是行动和意识有一定的偏差。我们发现孩子们在做问卷的时候偏向于选择正确答案，而这个正确答案不一定是孩子们平日的做法，即孩子们把问卷当作试卷来完成，甚至于求助同学选择"正确答案"。问卷失真问题较严重。

（2）学校教育不够重视法律意识。一是多数孩子只知道有"法律"这个东西存在，而并不知道法律到底是什么？有什么用？为什么要有法律？二是孩子从学校了解到的法律知识很少，大多是从电视上了解的，而电视教育又存在一定的局限性，不能让孩子对法律有一个系统、全面、连续的认识。

（3）暴力问题普遍存在。孩子习惯于用暴力解决问题，造成很多不必要的伤害。有一部分孩子认为有些问题只能用暴力解决，走进死胡同，思想没有得到正确的引导。

（4）自我保护意识淡薄。面对学校里的暴力问题，有一部分学生会选择沉默，既不告诉家长又不反抗，自我保护意识淡薄，并且一直没有得到正确引导。

（5）缺乏正确的游泳常识。在中国，每年都会发生多起农村孩子溺水事件，归根结底是没有正确的游泳安全知识。这方面应该引起家长和学校重视。

（二）农村留守儿童安全问题的原因分析

导致农村中小学生安全问题的主要原因，可以从家庭、学校、社会三个方面进行分析。

1. 家庭教育功能和监护功能的严重弱化甚至缺失

儿童的成长需要稳定安全的家庭环境，需要在父母关爱的环境中满足其基本的物质需要和心理需求，从而使儿童获得安全感和归属感。但在绝大多数农村留守儿童家里，来自家庭的教育和监管却随着父母双方或一方的外出而被严重弱化了，甚至是缺失的。

首先，在外打工的父母难以对儿童进行有效的教育和监护。农村儿童的父母外出务工之后，几乎没有时间和精力对孩子进行最基本的家庭教育和生活照料。留守儿童很难得到父母情感和生活上的爱护和关怀，也得不到父母在思想道德和价值观念方面的帮助和引导，这导致很多留守儿童会出现心理障碍。

其次，隔代监护或单亲监护并没有完全承担起基本的监护责任，虽然这些监护人在物质上尽量去满足孩子的需求，但是却忽略了道德意识培养。缺乏精神慰藉层面的教育和关心，致使留守儿童人格发展不健全，抵抗挫折的能力和生活自理能力都很差，这些都给孩子带来了很多安全隐患。

2. 学校的安全和法制教育缺失，缺乏有效的安全管理

在我国广大农村地区，尤其是中西部边远地区，受师资力量、办学条件和教育理念的制约，学校并没有采取一些切实可行的措施对越来越多的留守儿童进行有效管理。学校除了对孩子进行基础的文化课教育外，很少会考虑向孩子宣传一些安全、法制知识以增强孩子的安全和自我保护意识。另外，除学校和监护人管理之外还存在一些触及不到的角落，在这些角落里，孩子很容易沾染上社会上的不良习气。

3. 不良的社会环境和社会中不法分子的侵害

受多元文化、多元价值观的冲击，长期脱离父母监护管教的留守儿童，极易受到恶劣的社会环境的负面影响，暴力、色情等社会不良文化极易使农村儿童行为和思想产生畸变，导致其人生价值观产生偏差。另外，社会上的一些不法分子受利益驱使，以赚取零用钱为名诱惑孩子做童工，从中牟取暴利，而这一做法也正迎合了缺少家庭监管的农村儿童的心理。在农村，还经常出现拐卖儿童的现象，一些不法分子利用食品、谎言等诱惑孩子跟他们走，并把他们贩卖给其他人。

五、解决农村留守儿童安全问题的对策

（一）监护人要足够重视孩子的安全保障问题

监护人尽责与否关系着农村中小学生安全健康生活的每一天。监护人应该在方方面面担负起这一份责任，不仅仅是照顾起居，还要关注留守儿童的行为和思想动态，多与他们交流沟通。注意培养留守儿童的安全意识和安全习惯，保护留守儿童避免受到各类伤害。积极地在儿童、儿童父母以及学校之间建立起一个联系机制，给农村儿童全方位的监护。

（二）父母加强对孩子安全问题的关注力度，多与孩子交流沟通

农村中小学生的父母必须重视孩子的安全问题，尽可能担负起孩子儿童的监护责任。父母是儿童的第一任老师，父母的一言一行对孩子具有重大影响，夫妻双方尽可能有一方留在家中照看留守儿童。若夫妻双方都不能在家时，则必须经常通过电话、书信等方式与留守儿童交流感情，倾听留守儿童的心声，发现、疏导、解决孩子可能出现的心理问题，给留守儿童以积极向上的引导，时时刻刻提醒他们注意安全，远离各种安全隐患。与此同时，还要经常与监护人进行必要的交流，经常回家看望孩子，以一种积极的态度对待留守儿童的抚养问题。

（三）着重培养学生的安全意识

学生只有自己有了一定的安全意识，才能主动地规避危险以及采取合理有效的措施自护自救。因此，学校定期的安全知识课必不可少。让学生知道什么是危险，什么是不能做的事情，如何远离危险以及安全自救知识。尤其对溺

水、火灾等易发伤害事件更要重点强调。与此同时，学校还应该发挥自身的教育资源优势，对学生临时监护人进行定期的家庭教育培训，让那些采取传统"散养"方式的监护人重新采取更加科学合理的监护方式，家校互相合作，达到安全监护的目的。

（四）发挥社会力量

农村中小学生需要全社会的共同关注，这样的关注不仅仅是一次次安全伤害事件的报道和没有下文的反思，而是应该采取实际的行动。国家有关部门要制定相关政策法规，进一步提高进城务工农民的待遇，使农民工逐渐具备带子女进城接受教育和监护子女的能力，从根本上避免因家庭监护功能缺失而导致的农村中小学生伤害事件。

◎ 附录：农村中小学生安全意识调查

同学：

您好！我们是湖北经济学院的大学生。我们正在对中小学生的安全意识进行调查，希望得到您的帮助，请填写下面问卷，您的回答将作为统计数据处理，不会作为商业目的使用，也不会泄露您的个人隐私，请务必真实客观的填写，感谢您的支持！

1. 你的性别？（　　）

　　A. 男　　　　　　　　　B. 女

2. 你的年龄是？（　　）

　　A. 6~8 岁　　　　　　　B. 9~11 岁

　　C. 12~14 岁　　　　　　D. 15~17 岁

3. 你和谁生活在一起？（　　）

　　A. 爸爸妈妈　　　　　　B. 爷爷奶奶或外公外婆

　　C. 哥哥姐姐　　　　　　D. 其他亲戚

4. 在购买食品时，你最关心的是（　　）

　　A. 食品的质量　　　　　B. 食品的外观包装

　　C. 食品的价格　　　　　D. 食品的保质期

　　E. 食品的口味　　　　　F. 其他

5. 买零食付完钱后发现东西已经过期，你会怎么做？（　　）

A. 害怕被店主骂，不敢说，忍气吞声地把东西拿回家

B. 大胆地告诉店主，要求换掉或者退钱

C. 觉得还没过期多久，依然可以吃

D. 回家告诉家人，让他们去换掉

F. 直接扔了，不吃或者重新买没有过期的

6. 你知道"三无产品"是什么吗？答案是（　　　）

A. 无生产日期、无质量合格证、无生产厂家

B. 无生产日期、无保质期、无合格包装

C. 无保质期、无成分说明、无生产厂家

D. 无质量合格证、无保质期、无生产厂家

F. 没听过

7. 遇到陌生人给你食物，你会怎么做？（　　　）

A. 接过来就吃

B. 出于礼貌，接受但不吃

C. 拒绝接受

8. 父母家长等如果监督或者限制你独自购买他们认为不安全的食品，你会觉得？（　　　）

A. 我没有觉得不安全，经常瞒着他们买

B. 虽然可能不安全但是没有什么大碍，偶尔会去买

C. 爸爸妈妈或监护人是对的，不允许购买我就不去买

D. 爸爸妈妈或监护人不管这个问题

9. 你是否关注过学校周围小摊位或者小卖部的食品安全问题（多选）（　　　）

A. 觉得卫生状况还算可以

B. 尽管卫生状况不理想，还是会去购买

C. 不放心其卫生状况，所以从不去光顾

D. 没想过，不关心这个问题

10. 如果家比较远或比较偏，你觉得有必要和同学结伴而行回家吗？（　　　）

A. 非常有必要

B. 有必要，应该经常会一起回家

C. 看情况，可能会一起

D. 没有必要，一个人回家没关系

11. 如果回家的路上，陌生人找你说话，告诉你他是你爸妈的朋友，要你

跟他去一个地方或者说你爸妈要求你做什么事情，你会怎么做？（　　）

　　A. 相信他的话并老实地跟他走

　　B. 一开始不相信，但是听他说了一会儿后就相信了

　　C. 一开始就不相信并完全不按照他说的做，立即走开

　　D. 心里明白是骗子，想办法逃开，尽量不要发生正面冲突

　　E. 提条件，如果给我东西（比如吃的）我就会和他走

12. 在炎热的夏天，有同学邀你一起去池塘游泳，你会如何？（　　）

　　A. 毫不犹豫和他们一起

　　B. 不去，让他们去

　　C. 劝阻好友，那样很危险不要去

13. 如果你不幸溺水，当有人来救你的时候，下面做法哪种是正确的？（　　）

　　A. 紧紧抓住对方的胳膊或腿

　　B. 用双手抱住对方身体

　　C. 身体放松，让救你的人托住你的腰部

14. 如果不小心生病了，你会怎么办？（　　）

　　A. 忽略　　　　　　　　　B. 自己配药，相信土方

　　C. 看医生　　　　　　　　D. 打电话给父母

15. 在校期间受伤发生的频率（　　）

　　A. 经常　　　　　　　　　B. 有时

　　C. 较少　　　　　　　　　D. 没有

16. 你上学、放学遇到过的危险情况有什么（多选）（　　）

　　A. 上学放学十分拥挤，有人受伤甚至发生过踩踏事件

　　B. 同学追逐打架

　　C. 遇到过恶狗、野兽等

　　D. 被坏人勒索或被抢过东西

　　E. 突然来了一辆车差点受伤

　　F. 其他情况

17. 当你与他人发生争吵或矛盾，危及你的人身安全时你会如何解决（　　）

　　A. 告诉老师或者家长

　　B. 用武力解决，与其打架，不然显得自己没骨气

　　C. 默默承受，当没发生过

　　D. 如果是自己权益受到严重损害，会考虑通过法律来解决

18. 你如何看待同学之间的打架行为 （　　　）

　　A. 同学之间应该和睦相处不应打架，打架可能会受伤，很危险

　　B. 有冲突了只能靠打架去解决

　　C. 打架是一种冲动行为，不能解决问题

19. 你知道法律是什么吗？（　　　）

　　A. 知道，经常听到

　　B. 听过，但不知道是什么东西

　　C. 不知道，没有听过

　　（选 C 直接跳到 22 题，其他接着做 20 题）

20. 那你对法律知识了解多少呢 （　　　）

　　A. 了解的比较多

　　B. 有一些了解但不多

　　C. 我觉得不需要去了解，和我们没有什么太大关系

21. 你所知道的法律知识是从什么地方来的 （　　　）

　　A. 电视上　　　　　　　　　B. 报纸上

　　C. 学校的课本上　　　　　　D. 家人或者亲朋

　　E. 其他

22. 你认为法律在现实生活中有用吗 （　　　）

　　A. 非常有用　　　　　　　　B. 一般

　　C. 基本没用　　　　　　　　D. 法律不如武力有用

恭喜你完成了本问卷，谢谢您的配合与支持！

第4章 留守儿童成长的环境问题研究

一、留守社区治安现状分析——以阳新县王英镇为例

（一）研究农村社区治安防控体系的背景

随着中国乡村青壮年劳动力大量外出务工，农村村民自我防范与官方治安联防能力都在不断削弱，那些心怀歹念的人在唯余妇孺的空虚村庄，如入无人之境，宁静和谐的乡村成了被安全遗忘的角落。于是，受害人连环失踪竟乏人过问，妇孺被侵害达到上百起才引起重视。

云南省晋宁县晋城镇多人莫名失踪，经公安部介入，悬案得以告破，原来是一个刑事惯犯趁着乡村路僻人稀，对至少11名男性实施暴力侵害。此前，云南禄劝彝族苗族自治县乌蒙乡乌蒙村也发生过6人死亡、1人失踪的特大杀人案件，犯罪嫌疑人同样是借村中只有妇孺、殊少男丁之际趁机作案。近期破案的还有广西全州县犯罪嫌疑人陆某行走乡村，持刀威胁单身农村中老年妇女，抢劫、强奸竟达百余起。稍早，还有安徽临泉县一个农民在17年间涉嫌强奸上百人，受害人的丈夫常年在外打工，被侵犯后往往不敢报案。

广袤农村中暴露出的治安问题警示我们，在村庄"空心化"、老人"空巢化"、儿童"留守化"现象突出的农村，迫切需要加快实施农村警务战略，建立长久有效的治安防范体系。在治安重心下移、警力下沉、保障下倾的同时，应该广泛发动群众，建立村级治安联防，还必须强化打击和防范犯罪力度，为亿万农民创造安全的生活空间。

（二）构建农村社区治安防控体系的意义

与农村社区建设相配套的农村社区治安防控体系，是各种防控要素相互结集而成的工作体系，应当具有防控主体多元化、防控结构层次化、防控多样化的特征。

1. 构建农村社区治安防控体系的理论意义

随着经济发展的不断深入推进，农村利益冲突增多，一些制约农村稳定和发展的深层次矛盾尚未解决，农村犯罪控制和维护农村稳定问题面临新的挑战。此外，从治安工作的角度看，还存在社会治安综合治理仍不到位、农村警务前移还不够、村级基层组织发挥作用还不明显、治安基础仍然比较薄弱等问题。"生产发展"是新农村建设的一项重要目标，而稳定是发展的前提和基础，没有稳定，发展就无法进行，构建和谐社会也就无从谈起。因此，要推进农村社区建设，需要一个和谐稳定的农村社区环境，需要全面盘活、发展、提升构建农村社区治安防控体系的各个要素。

2. 构建农村社区治安防控体系的现实意义

警察是遏制违法犯罪的重要力量，但不是唯一力量，遏制违法犯罪的真正资源存在于群众之中。正所谓"产生违法犯罪的根源在社会，抑制违法犯罪的力量也在社会"。同时，农村地区社会治安的好坏，关系到农村地区各阶层人民群众的切身利益。治理农村地区社会治安，保持农村地区社会稳定，也与人民群众息息相关。人民群众既是良好社会治安秩序的受益者，更是良好社会治安秩序的维护者。

（三）王英镇的治安现状

1. 王英镇治安基本情况介绍

王英镇地处湖北省阳新县西南，由原王英、国和、东源三乡合并而成，与通山、咸宁、大冶接壤，集山区、库区、老区为一体，国土面积 276 平方公里，辖 23 个行政村，226 个村民小组，10364 户，5.5 万人，人口密度不到

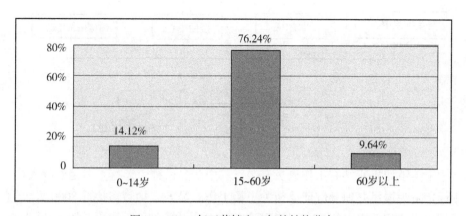

图 4-1　2011 年王英镇人口年龄结构分布

200 人每平方公里。其中 60 岁以上老人 5112 名，由于外出务工的流动性较大，人数统计起来较为困难，因此只能得知外出务工的人口在 1.5 万左右，14 岁以下的留守儿童大约有 5000 名（如图 4-1、图 4-2）。

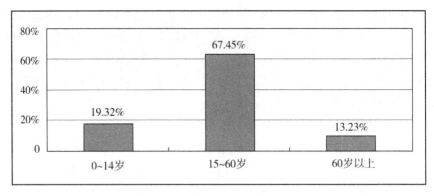

图 4-2　2011 年王英镇人口年龄结构分布（不含外出务工人员）

王英镇社会综合治理办公室拥有专职人员 3 人，设立综治维稳中心、调解中心、援助中心和信访接待中心等四个中心，由镇党委书记、镇长、分管政法综治的领导及相关部门共 10 人组成。

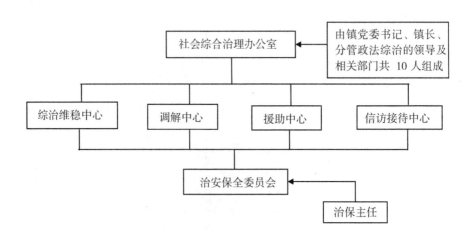

王英镇派出所共有工作人员 8 名，其中 7 名民警，还有 1 名是外编人员，专门负责为居民办理身份证及相关户籍工作。民警人均管辖接近 8000 人，远远超出了公安部提出的 3000 人以下的标准，人均管辖的面积更是接近 40 平方

公里。同时村里没有设置警务室，村里的治安交给村民自治组织——治安保卫委员会（简称"治保会"）。

2. 王英镇治安状况总体分析

（1）"村霸"等黑恶势力少量存在。

农村社区由于受数千年来宗法制度和血缘、宗族关系的影响，一些地痞、棍霸借助农村社区残留的封建行帮意识，垄断一方，形成了农村社区的流氓恶势力，危害群众。由于政府对正在开发仙岛湖旅游区的王英乡进行过专项的整治"村霸"黑恶势力行动，因此王英乡目前基本不存在"村霸"黑恶势力，但"村霸"黑恶势力依然在东源乡和国和乡有所残留。

（2）无业青年基本不存在。

当地青年在辍学以后大多选择外出务工，同时由于当地正在开发的仙岛湖旅游区也帮助解决了一部分无业人员的就业问题，没有外出务工的青年就会选择去给外地的游客当导游或者为游客开船来实现就业。

（3）偷盗抢劫等治安事件较少发生。

在被问到"最近一年村里是否发生过偷盗抢劫等治安事件"时，超过九成的村名选择了"很少"或"没有"这两个选项，由于当地经济相对于以往有了较大改善，所谓"饥寒起盗心"，在村民收入增长以后，类似于偷盗的事件也就慢慢减少了。

（4）赌博现象比较普遍。

在被问到"您的空余时间主要都会干什么"时，有高达 80.6% 的人认可目前农村主要的娱乐方式——打麻将或扑克牌。同时还有 11.2% 的人会选择边看电视边与村民聊天拉家常，离镇上比较近的村民会去镇上参加文体活动，不过由于政府组织的活动较少，所以参加的机会不多（如图 4-3）。

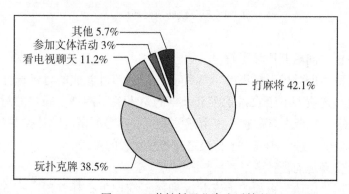

图 4-3　王英镇村民业余生活情况

（5）农村积极健康文化宣传的缺失。

据调查统计，我们所走访的农村社区有过半的社区一年到头都没有"文化下乡""法制宣传"之类的文化宣传活动，还有很多地区也只是少有的一次而已。由于那些健康的、积极的文化宣传没有到位，许多低俗的文化就很容易进入村民们的农闲生活。

（6）群体性事件有所发生。

在王英镇政府开发旅游资源以刺激经济增长的同时，很多的农民失去了他们的住所，被迫离开自己的家园。但是因土地征用补偿、房屋拆迁补偿、房屋装修补偿等问题引发的矛盾并没有得到很好的解决，而对补偿款的巨大分歧，成为村民和镇政府不能化解的矛盾，最终导致村民集体讨要说法的群体性事件发生。

（7）治安环境相对安全。

在被问到"您认为当地的治安环境如何"时，52.1%的村民选择了"比较安全"，41.3%的村民选择了"非常安全"，而选择"不太安全"和"很不安全"的村民为6.6%，而感到不安全的原因主要在于治安人员和警察人数较少。因此，可以认为王英镇总体的治安环境还是比较安全的（如图4-4）。

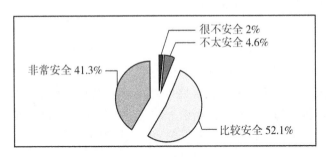

图4-4　王英镇的治安环境

（8）村民之间相互比较了解。

在被问到"您对村里村民的了解程度"时，超过九成的村民选择了"比较了解"这一选项。由于农村承袭上千年的熟人关系网络，同村的村民之间相互比较了解，甚至大多带有一些亲戚关系，也就是所谓的"沾亲带故"。同时外来人口较少，进一步减少了村民之间相互熟悉的障碍。

（9）治安环境有所改善。

在被问到"您认为目前的治安状况和两年前比怎么样"时，有68.4%的村民选择了"比两年前好"，有31.6%的村民选择了"差不多"，没有村民选择"比两年前坏"这一选项。由此我们可以得知治安环境有所改善。

（10）治安防御能力减弱。

由于外出务工人员以青壮年为主，很多人都是在初中毕业以后就外出务工，年龄段在16~45岁的人占到了总人数的八成以上（如图4-5）。农村留守人员以老人、妇女、儿童为主，从人口结构上分析，这种人口结构是不足以抵御不法分子的非法侵害的。

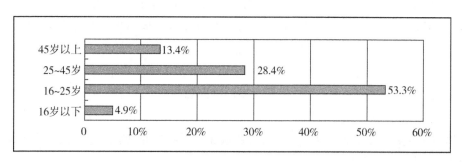

图4-5　王英镇外出务工人员年龄比例

（11）农村社区自防不足。

在实地走访的过程中得知，当地村子都没有设置警务室，村里的治安主要交给村民自治组织——治安保卫委员会（简称"治保会"）。而走访中近九成村民不知道治保会的主要职责是什么，大多数人只知其名而已。治保会形同虚设，有的村民委员会的治保组织基本不开展工作，只落个牌子挂在门上。

3. 王英镇村民治安防范个案访谈

（1）村民防范意识的薄弱。

在农村，人们思想较单纯，治安防范意识淡薄，基于人与人之间的信任和和睦的邻里关系，往往把安全问题简单化。出门时不关家门，骑车任意停放，不加保险锁。对陌生人过于热情、缺乏必要的戒备心理等问题，都体现出村民防范意识的薄弱。

（2）村民防范能力的不足。

伴随着经济的发展，大量农村青壮剩余劳动力转移到城市，留守的大多是老人和妇女儿童，面对犯罪活动几乎没有抵抗能力，这在客观上助长了犯罪活动的发生。

（3）村民防范措施的匮乏。

现阶段村民最主要的防范措施就是家里的防盗门和防盗窗，村里组织的防范措施基本属于一片空白，即使在基层构建中有治保会这个组织，但是基本属于瘫痪状态，没有起到实际的作用。

（4）访谈记录。

对象一：葫芦瓢小区，家庭主妇，28 岁，三年前嫁到这里，家中共有 7 口人，受访对象的婆婆和奶奶在家，丈夫和公公均外出务工。

据她介绍，听说过村里有村霸现象，但没有遇到过，村里有无业游民，但不是很多，不会对治安造成影响；村里有偷盗事件，但不是很多，抢劫等恶性事件基本没有，如果被偷，情节不严重的都不会报警，大多抱有"舍财免灾"的想法，同时也有怕被报复的心态；社区的治安措施基本没有，对村里的"治保会"完全不知情，主要依靠防盗门和防盗窗来预防盗窃，以前村里每个月初一会安排村民敲锣提醒村民防火防盗，现在已经没有了；同时她认为当地的治安环境比较安全，对村里的村民普遍比较了解，并且有意愿参加村里组织的治安小队或巡逻队。

对象二：田达山小区，殷阿姨老两口，均 74 岁，共同育有的三个儿子都已成家，均外出务工，平时在家照顾大儿子的两个女儿，分别是 11 岁和 8 岁。

据他们介绍，整个田达山小区普遍贫穷落后，房屋破旧，乡风淳朴，因此村里治安良好，偷盗抢劫事件基本没有，村霸和无业游民也不存在，如果遭遇偷盗事件不会报警，因为警察的效率很低，没有找回来的可能；村里基本没有治安措施，主要依靠村民自己的防范意识，村里的治安环境基本没什么改善。

对象三：泉丰村村支部某工作人员。

据他介绍，泉丰村治安状况还不错，有少许偷盗事件发生，没有抢劫的情况。一般居民有什么问题、矛盾都会找他们解决，如果他们解决不了就再找派出所，所解决的问题大多是家庭、邻里纠纷，并不严重。村里没有无业游民，留在家没有出去打工的一般都选择在家为游客服务、做生意。村民有问题也会及时反映，干部及时帮助解决，干部与村民之间联系比较紧密。这边外来人口很多，一般都是来发展旅游业、做生意的，没有对当地治安造成什么不良影响。街上没有警车巡逻，但村里正着手准备组织村民自愿参加巡逻队，也会于 9 月份在主要路口安装监控器，进一步维护村里的治安。

(四) 王英镇治安存在的问题

1. 官民争利的现象存在

由于王英镇正在开发仙岛湖旅游区，政府为建 4A 景区拆了很多村民的住宅。旅游业的发展给商家和交通运输也带来一定的经济利益，政府提高了财政收入，但普通居民获利却较少。同时由于村民在拆迁赔偿款、装修补偿款等方面存在一些意见，致使村民对政府的一些发展举措不太理解。

2. 农村社区治安防范工作不到位

从目前农村社区发生的案件来看，多数为盗窃、抢劫、伤害等案件。这些案件虽具有侵害目标不固定、突发性和动态性强、破案难度大等特点，但都可以预防。而大部分公安机关侧重于城区的治安防范，农村社区治安防范工作做得不深不细。一方面，农村社区遏制犯罪的警务保障没能从根本上得到转变；另一方面，农村基层政权组织行政管理功能弱化，导致农村社区原有的犯罪防控机制难以发挥应有的效能。

3. 部分农村基层组织机构瘫痪

目前，农村基层组织机构大多采取"头疼医头、脚疼医脚"的消极防御工作方法，单纯把集中时间、大规模的"运动式"工作作为主导工作，经常性、根本性、战略性的工作抓得不够。特别是有些村干部生活腐化堕落，与农村群众的思想感情越来越淡薄，失去群众的信赖，导致干群关系紧张，失去了应有的作用。

4. 农民法制观念淡薄，文化生活贫乏

农村社区文化生活、法制教育工作发展滞后，村民除了种好自己的田园外，少有组织的文化娱乐生活，法律普及率低，许多村民不能在法律的约束下去行使自己的公民权利，更不会用法律武器来寻求保护，从而成为"法盲"的牺牲品。

(五) 针对王英镇群体性事件的一点思考

造成农村社会冲突的因素是多元复杂的，但是归根结底只有一个原因——利益驱动。正如许多学者所认为的那样："利益冲突是人类社会一切冲突的最终根源，也是所有冲突的实质所在。"利益驱动即人们为了追求利益最大化而采取某种行为以达到特定的目标。人与人之间的利益关系实质上是一种对能够满足自身需要的、稀缺的客观对象的占有关系。谁对这种与需要有关的稀缺对象占有得越多，谁的利益就越大。然而，在不同的社会历史条件下，由于利益实现方式的不同，利益所产生的实际驱动作用也不完全一致。利益关系从根本上维系不同阶层、不同群体成员间的相互关系。当前的社会矛盾与冲突概因利益关系失衡所引发，而经济利益失衡又是最基本的起因。

当前，体制转换、结构调整、社会变革等，在广度上已涉及经济、政治、文化等所有领域，在深度上已触及人们具体的经济利益。在这个大背景下来看待当前的农村群体性事件，绝大多数都是群众为了维护自身利益，自发组织起来，通过集体行动，唤起政府的关注，使自身利益能得到政府的确认和保障。因此，农村群体性事件的治理要从根本点着手——利益调整。

（六）构建农村社区治安防控体系的基本对策

1. 农村派出所建设

农村派出所是市县公安机关管理治安工作的派出机构，是依照法律和上级公安机关赋予的权力，农村派出所成为维护农村社区治安稳定的最主要力量。然而，改革开放以来，由于警力匮乏和经费短缺等原因，农村派出所的建设远远跟不上新形势的发展需要，改革现有农村派出所的工作模式势在必行。

（1）强化基层公安队伍建设，提高民警整体素质。

首先，要抓好公安民警的思想政治教育工作，提高民警的政治素质，定期组织民警进行思想政治学习，并展开广泛有效的讨论。其次，还要加强农村派出所民警的业务技能、体能的培训，组织民警到警校学习，学习完毕再进行考核，提高农村派出所民警的工作能力，从而有效地缓解农村派出所警力不足的压力。

（2）设立流动值班室。

在各个村委会设立流动值班室，由当地县级公安机关选派有经验的基层民警定期到各个值班室值班，应将值班民警的姓名、职位、值班时间以及联系方式张贴于值班室公告处。值班民警的主要工作内容是治安防范、走访群众、排查矛盾纠纷、管理流动人口、信息采集和法律宣传等，每个民警应每周至少有三天在值班室工作，将农村的见警率、农民群众对民警的综合评价等纳入驻村民警的考核标准中。这样不仅可以将农村治安防范工作落到实处，充分发挥基层民警的作用，也可以提高农村地区的见警率，对犯罪分子产生威慑作用，同时还可以拉近警民之间的关系，让民警真正地走入农村，走入群众。

（3）增强警务工作的针对性，合理利用有限警力。

由于农村派出所警力相对匮乏，因而不能按照一般的被动工作方式，而应采取更加主动的工作方式，对于案件高发地区集中警力进行重点整治，对于本地区的高发案件进行专项打击，同时，要根据整治打击的结果适时调整策略，确保警力资源的有效利用。

（4）加强流动人口管理，抑制流动人口犯罪增长势头。

近年来，农村流窜犯案数不断攀升，已经成为影响农村治安稳定的重要因素，如何加强农村外来人口的管理成为农村治安防范急需解决的问题。一方面，可借鉴城市户口管理的方法和经验，在农村也可以采取对外来人员实行暂住户口登记、专人负责、定期检查的办法，掌握外来人员变动情况和治安情况。另一方面，规范台账，建立村民档案。按照简明、清楚、方便、实用的原则，由乡镇一级"综治办"统一印制村民档案登记卡、表，实行每户一档、每人一卡，对村民基本情况进行登记存档并落实专人管理，让组织随时掌握各户或各人的基本情况。

（5）建立健全农村治安情报信息机制。

以派出所民警、驻村民警为主，依靠治安积极分子，建立起农村治安情报信息网络，强化情报工作，加大监控力度，做到情况明、信息灵、反应快。首先，派出所民警、社区民警应当经常深入辖区，了解治安状况，做到早发现、早治理。其次，农村派出所可在各个村庄物色若干个治安信息员，广泛建立覆盖全辖区的治安信息员队伍，通过信息员及时反馈情报信息，了解掌握治安动态。针对农村外出务工人员情况难以掌握的特点，还可在外出务工人员中物色一批信息员，通过他们，将外出务工人员的表现纳入管理范围。

（6）建立完善矛盾纠纷排查调处机制。

要把排查矛盾纠纷作为派出所民警特别是驻村民警的主要职责，结合本职工作有针对性地排查不安定因素，尽最大努力将矛盾纠纷化解在基层，解决在萌芽状态，做到"小事不出村，大事不出镇，矛盾不上交"，预防和减少群体性事件、非正常上访等影响社会稳定问题的发生。

2. 农村自我防卫力量建设

当前积极地发动、组织农村自防力量，能有力地补充公安机关在农村的治安力量，是解决农村治安问题的有效措施。

（1）以群众意愿为基础，推选中心户长。

中心户长的产生，主要是由社区群众推选和组织推选结合。一是由派出所和治保会进行调查，根据群众意愿，从社区中推荐有影响力和有威信的村民为户长人选。如退休教师、老党员、致富带头人及同宗同族的长者。二是责任民警和治保会干部组织召开片区农户大会推选。户长的产生充分尊重了群众意愿，选出来的户长都是那些在农村有组织能力、家庭条件较好、个人声望高和有办事能力的人员，因而得到了当地群众的拥护，他们的工作也得到了当地群众的支持。

治安中心户长的八大职责可以明确为：①警民联系员。群众的需要通过户长与派出所或治保会联系。②情报信息员。派出所通过户长，获取不安定因素、事故隐患、违法犯罪线索、辖区人员车辆等工作信息。③纠纷排解员。一些小纠纷通过户长排解，不使矛盾上交，减少民转刑的案件。④法制宣传员。利用红白喜事聚会、召开群众大会、调处民事纠纷机会，向群众宣讲政策法规。⑤治安防范员。组织开展夜间巡逻、邻里关照、邻里守望等，维护农村生产、生活秩序。⑥交通协管员。登记掌握辖区机动车辆和机动车辆驾驶员底数，告诫本地机动车驾驶员自觉遵守交通法规，督促办齐各种证照。⑦帮教转化员。掌握辖区劳释人员底数，关注其思想动向和生活表现。⑧权益维护员。依法维护片区群众的合法权益。

(2) 安全员的设置，加强对农村治安状况的管理和控制。

改变以往一个村只设立一名治保主任的方式，根据农民群众自然居住分布情况，以 10~15 户为单位，由农民群众民主推选一名有能力、有影响力的人担任安全员，安全员要接受当地派出所的培训，通过培训掌握相关治安防范的知识及方法。安全员要对自己所管辖范围内的治安隐患及时予以纠正，并与当地公安机关做好沟通工作，将存在的一些治安问题及时反馈到公安机关。同时，村治保主任负责组织和安排安全员参与值班室的值班工作。

(3) 加强治保会组织的建设。

加强治保会组织建设，建立健全治保会工作制度，选好配强治保会成员；每月召开一次治保会主任例会，互相通报情况；组织治保干部进行业务培训；维护治保干部的合法权益。

(4) 加强群防群治队伍建设。

争取党委、政府和村委会的支持，组建群防群治队伍；由公安机关协调解决群防群治组织和人员的经费保障问题；加强对群防群治队伍的管理教育，建立健全日常管理制度。

(5) 发动利用社会各种力量加强农村治安巡察。

将一定范围的地域以承包的形式交给几名村民定期进行巡察，承包人可从村委会获得一定的经济补偿（各个地方根据实际情况划定标准），有条件的村可引进保安公司，由保安公司的保安人员负责巡察及日常的治安防范。同时，当地派出所也要根据安全员的反馈信息，有针对性地加强一些地区的治安巡察。

（七）结束语

新时期的农村社区治安防范工作，是关系到千家万户广大农民的生活、生产、生存的大事情，是中央新农村建设和解决三农问题的重要内容之一。做好农村社区公共安全管理、做好"平安乡村"建设工作，保一方平安，保一方稳定，是社会经济发展的需要，是时代赋予公安干警的重任。认真研究当前农村社区治安的新情况、新问题，解决好人民群众普遍关心的安全保障，给人民群众一个安全、安定、稳定的生产、生活环境，促进人民群众生活质量的提高，具有十分重大的意义。将农村派出所建设和农村治安自治力量建设相结合，充分地发动和开发农村资源，构建农村社区治安防范新模式，促进农村社区治安根本性好转。

诚然，不管是在中国还是在世界，城市化、城镇化都是一个不可逆转的趋势。然而，长期形成的城乡二元体制和户籍制度的限制，使这个世界性难题在中国呈现得更为突出和棘手。此前，我们常常关注的是它带来的经济困境，比如农村土地抛荒、农民高龄化、农业孱弱化倾向；现在，深层的人文困境与社会管理困境则更加令人忧心。

农村不仅是中国人的心灵家园，更是中国发展的重心。重心不稳，国人会失去最后的安全感。农业丰则基础强，农民富则国家盛，农村稳则社会安——这应该成为全社会的共识。以工业支持农业、城市支持农村，巩固农村的安全防线已经刻不容缓。

（八）后记

整个调查结束以后，我们发现调查结果与我们调查前的想法大相径庭。最开始我们认为，经历着村庄"空心化"、老人"空巢化"、儿童"留守化"的农村，治安状况会恶化得比较厉害，可事实上，农村社区的治安是在向越来越好的方向发展。我们认为这可以归结于当地的传统文化得到良好的传承，再加上经济有了一定的发展，使村民的经济状况有了一定的改善。但在经济发展过程中，政府与村民的利益分割存在一定的问题，且较为突出，这可能是潜在的治安隐患。

在调查结束后，我们意识到，很多事情需要我们真正用心去调查以后才会有自己的结论，这样的结论才更具有说服力，而我们每个人也会在这样的实地调查中收获到书本上学习不到的知识。

二、留守地区养老和医疗现状——以孝昌县小河镇为例

（一）调查背景及目的

根据权威调查，中国农村目前"留守儿童"数量超过了 5800 万人。在农村劳动力大量外出打工的情况下，留守群体中多是老人、妇女和儿童。关注留守儿童，不仅仅是关注儿童本身，还要关注影响他们的生活环境，关注留守群体中的监护人。留守儿童的成长受家庭微观环境的影响——父母的言传身教和成人世界的耳濡目染。对于外出打工者来说，虽然知道孩子和老人需要自己的照顾，但是为生活所迫，他们不太可能返回到农村，因为农村没有工作岗位。而社区，或者说留守社区则是影响留守儿童成长的中观环境。社区服务的完善情况，直接影响到留守群体的生活。在目前状况下，完善社区服务，尤其是留守地区的社区服务，对于更好地帮扶留守儿童，为他们的健康成长创造更好的环境有着更为重要的作用。所以本次实践针对留守地区的社区服务状况进行了调查，主要包括养老问题和医疗问题，探究社区服务的发展情况，为社区服务的完善提出针对性的建议，以更好地帮助留守儿童。

（二）调查地点和内容

本次调查的地点主要是湖北省孝感市孝昌县小河镇，围绕小河镇和周边的乡村进行随机抽样调查。调查的内容包括留守农村的养老问题和医疗状况两个方面，主要涵盖新型农村合作医疗制度的实施情况、大病救助制度、养老费用、养老金来源、养老观念、新型城乡社会养老保险政策等方面的调查。

（三）调查方法

本次调查采用问卷调查和具体访谈相结合的调查方式，以规范分析和实证研究为基础，运用理论与实践相结合的方法，获取本次调查的结论，提出可行性的对策建议。问卷调查共发放问卷 200 份，其中留守地区和非留守地区各100 份，最后回收 171 份，其中有效问卷 160 份。问卷回收并整理完毕之后，用 spss 和 excel 统计软件进行数据分析处理，发现总结规律，并尽量结合图表的形式将结果如实地表现出来，数据处理追求实事求是、逻辑科学。同时，将访谈记录进行整理分析，展现相关的问题。最后在规范分析和实证分析的基础上，对留守地区社区服务在养老问题和医疗问题上的现状、存在的问题、相关

机制的共性特点进行归纳，并通过推理、演绎，得出相关结论，提出相关的建议。

（四）调查结果及分析

1. 基本情况

（1）性别：调查结果显示，有效问卷中调查对象性别分布比较均匀，男性 73 人，占 45.7%；女性 87 人，占 54.3%。可以看出此次结果符合实际情况，保证了调查的科学性。

（2）年龄：从图 4-6 中可以看出，调查群体中 60 岁以上的所占比例最高，其次是 46~60 岁和 31~45 岁，这是与留守地区现住人口的实际情况相符合的。16 岁以下人群偏少，但是不对本次调查造成较大影响。

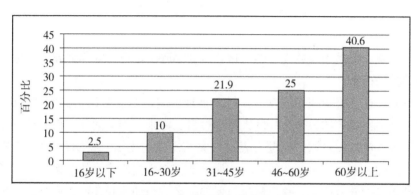

图 4-6　问卷调查年龄分布图

（3）支出比重最大项：从图 4-7 中可以看出，在家庭支出比重最大项这个问题上，除了基本生活之外，调查群体中有 62 人选择了教育，有 35 人选择了养老。这说明教育问题仍是家庭的重大支出事项，尤其是对于留守地区来说，教育改变命运的理念使得人们大多比较重视教育。同时，该图也反映出人们开始逐渐地关注养老问题，特别是留守群体中老人的养老问题。

2. 总体性分析

（1）养老问题状况。

第一，养老问题缺乏关注，养老意识薄弱。

通过走访相关的政府部门我们了解到，在新型城乡居民社会养老保险之前，当地并没有专门关于养老问题的专项政策和制度。对于留守地区来说，留守群体中很大一部分是老人和妇女，他们的生活问题，特别是养老问题尤其应

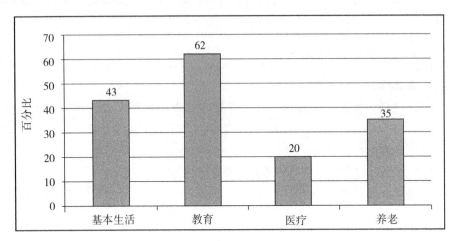

图 4-7　支出比重最大项示意图

该受到重视，但是当地并没有针对这些留守家庭制定特殊的养老政策，也没有相关的救助措施。

另外，在调查中我们还发现，村民自身也缺乏养老意识。在 45 岁以下的调查群体中，只有约三分之一的人考虑过自己将来的养老问题，而另外三分之二的人根本没有想过这个问题，表示只关注现在的生活。特别是 20~35 岁这个年龄段的人群，因为还比较年轻，所以他们很少去想将来的事情，没有考虑过自己将来的养老问题。这反映出村民的养老意识还比较薄弱，有待进一步的加强。

第二，农村福利院条件比较差。

对于养老问题，除了依靠自己和亲人外，社会上的养老机构也发挥着重要的作用。在小河镇有一所福利院，是去年搬迁到新址的。我们参观了福利院，该福利院现在住有七八十位老人，有的是低保户，无儿无女，没人可以照顾自己；有的是智力有些问题的人；有的是残疾人；还有些老人，虽然有孩子，但是孩子们都在外面打工，不方便照顾老人，所以他们就被送到了福利院。福利院的基本设施还不完善，除了一些简单的健身设施外，没有娱乐活动等其他设施。老人们居住的地方也没有电视、电扇、蚊帐、空调等。同时，老人们反映，食堂饭菜质量也不好，平时自己负责打扫自己的宿舍，自己负责烧热水。而且这里唯一的公用电话坏掉之后也一直没有修，老人们没办法和亲人联系。

住在这里的老人，只能说有一个遮风挡雨的地方，有饭吃，能够生存。但这也是农村福利院的一些现实情况，因为住在这里的老人，基本上没有付费，不同于城市的养老院，所以福利院只是提供一些最基本的保障。

另外，福利院不仅仅帮助老人，同时也帮助孤儿。但是，在这个福利院我们并没有看到孤儿，据负责人说，孤儿可能就是住在家里，由其他监护人照顾，没有到这里，大概是亲属担心缺乏关爱影响孩子的心理健康。而福利院对于孤儿也没有详细的帮扶措施。

第三，村民抵触福利院、养老院。

在调查中我们发现，无论是留守地区还是非留守地区，人们对于福利院和养老院都有抵触心理。在谈到将来的养老方式时，很少人谈到去福利院或者养老院。除了传统的养儿防老的观念外，他们希望依靠自身或者国家，但是不希望去福利院或者养老院。他们觉得福利院、养老院生活条件不好，不到万不得已是不会有人去的。这也反映出，人们对于福利院和养老院的认识存在误区，对于这些机构的服务运作等不是很清楚，所以有抵触心理。

（2）新型城乡居民社会养老保险政策实施情况。

第一，开始实施，七成村民愿意参加。

从图 4-8 中可以看出，72.5% 的人表示愿意参加该项制度，27.5% 的人表示不愿意参加。

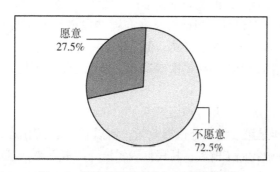

图 4-8　村民是否愿意参加新型保险制度

这主要是因为该地的新型城乡居民社会养老保险制度近年才开始实施，多数人认为这是一项惠民政策，表示支持；有部分人认为最后得到的钱没有缴纳的钱多，不划算，所以不参加；还有部分人担心具体的落实情况，所以选择观望，不参加。另外，对于 60 岁以上的老人来说，他们若要享受该政策，则子女必须参加。有些留守老人觉得这样太麻烦，所以选择不参加。

第二，宣传不到位，村民存在误解。

调查显示，村民们对于这项制度还不是很了解。有 72.5% 的人了解养老保险的缴费标准，有 23.2% 的人了解待遇发放标准，而只有 4.3% 的人了解养老保险的经办机构。

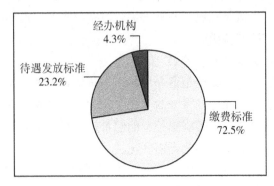

图 4-9　村民了解的新型保险制度内容

出现这种情况，主要是当地的宣传不到位。村民们反映，当时只有有关的负责人到家里做口头宣传，没有发放宣传小册子，也没有开大会集中宣讲，所以他们不是很了解这项政策，只知道养老金交得多。在有的村庄，村干部直接将宣传信息写在黑板上，但是却不提醒村民关注。与此同时，我们还了解到村民们对这项政策存在误解。当地政府决定从 2012 年 7 月 1 日开始实施这项政策，第一次发放养老金是在 8 月初。但是很多村民误以为是 7 月 1 日开始发放养老金，所以在调查中很多村民抱怨没有发放养老金，这也反映出宣传上的不到位。

第三，落实情况是主要考虑因素。

由于 2012 年是第一年实施该项政策，所以它的落实情况就成为大家关注的焦点。在调查中我们了解到，村民们表示这项政策不错，但是能否真正地落实下来就有待观察了。如果今年的养老金能够顺利发放，那么持观望态度的人则可能考虑参加该政策。可见，无论是什么样的政策，真正地落实下来才是最重要的。

（3）医疗问题状况。

第一，新型农村合作医疗制度整体实施较好。

当地的新型农村合作医疗制度从 2007 年就开始实施，到 2012 年已经实施了 5 年，大部分人参加了该项制度，且反映这项制度落实得较好。目前新农合的缴费情况是每人每年 50 元，在小河镇医院，报销比例可以达到 90% 以上，甚至是 95%。现在的报销程序也不像以往那么繁琐，基本上在出院后都可以及时得到报销。村民们反映这项政策的实施情况比较好，对于减轻大病医疗费用的压力有很大的帮助。

第二，差别报销比例待遇较低。

新型农村合作医疗制度的报销比例有定点机构的限制，一般情况下，乡镇医院的报销比例高，县城医院、市级医院的报销比例依次降低，这对于很多人来说不能满足需求。由于医务人员的技能和设备等原因的限制，很多大病在乡镇医院不能得到很好的诊治，但病人若到县城或者市级医院，则只能享受较低的报销比例。小河镇医院的报销比例可以达到 90%，而孝昌县医院的报销比例是 60%，武汉市医院的报销比例不到 40%。很多人反映这样的报销比例有点低，希望能稍微提高些。

第三，小病理赔欠缺，没病等于浪费。

新型农村合作医疗制度是以大病统筹兼顾小病理赔为主的农民医疗互助共济制度，这个定义显示出新型农村合作医疗制度是保障农民的疾病医疗费用，而门诊、跌打损伤等不在该保险范围内，小病的费用仍然是农民自己支付。并且，许多农民从自己短期得失的角度考虑，由于自己身体好，生病住院的概率低，认为没必要花那个冤枉钱。还有一些农民认为，它会和以前的义务教育保证金一样，最后被骗走了，认为是把自己的保险金拿去补偿别人了。同时由于宣传不到位，具体的理赔标准没有发给农民，使得他们在理赔时，看到那么多药费不能理赔，让他们有被欺骗上当的感觉。所以很多农民表示，自己每年交的钱都是浪费了，因为自己身体好，很少住院，没有生病的人觉得应该适当地返还一些费用。

第四，外出打工者很少享受福利。

外出打工者在外地生小病时，只能在打工所在地看病，这样来说，他们参加新型农村合作医疗就没有得到实惠。当他们得了大病或急性病时，由于打工所在地路途遥远，只能去当地大型医院就医，也无法享受到新型农村合作医疗的优惠。所以，很多当地的村民觉得，应该适当调整参加政策，对于留守家庭的外出务工者来说，可以不参加当地的新型农村合作医疗。

第五，非正式的民间救助越来越弱。

有句话说，远亲不如近邻，遇到一些紧急的事情，邻居比远方的亲人更能帮上忙。邻居捐助看病的非民间救助一直存在，但是却越来越弱。现在如果要借钱看病，多数是向自己有血缘关系的亲戚借，直接找邻居的比较少。

3. 差异性分析

通过问卷、访谈和数据分析，我们发现了以下差异，并分析了相关的原因，具体如下：

（1）养老方式。

从图 4-10、图 4-11 的对比可以看出，在养老方式的选择上，留守地区与非留守地区的人们存在着较大的差异。

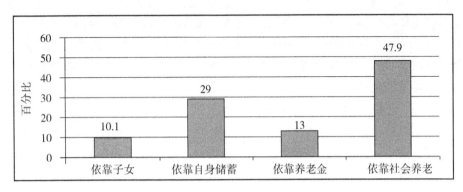

图 4-10　留守地区养老方式

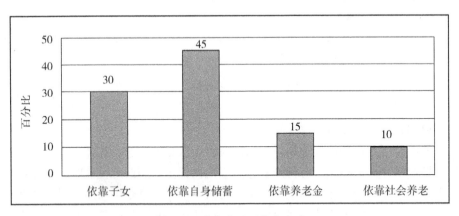

图 4-11　非留守地区养老方式

由图可以看出，留守地区的人们在养老方式上选择依靠社会养老的占 47.9%，其次是依靠自身储蓄，占 29%；而非留守地区人们选择依靠自身储蓄的占 45%，依靠子女的占 30%。这种差异的原因主要有以下几个方面：

①留守群体中，妇女基本上没有什么稳定的工作，老人丧失劳动能力，并

且当地的土地很少，就算他们想依靠自身，现实的压力也太大。而非留守地区有大量的劳动力存在，在当地工作，所以选择依靠自身储蓄的比较多。

②非留守群体中多数人表示，依靠社会养老短时间是不可能实现的。我们调查中发现，留守群体所认为的依靠社会养老与我们现在所说的还有些不同。他们认为依靠社会养老，就是国家承担农村养老问题，政府每年会发放大量的物质进行救助。所以，他们最希望的就是全部由国家承担，自己花很少钱。事实上，短期内这是不可能实现的。

③青年劳动力外出打工。对于留守群体来说，依靠子女养老并不是那么现实的方式，而且为了整个家庭考虑，老人们也不忍心让孩子们回家专门为自己养老。而对于非留守群体来说，养儿防老的观念比较重，所以依靠子女养老的比重要比留守地区大。

（2）参与新农保考虑最多的因素。

从图 4-12、图 4-13 我们可以看出，在参加新型城乡居民社会养老保险时，留守群体和非留守群体考虑最多的因素有差别。

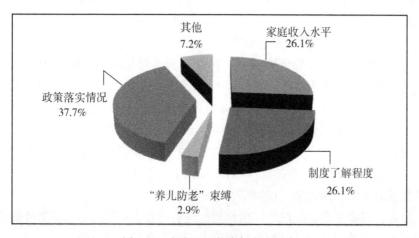

图 4-12 留守地区新农保考虑因素

留守群体考虑最多的是政策的落实情况，占 37.7%，而家庭收入水平和对制度的了解程度均占 26.1%。非留守群体考虑最多的是养儿防老，占 39.6%，其次是家庭收入水平。这样的差异与实际状况相符合，因为青年劳动力的外出，所以留守群体的养儿防老观念相对弱一些，他们更关注新农保这项政策能否真正地落实下来。

另一个差异是其他部分，留守地区是 7.2%，非留守地区是 2.2%。其他

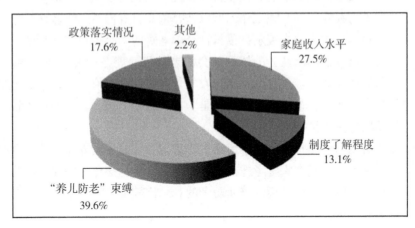

图 4-13　非留守地区新农保考虑因素

部分主要是参保人突发意外情况，留守群体对这点考虑较多，认为万一有突发意外情况，那之前所缴纳的钱也就白费了。相比之下，非留守群体并没有过多考虑该项。

（3）对基础养老金 55 元的看法。

在调查中，我们针对新型城乡居民社会养老保险基础养老金 55 元这点，向村民们询问了相关的看法，具体如下：

在 45 岁以下的调查群体中，95% 的人普遍反映基础养老金过低，对于现在的生活根本起不到任何的作用；而 45~60 岁的调查群体中，90% 的人表示无所谓；在 60 岁以上的调查群体中，70% 的人表示可以。对于年轻一些的人来说，55 元的基础养老金过低，而 60 岁以上的老人，却认为国家给自己了，有总比没有要好，所以还可以接受这个标准。

另外，国家规定各地区可以根据当地经济的发展状况，适当提高基础养老金的额度，但是村民们都反映小河镇很穷，要提高是不可能的。

（4）月最低养老金。

按照目前调查群体的生活状况，我们调查了月最低养老金的金额问题，因为年龄的差异，月最低养老金的金额也出现了差异：

①必须支出：由图 4-14 可以明显地看出，不同的年龄群体对于养老金必须支出的金额存在较大差异，这与不同年龄段人群的生活是相符合的。

②额外支出：额外支出主要是指看病医疗上的支出。调查结果显示，如果将看病因素考虑进去，那么每人每月最低的养老金要高于 1000 元。他们表示

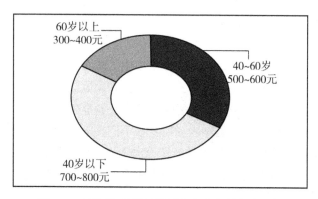

图 4-14　不同年龄段月最低养老金必须支出金额

现在的医药费用实在是昂贵，一旦要看病，那么养老金必须要提高。

（5）新农合收费标准。

目前新型农村合作医疗的缴费标准是每人每年 50 元，我们在调查中假设这个标准还会增长，相应的福利也将增加，研究人们所能承受的限度。最后的调查结果是，25% 的人表示缴费标准每人每年超过 100 元，则不会继续参加；其他 75% 的人表示会继续参加。这 25% 的人主要是身体较好的年轻群体，平时很少生病，新农合的福利没有享受到，所以觉得不划算。

5. 给当地的建议

（1）政府部门。

①制定专门的救助留守群体的政策。民政部门应该制定专门的救助留守群体的政策，定期对困难的留守家庭进行救助。现在并没有针对留守群体制定任何相关的救助政策，他们能享受的只有低保、五保和残疾救助政策，民政部门应该就此制定专项政策，真正地救助困难的留守家庭。

②统筹非正式的民间救助。在农村可以适当地成立公开医疗保障基金，由政府部门专人负责统筹。同时将公开的医疗保障金和非正式的民间救助相互统筹，发挥救助的最大效用。

③加强农村福利院的条件改善。农村福利院在解决农村养老问题方面发挥着重要作用，政府相关部门应拨款用以完善福利院的基础设施，使村民能够感受到福利院养老的益处，这也有利于政府更好地解决农村养老问题。

④加大对新农保的宣传。因为政府宣传的不到位，所以很多村民对这项政策并不是很了解，政府工作人员应该挨家挨户宣传，并发放宣传册，让村民详

细地了解这项政策。只有深入了解之后，村民才能更好地做出选择，也可以减少政府工作中不必要的麻烦。

（2）学校方面。

①提供教育减免和补助。在家庭支出项中，教育的比重是最大的，这说明孩子的教育是一个家庭关注的大事，特别是留守家庭。学校应该根据情况，适当地减免留守儿童的教育费用，让更多的留守儿童能够坚持完成学业。

②定期组织体检。学校是群居场所，孩子们在学校学习，为了保障学生的安全健康，学校应该至少每学年进行一次体检。体检应该选择正规的医疗机构，不能走形式，要真正地为学生的健康着想。

（3）医疗机构。

①尽量统一村卫生所的小额补助。在调查中我们了解到，各个村庄的村卫生所看病所享受到的小额补助是不一样的，这使得很多村民相互比较，产生抱怨的情绪。对于村卫生所看病的小额补助，应该尽量协调统一相关的标准，使村民享受同等的待遇。

②发放理赔标准小册子。由于不了解具体的理赔标准，很多农民在理赔时，看到那么多药费不能理赔，有种被欺骗的感觉。所以医院应该将具体的理赔标准发放给病患，让他们明白哪些可以理赔，哪些不能理赔，减少不必要的误解。

③严格控制药价和药品。很多村民反映，到医院看病可以报销，但是医院把药价定太高了，报销后反倒是不如不报销。村民还说，医院会开一些医院没有的药品，患者需要自己去药房买，但是在最后结算时并没有去掉这部分。所以，对医院来说，还是应该严格控制药品和药价，尽量实现药品零差价。

④简化报销程序。报销过程应该适当简化，特别是对于老人，应该有专门的人员协助他们办理报销事宜。

（4）留守群体。

①增强养老意识。对于留守地区的人来说，养老问题是比较重要的。养老问题并不是到年老时才需要考虑的，年轻人也应该多考虑自己将来的养老问题。这样才能够提前规划，多方位选择，做出打算。

②正确认识社会养老机构。福利院和养老院在解决养老问题上发挥着一定的作用，村民应该正确的认识这些养老机构，在深入了解的基础上看待社会养老。社会养老不应该是国家承担所有，而是由国家、政府和个人相结合的一种养老方式。正确认识养老机构，自己也多一种选择。

◎ 附录：养老问题调查问卷

1. 您的年龄
   A. 16 岁以下　　　　　　B. 16~30 岁　　　　　　C. 31~45 岁
   D. 46~60 岁　　　　　　E. 60 岁以上
2. 您的家庭人口有_____人，其中常住人口有_____人，18 岁以下的有_____人。
3. 您的家庭成员中，有
   A. 75 岁以上的老人　　　B. 65~75 岁的老人
   C. 55~65 岁的老人　　　 D. 均小于 55 岁
4. 您个人的月平均收入是
   A. 200 元以下　　　　　 B. 200~500 元　　　　　C. 500~1000 元
   D. 1000~1500 元　　　　 E. 1500~2000 元　　　　F. 2000 元以上
5. 您的收入主要来源是
   A. 农业收入　　　　　　 B. 本地打工　　　　　　C. 外地打工
   D. 个体户经营　　　　　 E. 子女给予　　　　　　F. 政府补贴
   G. 出租房屋等
6. 您每月的开销中，比重最大的是
   A. 基本生活　　　　　　 B. 教育
   C. 医疗　　　　　　　　 D. 养老
7. 您希望的养老方式是
   A. 依靠子女　　　　　　 B. 依靠自身储蓄
   C. 依靠养老金　　　　　 D. 依靠社会养老
8. 您是通过何种渠道了解新型城乡居民社会养老保险制度的？
   A. 政府发放宣传册
   B. 村里开大会，集中宣讲
   C. 工作人员挨家挨户上门宣传与动员
   D. 电视、广播、报纸、网络等宣传
9. 您对新型城乡居民社会养老保险制度了解的信息是
   A. 缴费标准　　　　　　 B. 待遇发放标准　　　　C. 经办机构
10. 您是否愿意参加新型城乡居民社会养老保险？
    A. 愿意　　　　　　　　 B. 不愿意
11. 您参加新型城乡居民社会养老保险时，考虑最多的因素是

A. 家庭收入水平　　　　 B. 制度了解程度

C. "养儿防老" 观念束缚　D. 政策落实情况

E. 其他

12. 您对基本养老金 55 元的看法是

A. 过高　　　　　　　　 B. 合理　　　　　　　　 C. 过低

13. 按照您现在的生活水平计算，您认为每个人每个月最低多少养老金才能满足基本生活需求？

A. 200 元以下　　　　　 B. 200~400 元　　　　　 C. 400~600 元

D. 600~800 元　　　　　 E. 800~1000 元

三、老年妇女生存现状调查报告——以红安县城关镇陈升庙村为例

1. 调查目的与背景

2000 年，我国开始步入老龄化社会，据有关部门调查数据显示，截至 2017 年，我国 60 岁以上人口已经达到 2.41 亿。与城市相比，农村人口老龄化问题更突出，而妇女更是占一半以上。农村的老龄化率在 2000 年已经超过城镇，预计农村的老人数量还会继续增加。因此，农村老年人问题在很大程度上也是农村老年妇女问题。过去，农村老年妇女人数少，因为文化、社会地位、法律知识、自身素质等原因，农村老年妇女是一个沉默的弱势群体，几乎成为一个被遗忘的角落，而在当今人口老龄化的大背景下，老年妇女的生存状况更应该得到社会的关注。

2. 调查地点与内容

以湖北省黄冈市红安县城关镇陈升庙村为例，我们通过发放问卷和与村民沟通的方式，对当地老年妇女的生存状况进行了相关调查。调查内容包括当地老年妇女的家庭成员状况、经济状况、医疗状况、养老保险购买状况、业余生活状况以及老人的内心想法，深入了解了当地老年妇女的生存现状。

3. 调查方法

本次调查采用问卷调查和具体访谈相结合的调查方式，以规范分析和实证研究为基础，运用理论与实践相结合的方法，获取本次调查的结论，提出可行性的对策建议。调查问卷最后回收 251 份，有效问卷 251 份。问卷回收并整理完毕之后，用 spss 和 excel 统计软件进行数据的分析处理，发现总结规律，并尽量结合图表的形式将结果如实明了地表现出来，数据处理追求实事求是、逻

辑科学。同时，将访谈记录进行整理分析，展现相关的问题。最后在规范分析和实证分析的基础上，对老年妇女的生存现状和存在的问题进行归纳，并通过推理、演绎，得出相关结论，提出相关的建议。

4. 调查结果及分析

（1）基本情况。

①年龄。

城关镇老年人占总人口比重达 8.2%，农村老年妇女占总人口比重达 4.5%，接受本次问卷调查的总人数为 251 人，其中 60~64 岁 84 人，占总人数的 33.5%；65~69 岁 70 人，占总人数的 27.9%；70~74 岁 41 人，占总人数的 16.3%；75~79 岁 35 人，占总人数的 13.9%；80 及 80 岁以上 21 人，占总人数的 8.4%。根据采访和我们自己的见闻，发现当地留守状况很严重，大多数男性都选择外出打工，留在家里的多为老人、妇女和孩子（参见表 4-1）。

表 4-1　　　　　　　　　　　　被调查人员年龄分布表

年龄段	数量	百分比
60~64	84	33.5
65~69	70	27.9
70~74	41	16.3
75~79	35	13.9
80 及以上	21	8.4
合计	251	100

②文化程度。

调查显示，当地 60 岁以上的老年妇女文化程度较低。251 人中共有 212 人没有上过学，占 84.5%；33 人读过小学，占 13.1%；5 人读过初中，占 2%；仅 1 人读过高中，占 0.4%。不难看出，97.6% 的被调查者是小学及小学以下文化水平，不认识字、不会说普通话的情况非常普遍，只有极少数家庭条件还不错的人有机会受过教育（如图 4-15）。

同时，相对 80 岁以上的老人，60~80 岁的老人所经历的社会环境较平和，文化程度相对较高。

③是否为农民。

调查显示，农村老年妇女中大多数是农民，占总调查人数的 72%，非农

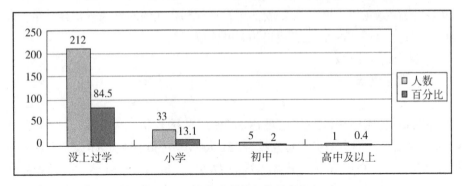

图 4-15　被调查人员文化程度分布

民占比为 28%。可以看出现居农村的老年妇女往往是一辈子在种地的人，因此农民所占比例较大。而非农民则通常是离镇上较近，家庭条件相对较好的家庭（如图 4-16）。

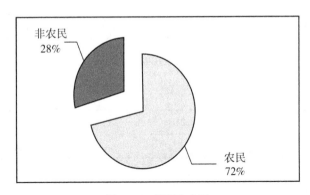

图 4-16　是否为农民

④是否劳作。

本次接受调查的人员绝大多数都是农民，占调查总人数的 95.6%，只有 4.4% 的是回乡养老的人员。本次调查中，现在仍在劳作的共 185 人，占 74%，这也反映了农村老年妇女生活艰辛、生活费用并不宽裕的现象（如图 4-17）。红安县 60 岁以上的老年妇女，她们大多生活比较困难，原来基本上是农民，靠自己和老伴的劳作获取经济收入，生活无稳定保障。

（2）家庭成员状况。

①常住人口及人口构成。

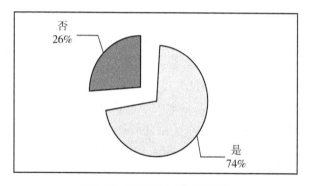

图 4-17　被调查人员是否劳作

随着中国乡村青壮年劳动力大量外出务工，农村出现越来越多的留守老人，"空巢老人"是指不与子女居住在一起的老人，其中包括无子女的老人，也包括与子女分开居住得不到应有的照料和关怀的老人，以及子女在外工作、外出打工的老人。调查发现，此次调查对象中，家里常住人口（均包括被调查人在内）以 2 人居多，共 86 人，占调查总人数的 34.3%；其次是子女、孙子孙女在家的情况，常住人口在 5 个及以上，共 59 人，占调查总人数的 23.5%；常住人口为 3 人的，共 34 人，占调查总人数的 13.5%；常住人口为 4 人的，共 29 人，占调查总人数的 11.6%；更加值得我们关注的是，独居老人有 43 人，占被调查人数的 17.1%（如图 4-18）。由此可见，空巢老人在农村较为普遍。

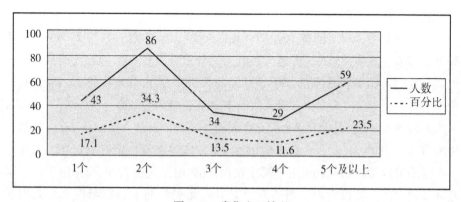

图 4-18　常住人口情况

②子女回家频率。

　　调查显示，当地老年妇女子女回家次数偏少。有效调查样本总数为 249 人，其中有 4 人无子女，占总人数的 1.6%；有 7 人子女一年回家 5~6 次，占总数的 2.8%；有 10 人子女一年回家 3~4 次，占总数的 4.0%；有 103 人子女一年回家 1~2 次，占总数的 41.0%；有 125 人子女常年在家或在附近居住，占总数的 49.8%。调查显示，近一半人子女常年在家或在附近居住，但一年回家在 3 次及 3 次以下的占 45.0%，由此可见，当地有一半的老年妇女是空巢老人，常年留守在家，缺少子女的关爱，这是当地比较严重的问题之一（如图 4-19）。

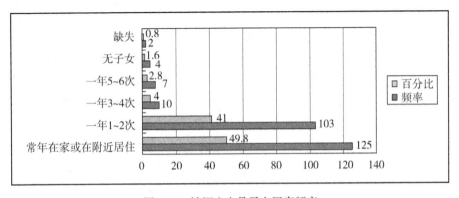

图 4-19　被调查人员子女回家频率

　　（3）经济状况。

　　①每月花费及花销分配。

　　被调查者中，每月消费 100~200 元的共 70 人，占总人数的 27.9%；月消费 200~300 元的共 35 人，占总人数的 13.9%；月消费 300~400 元的共 38 人，占总人数的 15.1%；月消费 400~500 元的共 38 人，占总人数的 15.1%；月消费 500~600 元的共 25 人，占总人数的 10.0%；月消费 600~800 元的共 16 人，占总人数的 6.4%；月消费 800~1000 元的共 8 人，占总人数的 3.2%；月消费 1000 元以上的共 21 人，占总人数的 8.4%。具体来看，所有支出中，77% 用于吃穿用等日常花销，16% 用于医疗费用，6% 用于儿孙费用，1% 用于烟、送礼等其他费用。可以看出，当地农村老年妇女 93% 的生活费都用于个人生活必需的开支，个人娱乐费用很少，生活中娱乐活动并不多（如图 4-20、图 4-21）。

　　②经济来源。

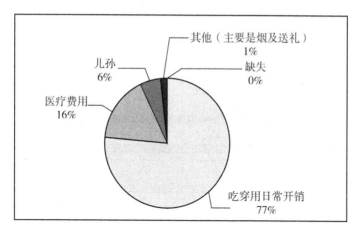

图 4-20 花销比例

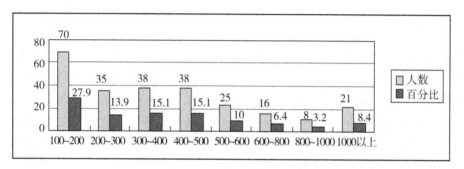

图 4-21 每月花费情况

农村是由一个个独立、自由的家庭组成，农村家庭收入来源主要依靠田间收成和其他副业收入，最大的特点是自由收支。由于历史原因，农村目前并没有建立起牢固的社会养老保障体系，主要采取家庭赡养方式养老。

调查结果显示，老年妇女的经济来源，有 104 人来自自己及配偶的劳动收入，占总人数的 41.4%；有 118 人依靠下一代的赡养，占总数的 47%；有 27 人依靠国家补贴，占总数的 10.8%。分析数据，我们可以看到，非国家赡养的老人占 88.4%，因此当地老年人给国家带来的经济负担并不重，只有少数无人赡养且丧失劳动能力的人需要国家补贴生活（如图 4-22）。

（4）医疗状况。

①农村合作医疗参与情况。

60 岁及以上的老年妇女，她们基本上是农民，原来生活困难，现在国家

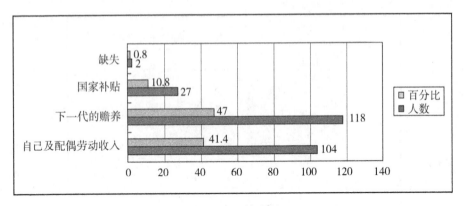

图 4-22　经济来源

政策较好，她们基本上参加了医疗保险，但是生病的时候没有过多的资助，保险比例为 30%，所以能在小部分帮助她们解决看病问题。

分析数据可知，绝大部分被调查者参加了农村合作医疗，共 244 人，占总调查人数的 97.2%；有 7 人未参加，占总数的 2.8%，主要是因为户口等原因未解决。在参加的 244 人中的大部分老年妇女认为，合作医疗只能解决少部分看病问题或完全不能解决问题。根据调查数据，有 5 人认为能完全解决看病问题，占 2%；有 35 人认为能大部分解决看病问题，占 13.9%；有 164 人认为能少部分解决问题，占 65.3%；有 31 人认为完全不能解决问题，占 12.4%；另外有 15 人不清楚，占 6%。在走访调查中，我们了解到，当地农村合作医疗只对住院报销，而大多数人会去周围的乡村医院看病，基本没有报销。（如图 4-23）

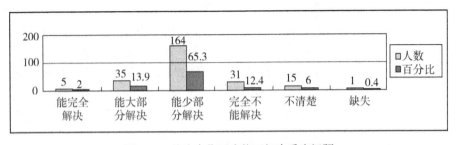

图 4-23　认为合作医疗能否解决看病问题

②生病处理方式。

由于子女外出打工，所以她们生病基本是自己去诊所拿药，小乡村条件较差，基础设施不是特别健全，但是因为大家都认识，所以医护态度良好。

所有被调查者中，有 168 人是自己买药，占总数的 66.9%；有 72 人会上医院看病，占总数的 28.7%；仅 2 人仍然会找偏方或者草药，占总数的 0.8%；还有 9 人选择其他方式。可见当地老年妇女大多不会听信偏方，大病会去正规医院，小病会自己买药，这也是正确的处理方式（见表 4-2）。

表 4-2 　　　　　　　　　　　　**生病处理方式**

生病处理方式	人数	百分比
自己买药	168	66.9
自己找偏方或者草药	2	0.8
上医院	72	28.7
其他	9	3.6
合计	251	100

③是否定期体检。

数据显示，所有被调查者中，有 74 人会定期体检，占 29.5%；有 90 人不定期体检，占 35.9%；另外 87 人不会去定期体检，占 34.7%。不去体检的约为总调查人群的 1/3，大多是因为医院没有通知、腿脚不方便、交通不方便等原因没有去医院体检（如图 4-24）。

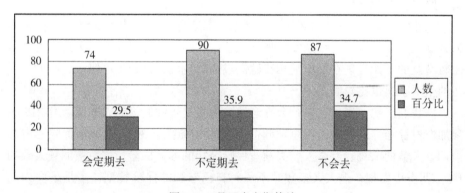

图 4-24　是否会定期体检

在红安当地，许多年轻人外出打工，家里的常住人口大多为老人和孩子，60 岁以上的老年妇女因为经济原因和忙于劳作，很少按时定期去检查身体。

而且她们的收入依靠劳作和养老保险金，经济不是特别富裕，每月可花费金额也较少，且多用于看病。在红安县每个乡村都有小诊所，所以她们基本去诊所看病，比较方便，而且医护态度良好，加上政府关注度高，诊所也会专门通知老人，或者去老人家里为他们体检，让更多人能够定期体检。

但是因为在农村，很多人的体检意识不够强，所以定期去医院检查的老年妇女不多，这点还是应该引起注意。

（5）社会养老保险参与情况。

当地对不同老年人实行不同的相关政策。基础养老金标准为每人每月 55 元，年满 60 周岁、未享受城镇职工基本养老保险待遇的有户籍的农村老年人，可以按月领取养老金。新农保制度实施时，已年满 60 周岁、未享受城镇职工基本养老保险待遇的农村居民，不用缴费，可以按月领取基础养老金，但其符合参保条件的子女应当参保缴费；距领取年龄不足 15 年的，应按年缴费，也允许补缴，累计缴费不超过 15 年；距领取年龄超过 15 年的，应按年缴费，累计缴费不少于 15 年。持有本县农业居民户口，居住在农村村组、有家庭承包土地的农村居民，共同生活的家庭成员人均年纯收入和实际生活水平低于当地农村低保标准的老年人可申请低保。老年、残疾或者未满 16 周岁的未成年人，无劳动能力、无生活来源又无法定赡养、抚养、扶养义务人，或者其法定赡养、抚养、扶养义务人无赡养、抚养、扶养能力的，享受农村五保供养待遇。"五保"包括：供给粮油、副食品和生活用燃料；供给服装、被褥等生活用品和零用钱；提供符合基本居住条件的住房；提供疾病治疗，对生活不能自理的给予照料；办理丧葬事宜。

虽然针对 60 岁以上的老年人，国家的养老保险会每月补助 55 元，但是因为数额较小，所以对老年妇女的帮助也较小，不过她们对政府的关注程度还是比较满意的。而且现在的生活相比她们过去的生活，已经很不错了，她们对现在的生活状况也比较满意。

据我们了解，当地农村社会养老保险大多是子女们为老人购买。有 219 人参加农村社会养老保险，占总被调查人数的 87%；有 30 人未参加保险，占总被调查人数的 12%；有 2 人购买商业保险公司的养老保险，占总被调查人数的 1%。调查中发现，老人大多数并不了解自己参加的保险类型，多是子女为其购买，然后定期给老人生活费用（如图 4-25）。

在红安县，老人大多参加的是农村社会养老保险，因为生活条件较差，而农村社会养老保险所缴纳的费用较低，适合农村居民，但由于缴纳费用较低，所以农村养老保险每月补助金额只有 55 元，对老年妇女帮助较小。但是老人

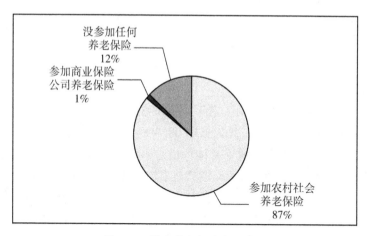

图 4-25　社会养老保险类型分布

参加的新型医疗保险也可以帮助她们解决一部分问题。

　　在参保时，老年妇女还会考虑保险是否对今后的生活有帮助，综合考虑各项因素后最终选择是否参加社会养老保险。对于社会保险是否有帮助，从图4-26 中很容易看到，大部分人认为社会养老保险比较有帮助或者基本没帮助。有 12 人认为非常有帮助，占 4.8%；有 121 人认为比较有帮助，占 48.2%；有89 人认为基本没帮助，占 35.5%；有 29 人认为完全没帮助，占 11.6%。据老人们反映，社会养老保险每月补助仅 55 元，大多数人的想法是有总比没有好，但实际帮助并不大，一旦生病还是需要子女汇款，自己拿的社会养老保险完全无法解决医疗费用等问题。

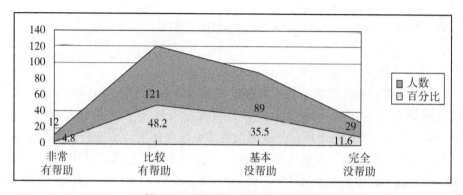

图 4-26　社会养老保险是否有帮助

在红安县，许多子女外出打工，老人带着孩子生活，而子女一年才回家1~2次。老年妇女的经济来源主要是劳作收入，看病主要是在乡村诊所，也只能解决一些小病，而且政府相关资助较少。

（6）业余生活状况。

①闲暇时间安排。

从图 4-27 中我们可以看出，老年妇女的业余生活较为单一，对于闲暇时间，有 174 人选择看电视，占总人数的 69.3%；有 52 人选择聊天，占总人数的 20.7%；有 6 人选择出去锻炼身体，占总人数的 2.4%；有 3 人选择打牌，占总人数的 1.2%；另外 16 人选择做其他事情，比如照顾孙子、种地，没有其他娱乐活动，占总人数的 6.4%。可以看出，当地农村老年妇女的主要活动是看电视，与邻居交流比较多的是村落中的老年妇女，而会出去锻炼身体的则是离镇上较近、有一定锻炼意识的人。

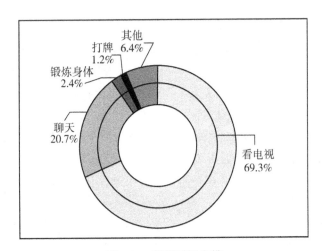

图 4-27　闲暇时间安排

②去老年活动中心次数。

如图 4-28，根据调查结果，只有 1 位老人会去老年活动中心，占 0.4%；11 人从来不去，占 4.4%；239 人因为当地没有而不去老年活动中心，占95.2%。我们从乡政府了解到，目前当地准备修建老年活动中心，已经拨款，有两处设施在建。但当地老人并没有去老年活动中心的意识，很多人都忙于种地、照顾孙子，对去老年活动中心显得不太感兴趣。目前，老人们的娱乐活动地点通常不会在老年活动中心，而是在家照顾孙子或者下地种田，闲暇时聊天、看电视等，希望这种状况能得到改善。

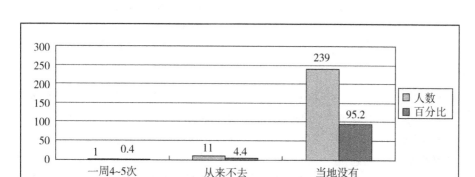

图 4-28　每周去老年活动中心的次数

（7）内心想法。

总体来说，当地农村老年妇女还是常常保持着愉快的心情，她们多数愿意向身边人倾诉自己的不愉快。其中共 178 人愿意向他人（包括配偶、子女、邻居、其他亲戚等）倾诉，占 70.9%；有 28 人不愿意倾诉，占 11.2%；28 人无人诉说，占 11.2%；16 人选择其他方式排遣心中的不愉快，如下地干活、做家务等，占 6.4%。还有些老人认为，自身受到政府较多关注，对生活状况满意度高，平时遇到不顺心的次数非常少甚至没有，因此不需要找人倾诉。

①对外界了解欲望程度。

如图 4-29，调查中发现，有半数左右的农村老年妇女对外界了解欲望并不大，甚至完全不关心，同时也有半数想走出山村，了解外面的生活。其中，共

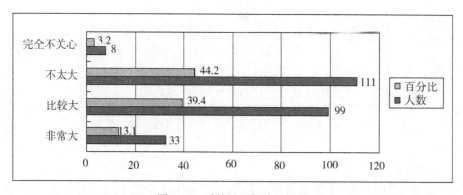

图 4-29　对外界了解欲望程度

33 人有非常大的了解欲望，占 13.1%；有 99 人有比较大的了解欲望，占 39.4%；有 111 人了解欲望不太大，占 44.2%；有 8 人完全不关心外界，占 3.2%。出现这样的差异主要在于各人心态、身体状况以及家庭收入不同。有些老人因为身体不好，不愿意出门为别人添麻烦；还有人因为自己不会普通话也不识字，不愿意了解外界；另外有人因为没有钱，无法出去。

被调查者对外界了解欲望的程度受到健康状况、经济状况等多方面因素的影响，对外界了解欲望很高的往往是目前身体状况较好、有大量的闲暇时间、经济状况较好的人。

②生活状况满意度。

如图 4-30，调查显示，大多数老人对生活现状是满意的，其中非常满意的有 29 人，占总数的 12%；比较满意的共 170 人，占 68%。不满意的共 20%，其中不太满意的共 46 人，占 18%；不满意的有 6 人，占 2%。多数人是因为如今儿孙满堂，尽管自己习惯于住在农村不愿意去大城市享受生活，但还是为自己的儿女感到骄傲，基本生活能得到保障，因此比较满意。不满意的大多数是因为身体或者家庭原因，生活困难，希望得到关注，使现在的生活得以改善。在生活中，被调查者们主要关注健康状况、经济状况、家庭关系、社会制度、心里孤单等方面，而当她们受到社会各界普遍关注，儿孙孝顺，家庭和睦，经济状况也较好时，对生活的满意程度自然会提高。

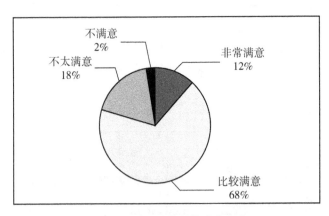

图 4-30　对生活状况的满意程度

③生活不便来源。

由图 4-31 可知，被调查者中有超半数人的生活不便来自于经济状况和健康状况，其中以健康状况为多数，另有约三分之一的被调查者认为没有什么不便。共 64 人认为经济状况不好，占 25.5%；有 79 人认为健康状况不好，占 31.5%；有 79 人认为没什么不便，占 29.5%；有 7 人认为心里孤单，占 2.8%；有 5 人认为家庭关系不好，占 2.0%；有 4 人认为被社会忽视，占 1.6%；有 16 人的不便之处在其他地方，占 6.4%；另有 2 人数据缺失，占 0.8%。

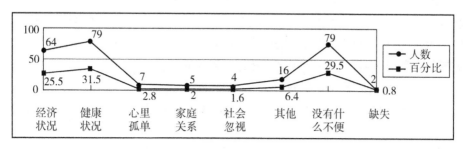

图 4-31　生活不便来源

60 岁以上老年农村妇女因年龄较大、身体不便而造成生活不便。若与子女或配偶同住，则生活不便较少；若独居或与孙子孙女同住，则需要自己照顾自己的起居。需要劳作的老年妇女需要进行大量体力劳动。经济来源于子女的老人一般不存在经济上的不便，花销比例大多以生活必备品为主，这一类农村妇女普遍对生活状况满意。

④人生中最重要的东西。

如图 4-32，调查可知，大部分人认为，健康是人生中最重要的。被调查人中，有 179 人认为健康最重要，占总人数的 71.3%；有 33 人认为快乐最重要，占 13.1%；有 25 人认为金钱最重要，占 10%；有 11 人认为亲情最重要，占

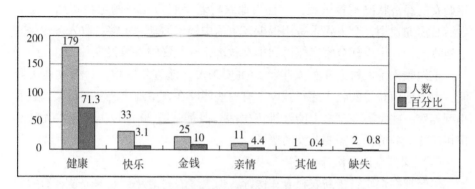

图 4-32　人生中最重要的东西

4.4%；有 1 人认为其他事情更重要，如国家和谐、稳定等，占 0.4%；另外 2 人数据缺失，占 0.8%。可以看出，在当地农村老年妇女心中，健康是第一位的，有了健康，其他的一切才有意义。

5. 老年妇女生存过程中遇到的问题

由于生活水准提高，一般来说，老年妇女的生活温饱不成问题。调查中，68%的农村老年妇女对现状表示满意。只要儿女对自己不打不骂，满足她们的基本生活需要，她们就对现在有饭吃有衣穿的日子感到满足。很多被调查者反映国家政策好，她们对自己的生存状况还是较为满意的，但是作为老年人口中重要组成部分的她们，生存状况依然存在以下问题：

（1）传统重男轻女思想的影响。

在传统性别观念的影响下，农村妇女承担着生育、生产、社区管理的角色，农村妇女所承担的这三种角色限制了她们的活动和发展空间。而由此导致大部分农村老年妇女接受教育程度不如老年男子，使得她们一生不得不依附于土地和丈夫，在家中地位也不高。

（2）知识水平普遍较低，文化生活单调乏味。

60 岁以上的老年妇女普遍文化程度较低，大部分老年农村妇女都是小学及以下水平，不认识字、不会说普通话的情况非常普遍，老人们一般除了看电视、聊天以外，没有什么其他的消遣方式了。同时由于经济原因，村上并没有完善的健身设施，也没有专门的老年人活动室，无法进行日常的健身活动。农村老年妇女文化水平低，生活圈子小，致使她们的生活内容枯燥乏味，主要娱乐方式是白天串门，晚上看电视。

（3）经济状况不容乐观。

月生活费在 100~200 元的老年妇女居多。从这点我们可以看出，当地老年妇女的经济状况不容乐观，并且当地农村老年妇女 93%的生活费用于个人生活必需的费用，个人娱乐费用很少，生活中娱乐活动并不多。收入多数是靠土地收成，其中少部分家庭能得到子女救济，有工资的人数很少。

土地收入是农村老年妇女生活的主要来源。随着年龄增大，劳动能力降低，由土地而获得的收入逐年减少。有一些能够在自留地出产一些蔬菜，或者小型养殖一些家畜，基本上能够维持生活。但是一般 70 岁以上的老人无法承担相应的家务劳动，需要儿女的照顾。

（4）保健意识和医疗水平有待提高。

尽管现在都实行了新农村合作医疗，但大多农村老年妇女只停留在有病看病阶段，缺乏自我保健意识，不会合理饮食，不会定期进行体检，很多小病都不能引起足够的重视，一小部分老人有病能拖就拖，实在拖不过去再就医，这样往往错失了最佳治疗时机。另外乡村医疗条件还有待加强，大量的多发病、常见病不能得到及时有效的治疗，老人的健康水平下降。

（5）社会保障体系有待完善。

当前农村老年人养老主要是子女赡养和老年人自养，社会支持较弱。尽管已经实施了农村养老保险。但还有一些不完善的地方，如果农村老年妇女只有这部分养老金，没有其他方面的帮扶，她们的生存都很困难。

在调查过程中我们还了解到，当地农村合作医疗只对住院报销，而大多数人会去周围的乡村医院看病，不住院的话基本没有报销，所以很多老年妇女还是处于"等、熬"阶段。

（6）子女养老意识淡薄。

调查发现，此次调查对象家庭常住人口（包括被调查人在内）以两人居多，共 86 人，占调查总人数的 34.3%；独居老人有 43 人，占被调查人数的 17.1%。由此可见，农村"空巢"现象较为普遍。有的老年妇女是无子女，有的是与子女分开居住，有的是子女在外工作、外出打工。但是调查显示，近一半人的子女常年在家或在附近居住，但一年回家在三次及以下的占 45.0%。由此可见，当地有一半的老年妇女是空巢老人，常年留守在家，子女养老意识淡薄，老年妇女缺少子女的关爱。

6. 对策及建议

（1）重视和发展农村老年教育，积极推进老龄活动场所建设。

文化素质偏低制约了多数农村老年妇女精神文化生活质量的提高，要切实加强老年教育，提高老年人的文化水平。这样一方面有利于提高老年妇女闲暇生活的质量，促进老年妇女自身的完善和发展；另一方面，也有利于开发老年妇女的人力资源，促进社会发展。加大资金投入，拓宽投资渠道，为农村老年妇女的精神文化生活提供物质支持。政府应加大财政支持力度，进一步落实每年、每个村的文化建设经费。农村基层组织应组织动员社会力量，调动各种资源，改善老年妇女的文化娱乐条件，提供基本的图书资料和娱乐健身设施，结合新农村建设修建适合农民休闲的场所，这将有利于改善农村老年妇女知识水平普遍较低、文化生活单调乏味的现状。

（2）政府部门合作与立法双管齐下，保障农村老年妇女权益。

民政、计生、卫生、保险等部门应加强合作，保障农村老年妇女权益。有关政策应向农村老年妇女中的特殊群体（如单身、无子女、寡妇、纯女户）倾斜，避免她们相对贫困甚至绝对贫困，对生活在贫困线以下的老人，政府应当根据当地居民最基本的生活需求和经济发展水平确定最低生活保障标准，提供最低生活补助，并对贫困老人减免相应税费，提供医疗方面的优惠和照顾。继续对孤寡老人实行"五保"供养，确保其生活水平不低于当地村民的一般生活水平。保险部门应开发相应的险种，帮助农村老年妇女有效地防范各种风险，使她们无后顾之忧。

另外，政府还应倡导自我养老意识，现在生活条件好，一些老年人还能够从事简单的生产，可帮助她们选择一些成本小、风险小的项目，帮助她们发展经济，鼓励她们自我养老。

与此同时，国家要加速这方面的立法进程，从根本上保护农村老年妇女权益，行政手段和司法监督缺一不可。

（3）加强自我保健宣传，进而提高农村健康医疗水平。

加强对农村老年妇女的健康教育，提高她们的自我保健能力，促进农村老年妇女身心健康。继续完善与发展农村合作医疗制度，扩大老年人合作医疗药品范围，提高高龄老年人医疗费的报销比例，或按年龄段发放一定数量的医疗补贴，帮助农村老年人抵御个人、家庭难以承担的风险，对贫困老年人实行医疗救助。

（4）建立健全老年人社会养老保障体系。

不断健全和完善社会保障体系，不断提高保障水平。一方面，要建立起城乡居民养老保险制度，逐步提高新农保对农村老年人的最低保障标准，对于贫困家庭的老年妇女给予及时的生活救助；另一方面，要建立起新型农村合作医疗制度，帮助老年妇女摆脱疾病的困扰，从根本上解决"看病难、看病贵"的现象。

除此之外，条件好的村可由村里出钱，给村里的老年人增加生活补助额度，纳入村民条约当中，坚持执行。建立农村养老院，并逐步改善养老院条件。采取政府、社会、个人相结合的方式，使无人照顾的老人有所依靠。

（5）从根本上关爱老年妇女，改变男女不平等观念。

加强农村男女平等国策的宣传，强化性别意识，消除对妇女的偏见和歧视，营造男女平等的和谐气氛。要加强农村个人思想观念的转变，放弃多子多福的观念，可以在年轻的时候投入更多精力到经济生产中。

（6）对农村年轻人进行责任教育，营造敬老爱老的社会环境。

在调查中我们了解到，大多数空巢老人都希望子女能够在家照顾她们。因此，要让子女们认识到，仅仅给予老年人一些经济上的补贴是不够的，她们更需要子女的陪伴与关怀。子女的支持是丰富老年人精神生活的一个重要来源。

一方面，有关部门可与教育部门联合，把敬老爱老作为德育教育的必修内容，加强对未成年人"孝"文化教育，有关部门要深化"五好文明家庭"创建活动，继续丰富"五好文明家庭"创建活动内涵，开展以"孝"为荣的宣传教育实践。另一方面，相关部门对违反老年人权益保障法的行为应当依法惩处，广泛开展个案宣传，推动全社会增强保障个人权益的意识。

同时，老年妇女的自我保障意识要提高，要敢于用法律的武器维护自己被子女赡养的权利。

◎ 附录

农村老年妇女生存现状调查问卷

1. 您的年龄：
   A. 60~64 岁　　　　　　B. 65~69 岁　　　　　C. 70~74 岁
   D. 75~79 岁　　　　　　E. 80 岁及以上

2. 您之前是否为农民
   A. 是　　　　　　　　　B. 否，现在回乡养老

3. 您的文化程度
   A. 没上过学　　　　　　B. 小学
   C. 初中　　　　　　　　D. 高中及以上

4. 您家包括您自己在内的常住人口数量
   A. 1 个　　　　　　　　B. 2 个　　　　　　　C. 3 个
   D. 4 个　　　　　　　　E. 5 个及以上

5. 您家的常住人口构成（可多选）
   A. 独居　　　　　　　　B. 配偶　　　　　　　C. 子女
   D. 孙子孙女　　　　　　E. 父母
   F. 与其他亲戚同住

6. 子女一年回家的频率
   A. 常年在家或在附近住　　C. 一年 1~2 次
   D. 一年 3~4 次　　　　　　E. 一年 5~6 次

7. 每个月满足基本生活需求所需的金额
   A. 100~200 元　　　　　B. 200~300 元　　　　C. 300~400 元
   D. 400~500 元　　　　　E. 500~600 元　　　　F. 600~800 元

　　　G. 800~1000 元　　　　　　　H. 1000 元以上

8. 您现在是否仍在劳作

　　A. 是　　　　　　　　　　　B. 否

9. 您现有的经济来源的主要方式

　　A. 自己及配偶的劳动收入

　　B. 下一代的赡养

　　C. 国家补贴

10. 您花销大概比例怎么分配

　　A. 吃穿用日常开销　　　　B. 医疗费用　　　　　C. 儿孙

　　D. 保健品　　　　　　　　E. 休闲娱乐　　　　　F. 其他

11. 您是否有参加新型农村合作医疗

　　A. 参加　　　　　　　　　　B. 没参加

12. 参加新型农村合作医疗是否能解决您的看病问题

　　A. 能完全解决　　　　　　B. 能大部分解决　　　C. 能少部分解决

　　D. 完全不能解决　　　　　E. 不清楚

13. 生病了政府是否有相关的资助措施

　　A. 有，且很有帮助　　　　B. 有，但帮助不大

　　C. 有，但毫无帮助　　　　D. 没有　　　　　　　E. 不清楚

14. 对于生病的主要处理方式

　　A. 自己买药　　　　　　　B. 自己找偏方或草药

　　C. 上医院　　　　　　　　D. 其他

15. 您会定期做医疗检查吗

　　A. 会定期去　　　　　　　B. 不定期去　　　　　C. 不会去

16. 当地就医是否方便

　　A. 非常方便　　　　　　　B. 比较方便

　　C. 比较不方便　　　　　　D. 一点也不方便

17. 当地医疗所的医疗配备是否齐全

　　A. 非常齐全

　　B. 比较齐全，基本满足需求

　　C. 不齐全，不能满足需求

18. 您对当地医疗所的医护人员的服务态度是否满意

　　A. 非常满意　　　　　　　B. 比较满意

　　C. 不太满意　　　　　　　D. 不满意

19. 您参与的养老保险的类型

    A. 参与农村社会养老保险

    B. 参加商业保险公司养老保险

    C. 没参加任何养老保险

20. 您认为养老保险是否具有实际的帮助

    A. 非常有帮助　　　　　　B. 比较有帮助

    C. 基本没帮助　　　　　　D. 完全没帮助

21. 您闲暇时间都在做什么（多选）

    A. 看电视　　　　　　　　B. 听收音机

    C. 看报纸，杂志　　　　　D. 聊天

    E. 锻炼身体　　　　　　　F. 打牌

    G. 其他

22. 您去老年活动中心的次数

    A. 一周 6~7 次　　　　B. 一周 4~5 次　　　　C. 一周 2~3 次

    D. 一周 1 次　　　　　E. 从来不去　　　　　F. 当地没有

23. 平时遇到不顺心的事情，更愿意找谁倾诉

    A. 配偶　　　　　　　　B. 子女　　　　　　　C. 邻居

    D. 其他亲戚　　　　　　E. 不愿意倾诉

    F. 无人倾诉　　　　　　G. 其他

24. 您对现在政府对老年人的关注程度满意吗？

    A. 很满意　　　　　　　　B. 比较满意

    C. 不太满意　　　　　　　D. 不满意

25. 您现在对外界的了解欲望

    A. 非常大　　　　　　　　B. 比较大

    C. 不太大　　　　　　　　D. 完全不关心

26. 您对现在的生活状况是否满意

    A. 非常满意　　　　　　　B. 比较满意

    C. 不太满意　　　　　　　D. 不满意

27. 您觉得生活最大的不便来自于什么方面

    A. 经济状况　　　　　　　B. 健康状况

    C. 心里孤单　　　　　　　D. 家庭关系

    E. 社会忽视　　　　　　　F. 邻里关系

    G. 其他

28. 您认为人生中最重要的是什么
    A. 健康　　　　　　　B. 快乐　　　　　　　C. 金钱
    D. 亲情　　　　　　　E. 事业　　　　　　　F. 其他
29. 您有没有遇到什么不公平的事情，是如何解决的？

第 2 编　留守儿童教育研究

第5章　留守儿童与非留守儿童 学习行为对比研究

——以孝昌县小河中学和阳新县后山学校为例

一、引言

当前我国正处在社会的急剧转型背景中，为了快速建设农村的家园，提高农村生活水平和医疗水平，改善农村教育现状，越来越多的农村剩余劳动力不断向城市转移，但是由于诸多限制城乡人口自由转移的政策，很多外出务工的人员在自己进城的同时却无力解决孩子进城就读将要面临的诸多现实问题，诸如恶劣的住房条件、高昂的教育费用以及无保障的交通安全等问题，因此他们只能将自己的孩子留在农村并托人照管，这就产生了一个庞大的新群体——留守儿童。

我国现有流动人口已经过亿，根据权威调查，中国农村因父母双方或一方外出打工而由祖父母、亲戚或其他人代为抚养而产生的"留守儿童"数量已超过了6000万人，而这个数据仍在日益膨大，由此形成的所谓的农村留守儿童问题已经引起了社会各界的关注。但已有的为数不多的教育和心理方面的研究，主要是从农村留守儿童一般生活状况、监护人素质、家庭教育中的问题和缺陷等儿童发展的外在影响因素来了解和分析留守儿童的成长，对留守儿童的心理健康等内在特点的研究不多。留守儿童作为当今社会中的弱势群体，对他们的研究不仅应该了解其一般状况和外部影响因素，更需要深入了解他们的心理健康状况。如何促进留守儿童学习进步，解决留守儿童心理问题，改善留守儿童生活状况，始终是我们团队调研的重点。

二、留守儿童问题的背景

"农村留守儿童"是指由于父母双方或一方外出务工而被留在家乡，并由

97

长辈、亲戚、朋友或邻居等代为照看，年龄在 16 岁以下的孩子。他们没能够跟随外出务工的父母前往城市接受教育，而是被留在了家里，在当地农村上学。留守儿童问题并不是某个国家、某个地区在某个特定的历史条件下的独有问题，而是具有一定时空变迁的共性问题。

（一）　全国背景下的留守儿童

随着中国社会政治经济的快速发展，越来越多的青壮年农民走入城市，他们为了家庭的生计外出打工，用勤劳获取家庭收入，为经济发展和社会稳定做出了巨大贡献，但是他们的孩子却留在了农村家里。这些孩子无法享受到家庭正常的抚养、教育和关爱，权益受到严重破坏，特别是家庭教育的弱化，很多留守儿童从小就养成了不良的社会风气，有的因为心理长期受到压抑而导致了行为的偏失和性格的扭曲，逃学、打架、斗殴、酗酒、早恋等问题屡见不鲜，且难以使其摒弃恶劣的行为习惯，有的孩子甚至是某些社会恶性犯罪事件的主谋。据有关部门统计，目前中国农村留守儿童人数达 6000 多万。这样惊人数量的农村留守儿童，如果引导不好，必然影响下一代的整体素质。留守儿童承载着民族的希望，他们不仅关系到现实社会的安宁与和谐，还关系到祖国下一代的整体素质。因此，关爱农村留守儿童，不仅具有深刻的现实意义，而且具有深远的战略意义。

（二）　小河镇中学和排市镇后山学校的留守儿童

小河镇位于孝昌县东北部，地处大别山向江汉平原过渡带，南接孝昌县城，北与大悟县芳畈镇毗邻，历来经济活跃，俗有"小汉口"之称。但是由于交通不便，地理位置限制，信息闭塞，它仍然是一个以农业为主导的乡镇。

后山原名后垴山，位于阳新县排市镇境内，地处幕阜山脉北麓、富河流域中游南岸，景区面积约 60 平方公里。后垴山峰峦起伏，茂林幽深，山水相映，风景秀丽，宋代大文学家苏轼曾到此游历。但后山地区由于地形多山、交通不便，虽然有旅游资源但开发并不完善，经济仍然比较落后，大部分青壮年村民选择走向山外谋生路。

今年在小河和后山两地接受我们调查的农村儿童中，留守儿童所占的比例高达 68.57%，这些留守儿童的父母大多外出前往广东、深圳、江苏、浙江一带打工，远一些的甚至到新疆等地谋生计。在接受我们调查的孩子中，有一部分孩子由于父母一方外出或双亲外出务工，在家里基本是爷爷奶奶等隔代亲人照顾，有的只有一位老人照顾，通常这些老人还需要完成一些农活来满足他们的部分生活需求。"留守"在家的孩子缺少父母的关爱，在对他们的管教上很容易出现"三多"和"三缺"问题：隔代监护多溺爱、寄养监护多偏爱、无人监护多失爱；生活上缺人照应、行为上缺人管教、学习上缺人辅导。而这些儿童正处在他们人生观与价值观形成的关键时刻，有些孩子正处于青春的叛逆期，逆反心理、求异心理比较突出，情况很严峻。因此，加强与"留守儿童"的心理沟通、提高其心理承受能力、培养其乐观的心理成为当前十分重要的任务。

三、农村留守儿童与非留守儿童相关对比

近年来，随着经济的发展，农村留守儿童存在的教育、心理、健康、安全等问题引起了我国党和政府以及社会各界的广泛关注。目前，我国对留守儿童问题的研究还处于起步阶段，国内部分学者和研究机构对农村劳动力外出务工给留守儿童带来的影响进行了不同角度和程度的考察。这些以往的研究大多是以我国四川、湖南、湖北等劳动力输出大省的留守儿童为研究对象，他们得出的结论大致为：父母外出务工使留守儿童得到的关爱减少，而这些留守儿童正处在情感性格变化的转折时期，长期与父母的分离使他们心理和生理的需求得不到满足，大多数孩子思念父母，消极情绪困扰着他们。

（一）留守儿童与非留守儿童学习状况的对比

众所周知，留守儿童普遍是父母一方或双方都在外务工，其监护类型多为隔代监护，这在一定程度上会导致家庭教育的弱化和缺失。因为监护人的文化程度与教育水平有限，不能很好地起到监督与辅助学习的作用，而且上一辈容易溺爱孩子，他们对孩子的关注也只是停留在浅层的温饱问题上，难以尽到对孩子的教育责任，为他们营造良好的学习氛围，导致留守儿童容易产生厌学、逃学、弃学的现象。

根据我们对小河中学和后山学校留守儿童的调研，下面将从两个方面分析留守儿童与非留守儿童学习状况的对比情况。

1. 留守儿童与非留守儿童学习自主性的对比

自主性学习是相对于"被动性学习""机械性学习""他主性学习"而言的，自主性学习实际就是学习者能够认知自己的知识、能力等缺陷，根据学习能力、学习动机等要求，积极主动地调整自己的学习策略和努力程度，自主性地学习知识、技能和能力等的行为。我们通过一组调查问卷（见附录）及个

别访谈的方式发现：

第一，留守儿童对自己的学习目标及学习能力普遍认识不够，因为父母外出务工，在家多为爷爷奶奶照顾，易产生无人管教和管教无效的状况。根据问卷的数据分析，在预习功课方面，约四分之一的留守儿童表示只是有时能做到，而超过半数的非留守儿童表示会看一看课本的基本内容；在听讲的认真程度方面，接近一半的留守儿童对自己的评价为"一般"，有 8% 的留守儿童表示只是"偶尔"认真；在课堂发言问题上，有 36% 的留守儿童选择"只是被点到才发言"，比非留守儿童高出 13 个百分点；在学习目的方面，虽然大多数孩子赞同学知识是为充实自己，提高文化素养，同时希望能够读大学，但选择此项的留守儿童比非留守儿童低 10%；留守儿童中还有 6% 的人认为学习没有太大意义，4% 的人表示打算读完初中后去工作。同时，家访的过程中，我们发现较多孩子存在偏科现象，愿意对自己擅长的科目多花时间，而对自己讨厌的或是薄弱的科目则有些放任自流。其中，非留守儿童在这一方面的反映就积极一些，其父母会关注自己孩子的学习成绩，及时跟孩子的班主任联系，甚至委托老师多留意自己的孩子，在学习上多帮助他们，借以弥补孩子的弱势科目，维持优势科目，使其均衡发展。

第二，留守儿童在学习上的表现两极分化现象较严重。例如，在学习时间安排上，约半数的孩子表示周末两天花在学习上的时间在 3~6 小时之间，而学习时间在 2 小时以下和 10 小时以上的留守儿童分别为 23% 和 7%，均高于非留守儿童；在学习计划方面，超过半数的非留守儿童选择"有时制定"，而选择"经常制定"和"根本不制定"的留守儿童分别达到 29% 和 8%；当问到是否有辍学念头时，表示"经常有"和"从来没有"的留守儿童又相对多于非留守儿童；针对"能够经常达到自己的目标"这一问题，留守儿童中有 17% 的人认为非常符合，5% 的人认为完全不符合，同样都高于非留守儿童；针对"轻松掌握学习方面的知识，及时解决问题"以及"很好地应对考试"方面，多数非留守儿童会选择"有点符合"，而不少留守儿童则会选择"非常符合"或"极不符合"。这些数据表明，留守儿童对待学习易出现极端的态度：一方面，农村孩子更容易体会到生活的艰辛，明白父母外出务工的用心，大部分孩子在学习上十分有上进心，愿意为成功而努力。另一方面，部分留守儿童较之非留守儿童要敏感一些，对外界的感知更尖锐，他们片面地将父母外出务工理解为不爱自己，将自己的学习理解为父母老师的期望而非自己的意愿，因此对学习产生排斥心理。

2. 留守儿童与非留守儿童学习态度和成绩的对比

众多调查都表明，留守儿童与非留守儿童的学习成绩整体对比差别不大，但是父母外出务工还是不可避免地对留守儿童的成绩造成了一些影响。有些留守儿童相对来说比较听话懂事，明白一些基本的人情世故，懂得自己在这种环境下只有好好读书才能对得起父母在外的艰辛劳动，对得起自己的成长，也有意识要为未来的美好生活而奋斗。因此，这部分留守儿童的学习成绩是很优秀的，而且是老师眼里的好学生。可以说是他的家庭，甚至是他父母外出务工激励着他们勤奋钻研、努力学习，以求改变自己的命运。然而，还有一部分留守儿童则恰恰相反，他们厌学、逃学，甚至产生辍学的念头，学习成绩不太理想，而且经常在学校惹出一些是非，对成绩好的学生有敌对心理，且容易欺负性格内向和软弱的学生。他们因为父母长期不在身边，感觉自己被忽视，尤其是内心对父母关爱的渴望让他们觉得自己很可怜，因此消极对待生活，更易于忽视学习的重要性。他们渴望被关注但同时不希望被约束，因此对老师的教导更容易产生反抗情绪。调查中还显示，留守儿童对自己的学习现状表示"不满意"和"极不满意"的比例分别为 24% 和 5%，在评价自己的学习态度时，多数非留守儿童选择"一般"，而留守儿童中不少则选择"比较差"和"很差"。这些孩子在学习上并不能对自己的能力和恒心有一个正确的认识，可以说主要是因为父母长期不在身边，无人管束约束，他们对自己的事情难以从小形成科学严谨的态度。当然，他们的父母只是起到了催化剂的作用，任何事情的结果，内因才是关键。所以，留守儿童在学习的同时也应该注意反思自己、总结自己，在这样的环境中更应该摆正思想，独立自主，为自己的前程和人生努力奋斗。

（二）留守儿童与非留守儿童安全防范意识的对比

农村留守儿童的安全问题主要受三个方面因素的影响：家庭、学校、社会。绝大多数农村留守儿童的家庭教育功能弱化甚至缺失。在农村的一些地区，学校对留守儿童的教育不够完善，这也是导致其存在安全问题的一个重要因素，而社会不良因素的影响也是一个不可忽视的方面。针对农村留守儿童安全问题的现状及成因分析，能够帮助这些孩子更好地成长，家庭、学校、社会需要各尽其责，共同协作，一同为农村留守儿童建筑一张安全网，同时留守儿童自己也应该有较强的安全防范意识。

1. 留守儿童与非留守儿童对周围环境的安全防范意识的比较

如今，随着高新科技的迅速发展和社会背景的不断复杂化，儿童的安全防范意识显得越来越重要。首先，安全防范意识要针对周围环境，其中包括各种公共或私人场所，以及各场所的设施等方面。那么，父母外出务工对孩子安全方面的意识是否有所影响呢？我们通过一组调查问卷（见附录）及个别访谈的方式有以下发现：

第一，整体上留守儿童和非留守儿童对周围环境都有一定的防范意识，但意识不强。例如，对于"你上下楼梯靠右行吗"这一问题，超过80%的问卷都写着肯定的答案；针对"你会到家附近的池塘或河里游泳吗"这一问题，超过70%的孩子表示不会去。但是，对于"进入人群密集的场所时，你会留意其安全出口或消防设施配置吗"这一问题，过半数的孩子选择了"偶尔会"，有10%的人表示"从没留意过"；此外，有超过40%的孩子有在马路上玩耍追逐的现象；接近60%的孩子不知道学校保卫处的电话，不少学生则表示学校没有设保卫科。

从这些数据和我们对孩子们日常的观察来看，孩子们对周围环境的安全防范意识不够强，由于他们所生活和学习的环境比较偏僻，安全设施不够完备，一定程度上影响了他们对安全知识的了解。

第二，留守儿童对周围环境的安全防范意识相对低于非留守儿童。例如，留守儿童在马路上玩耍追逐和在楼梯间抢道先走的现象比非留守儿童多，前者在相应问题上的人数占比均比后者高出约10个百分点。同时，我们观察到，留守儿童在玩耍的过程中显得更大胆，经常爬树、互相追逐，身上跌倒、摩擦的伤疤也明显更多。这可能是由于留守儿童大多由父母以外的长辈带大，相对来说受到的管教不如父母那么严厉，对管教的听取程度也有折扣，所以相对非留守儿童来说，留守儿童对周围环境的安全防范意识更有待提高。

2. 留守儿童与非留守儿童对他人的安全防范意识的比较

儿童的安全防范意识除了针对周围环境，还有针对他人的安全防范这个不可忽视的方面。虽然农村地区的环境与城市相比结构显得略为简单，但孩子在校内外接触的人群中有不少为陌生人，接触的事物也比家庭内部复杂得多，因此孩子对他人的安全防范意识同样非常重要。通过比较，我们发现较之非留守儿童，留守儿童对于他人和与之相关的事件所采取的态度相对比较极端。例如，当被问到"如果遭受到了人身伤害，你会怎样做"时，虽然大多数孩子选择"跟同学、父母或老师说，寻找正确的解决途径"，但选择"默默忍受，不敢对别人讲"的留守儿童为8%，非留守儿童为11%；选择"找对方报仇"的留守儿童为16%，非留守儿童为7%。针对"你平常走在路上会理那些和你说话的陌生人吗"这一问题，17%的留守儿童和7%的非留守儿童选择"通常会"，达 53% 的非留守儿童选择"不理"，而仅 26% 的留守儿童选择此项。对于是否有过被骗钱或物的经历，非留守儿童表示很少或没有，而留守儿童有 11% 的人选择了"有时有"，这可能与他们对陌生人没有太高的警惕性有关。最后问到"被骗你会怎么做"时，超过一半的孩子选择了"告诉父母或家长，以寻求帮助"这种比较合理的方式，而"自认倒霉"的非留守儿童为 23%，留守儿童仅 8%；采取"找骗子理论"的非留守儿童为 0，而留守儿童达 10%；值得注意的是，非留守儿童中还有 7% 的人表示不知道怎么办，留守儿童则没有人选此选项。

　　从这些数据可以看到，很多非留守儿童遇到事情时，倾向于向父母、老师寻求帮助或不处理，而留守儿童遇到这些问题时则一般不会保持沉默，甚至会采取相对极端的方式处理，也许出于家庭结构比较特殊的缘故，他们大多愿意选择自己采取一定的措施来解决问题而不依赖他人。一方面，这反映了留守儿童处理问题的独立性；另一方面，从侧面反映留守儿童在下意识地保护自己不受侵害，只是他们采取的方式有些偏激或武断，安全防范意识显得不够强，可以看出他们缺乏关爱和安全感。

3. 留守儿童与非留守儿童对自我安全防范意识的比较

　　在不同的复杂社会环境中，儿童要真正学会在各方面保护自己，除了对周围环境和他人保持一定的警惕性外，更多的是需要自身有较强的安全防范意识，其中包括饮食、出行、人际交往等方面。通过与孩子们沟通和问卷调查，我们发现无论是否为留守儿童，孩子们都有比较好的自我安全防范意识。绝大多数的孩子表示在要出去玩时，通常会和家长说明原因、地点以及大致回家的时间；超过半数的孩子一般在晚上七点之前回家，极少数会逗留到晚上九点以后；约 70% 的孩子表示不会在外面留宿，其余的则表示只有在好朋友家留宿的经历；孩子们一般通过老师和父母的教导以及阅读书籍的方式来了解安全知识；只有约 25% 的孩子在购买食品饮料时保持着每次都看保质期的习惯，接近 40% 的孩子只是偶尔会这样做；在问及他们认为自己的安全防范意识如何时，18% 的留守儿童和 41% 的非留守儿童回答"很强"，整体来看，大多数孩子认为自己的安全防范意识一般。

　　虽然数据不能说明全部问题，但能够真实地反映孩子们对待事情的想法和态度。参与调查的孩子们年龄不大，对身边的新鲜事物虽然有较强的好奇心，但还是有一定的防范心理。或许有时候他们只是出于一种害怕而不是自我保护，但这可能恰好在一定程度上保护了他们。

　　我们了解到，一般学校都设有安全教育的课程或讲座，说明校方在安全方面做了一些必要的工作。保护儿童安全一方面是需要加强教育，老师、家长可通过讲座、书籍、影像等途径，以形成视觉、听觉、触觉上的冲击力和感染力来引导孩子们重视安全问题；另一方面，孩子们需要学会自我保护，时时防范。安全问题是学校、家长以及学生自身面临的长期和首要问题，不能因噎废食，三方应各负其责，采取积极、正确的方式认真对待。

（三）留守儿童与非留守儿童心理状况的对比

目前"留守儿童问题"已经受到政府和社会的广泛关注，越来越多的专家、学者、高校都投入到了这一研究领域。对农村留守儿童心理状况的研究相对来说比较细致深入，取得的研究成果也较多，主要归纳为农村留守儿童心理健康问题（如性格孤僻、自私、不合群等）及原因分析。

研究者一致认为，缺少父母的关爱、代养人的文化素质低、教养方式不当、监管不力等是造成农村留守儿童心理健康问题的重要因素。心理学专家张志英认为，农村留守儿童教养人的教育态度和方法不一致，常使得他们无所适从；生活氛围不和谐，则是导致留守儿童产生心理健康问题的特殊原因。叶曼等的研究表明，留守儿童的心理问题并非单纯是由父母长期外出务工所引起的孩子情感缺失和心态异常的问题，而是学校、社会、父母、监护人与留守儿童自身等多种因素交互作用的产物。

本研究旨在通过对农村地区留守儿童和非留守儿童的对比，了解农村地区留守儿童的心理状态和心理问题，并在此基础上探寻影响其心理健康的主要因素，从而提出具有针对性、切实可行的建议与指导策略。

1. 留守儿童与非留守儿童社交心理的对比

调查结果显示，在社交能力方面，有五个问题的结果与被调查对象是否为留守儿童存在相关性，这五个问题分别是："你是否害怕在别的孩子面前做没做过的事情""你是否担心被别人取笑""你和同学们在一起时是否很少说话""你是否担心其他孩子怎么看待你""你和陌生的孩子说话时是否会感到紧张"。

在被调查的非留守儿童中，有75.76%的人表示并不害怕在别的孩子面前做没做过的事情，而在被调查的留守儿童中，这个比率只有49.3%，远低于非留守儿童的此项数据。这可以看出留守儿童不像非留守儿童那样敢于尝试，也从侧面反映出留守儿童的抗挫折能力更弱，心理比较敏感。在"你是否担心被人取笑"的问题上，48.48%的非留守儿童表示不会，留守儿童中选择该选项的比例只有44.44%，略低于前者。在是否担心其他孩子怎么看待自己的问题上，72.73%的非留守儿童表示不会担心，仅有50%的留守儿童表示不会担心。这两个问题都可以看出留守儿童对周围人群的态度更加重视也更加敏感，他们更害怕受到来自周围人群的区别对待，由此也可以看出留守儿童内心的脆弱与不自信。被调查的非留守儿童中，仅有12.12%的人表示和同学们在一起时很少说话，而在留守儿童中，这个比例达到了35.21%。同时，在"你和陌生的孩子说话是否会感到紧张"这个问题上，33.33%的非留守儿童表示会，留守儿童选择该选项的比例则达到47.83%。从中我们可以了解到，部分留守儿童在日常生活与人际交往中的活跃程度相对低于非留守儿童，他们的心理更加敏感，社交能力相对较弱，更倾向于沉默少语，特别是在与陌生人的交流过程中，留守儿童的心理阻力会比非留守儿童更大。

2. 留守儿童与非留守儿童焦虑和孤僻倾向的对比

调查结果显示，在焦虑倾向方面，有四个问题的结果与被调查对象是否为留守儿童存在相关性，分别是："你是否经常感到悲伤""当学校要考试时，你是否就会烦恼""你是否觉得自己做事丢三落四""你是否容易哭叫"。调查结果显示，在被调查的非留守儿童里，仅有6.06%的人觉得经常感到悲伤，而在被调查的留守儿童里，有21.13%的人选择此项。从这个差异可以看出，部分留守儿童的心理状态比较低落忧郁，容易有负面情绪。在学校考试的问题上，有39.39%的非留守儿童选择会因为学校考试而烦恼，而留守儿童选择这个选项的比例更大一些，为45.07%。这从侧面反映出留守儿童更容易被周围环境和事件影响情绪，更加容易焦虑。有56.25%的非留守儿童觉得自己做事丢三落四，比留守儿童44.44%的比例略高。我们可以推测，非留守儿童因为与父母一起生活，在生活中可能更加随意放松，而留守儿童则有着相对更大的压力。而在"你是否容易哭叫"的问题上，虽然大多数被调查者都选择了否定选项，但仍然可以看到，留守儿童中选择"是"的比例达到了29.17%，比非留守儿童高出约十个百分点。这不仅反映出部分留守儿童情绪波动比较大，更从侧面体现出留守儿童对负面情绪的处理方式存在问题，相对来说较偏激，选择哭叫的方式以得到家长或他人的关注。

在孤独倾向方面，有一个问题的结果与被调查对象是否为留守儿童存在相关性——"你是否宁愿独自做事，而不愿和许多人一起做事情"。关于这个问题，选择愿意独自做事的非留守儿童仅占6.9%，而有这一意愿的留守儿童占到了28.17%。这个差异表明部分留守儿童更倾向于独处，不愿参与集体活动或者与人交流，这也从侧面显示出了部分留守儿童的心理问题比较严重，应当引起关注。

3. 留守儿童与非留守儿童抗压能力的对比

调查结果显示，在幸福和行为方面，有两个问题的结果与被调查对象是否为留守儿童存在相关性，分别是："你是否常遇到麻烦""父母是否对你期望过高"。调查结果显示，接近半数的非留守儿童感到常常遇到麻烦，而留守儿童中选择该选项的比例相对略低。在对父母期望的态度上，68.97%的非留守儿童表示父母对自己的期望太高，而有同感的留守儿童比例为59.15%。造成这两个问题差异的原因是多方面的，我们可以推测，在长期与父母远隔的生活中，留守儿童也可能会形成更好的抗压能力，能够学会自我处理问题而不依赖他人，在这方面锻炼了思维，提升了处事能力，因而有所成就感，更能感到满足和快乐。同时，父母长时间在外，在关心孩子方面可能更多的是生活方面而不仅仅是学习，因此留守儿童这方面的压力相对较小。问卷显示，达44%的留守儿童表示父母外出务工对他们的生活没有太大影响，还有33%的留守儿童表示，父母的外出对自己的学习有好的影响，促使他们更自觉、独立学习。因此我们应该用公平的眼光看待留守儿童，不要因外界的众多评论而随意给他们贴上负面的标签，在承认留守儿童与非留守儿童在各方面有区别的同时，应重视前者表现出来的长处与特点，给予应有的肯定。

四、留守儿童问题产生的原因

（一）家庭教育的缺失

一个孩子的教育问题不仅是学校的问题，还是家庭和社会的问题，但是影响最大的，还是一个孩子的家庭教育。那些农民工为了生计而离开家乡，却因为现实的各种原因不能将自己的孩子也接进城市，带在自己的身边进行抚养和教育。虽然随着时代的进步，座机电话、手机这些现代的通信工具使得留守儿童与外出父母之间的沟通更加便捷，但由于诸多环境因素和经济因素的限制，留守儿童与外出父母之间情感交流的机会却很有限。在外出父母与留守儿童进行通话时，内容大多是父母关心孩子的学习表现和安全，以及是否服从监护人的管束；而孩子更多的是询问父母的工作情况和身体状况，并向父母汇报自己在学校的表现，很少会涉及双方之间的情感交流。短暂而次数较少的通话，无法真正弥补因父母外出而造成的对孩子关爱的不足。农村留守儿童被称为"情感饥饿者"，他们在最需要父母的关心、照顾和教育的年龄却不得不接受父母的远离，因此农村留守儿童是一群更缺乏爱、更缺乏安全感的孩子。我们常说父爱如山，母爱如水，父母的关爱是孩子成长过程中必备的动力因素，父母之爱一方的缺失都会影响孩子的成长和心理健康。

（二）学校教育的偏颇

受应试教育的深度影响，现在的中小学普遍存在着一个现象，大家都习惯性地把分数当作决定一个孩子命运的关键，这种思想长期存在，甚至很多老师都是凭借分数的高低来判断一个孩子的品德优劣，这种只重分数不计过程的现象打击了很多孩子的学习热情。虽然国家大力提倡素质教育，但实际上大多数农村学校还停留在传统的应试教育的理念上，很难为留守儿童提供个性化、针对性强的教育，在生活、学习上难以给予他们更多的关怀和爱护。加之各学校之间激烈的竞争，很多学校急于提高教学质量和升学率，参评优秀示范学校，于是盲目加大课业量，随意取消一些文娱性质的课程，如音乐、绘画、体育、舞蹈等课程的现象屡见不鲜，放松对部分成绩差的学生的教育和管理。这些因素无疑都会促使学生大面积失学、辍学，同时对生活产生消极情绪。

（三）信息时代的诱惑

随着时代的进步，人类已经进行了四次信息革命，特别是第四次信息革命——电话、广播、电视的使用——与我们的日常生活密切相关。电话、手机和电脑成为人们生活中必不可少的通信设备，而中小学生正处在快速探索世界、认识世界的发展阶段，对新生事物充满了好奇心和求知欲，特别是农村的孩子因为没有家长的正确引导，将这种渴望无限制地放大甚至是盲目追求。自制力差的就容易陷入网络的漩涡而不可自拔，我们调查发现，很多孩子利用课余时间去网吧玩游戏，有的甚至逃课去玩，而喜欢聊天的孩子更是会想尽办法得到一部手机来打发时间。事实上，有些留守儿童成为社会上某些恶性事件的主谋，大部分原因是网络的不良引导，毕竟现在信息的传输速度快得惊人，中小学生判断是非的能力不强，安全意识较弱，一旦缺乏正确的引导，容易受到不好的影响而走上歪路。

（四）教育体制的缺陷

由于我国城乡二元结构的长期存在和国家政策上的影响，导致城市和乡村的发展极度不平衡，在教育上也是如此。整体来看，农村学校在师资水平、软硬件设施上都难以与城市学校相比，农村留守儿童依然面对着比较艰难的教育环境。在很多地区，学校房屋失修、教学设施简陋、合格师资紧缺的现象依然大量存在。特别是近年来受"教育产业化"思潮的影响，农村中的优秀师资大量向城市流动，使得农村教学质量前景堪忧。此外，由于我国农村教育质量普遍不高，读书的机会成本和投资风险较大，即使农村学生考入大学后，很多家庭也无法承担高昂的学习费用，加上随着我国教育体制和就业体制改革的逐步深化，大中专学校招生并轨和学生自主择业制度的改革，农村沿袭多年的靠读书跳"农门"的传统观念被打破。目前农村学生的辍学率大幅度提高，尤其是初中留守儿童辍学率居高不下，因辍学而引起的安全、犯罪事件频繁发生。

（五）中小学生特有的心理状况

小学生正处于接受各种新鲜事物、形成自身习惯、接受外界知识的重要阶段。由于年龄尚小，他们的判断力有限，往往是不分优劣地接受来自于周围人群和事物的信息，因此学习、心理和生活上都容易产生较大的变化和波动，需要家长和老师及时、正确的引导，来保证他们正常、开朗、乐观地成长。而学生进入初中后，便同时进入了人生的青春期，他们面临着人格再造的"第二次诞生"，错综交织的矛盾和激烈振荡的内心世界，使他们产生了诸多不同于以往的显著特点。思维的独立性和批判性显著发展，不满足于简单的说教和现成的结论，但由于还不成熟，所以容易固执和偏激。由于处在身心剧变时期，各种需求日益增长，加之此时还缺乏较强的管理情绪的能力，所以他们容易动感情，且这种感情强烈而不稳定，具有两极性（从一个极端到另一个极端）的特点。他们开始经常地、较明显地出现一些持续性的情感状态，如焦虑、憧憬、早恋倾向等，代表性地表现为孤独、苦闷的闭锁心理。所以在对待自己的生活与学习时，他们通常比较急躁，不能冷静地分析，容易意气用事。认为自己是在为父母为老师读书，当别人劝诫时很反感，固执地将这种毫无意义的叛逆进行到底，越要求他们做的，他们就越不做。总之，初中阶段的逆反心理在很大程度上影响着留守儿童的学习和生活。

五、解决留守儿童问题的对策

（一）建立健全与留守儿童相关的法律、法规

目前我国尚未制定与留守儿童相关的法律法规，虽然也有一些人大代表曾在"两会"上提出要帮扶留守儿童的倡议，但真正将留守儿童的合法权益提

上日程还没有具体落实。留守儿童已经成为社会的一大新生问题,从法律层面上看,留守儿童权利的保护存在着严重的缺位,保护他们的合法权益,给予他们应有的关注是十分必要的。赵林中代表建议,必须确定一个专门的部门来行使未成年人权益的保障工作,让他们来为未成年人的利益代言、负责宏观的管理考核和政策的落实。在法律中需明确规定对农民工子女随父母异地上学的相关机制保障。在家庭保护、学校保护、社会保护和司法保护等各部分内容中,应进一步明确各主体的法律责任,防止留守儿童保护工作中的空白现象。同时国家应该在留守儿童比较集中的乡镇设立留守基金,由政府和社会人士出资组建,定期对留守儿童的家庭给予一定的物资补助,建立健全留守儿童的福利政策。

（二）注重留守儿童的心理健康教育

学校开设针对青少年身心发展规律的心理课程,并配备心理教师,有计划、有组织地对学生进行心理教育、生存教育、安全教育和法制教育,共同对留守儿童的显性和隐性的心理压力进行疏导,为留守儿童排忧解难,引导他们走过人生发展的关键时期,帮助他们健康、和谐发展。同时有条件的学校可以申请政府资助,在学校设立亲情热线,帮助留守儿童与外出务工的父母联系,及时交流沟通感情,掌握孩子的最新动向,方便监督孩子的心理变化。

（三）建立留守儿童档案,并长期关注

班主任要做好留守儿童的摸底工作,将其在校的各方面表现记入档案,定期召开家长会,及时向监护人和外出务工家长通报其成长情况,形成学校、家庭共同教育的局面。教师应承担起家长或监护人的部分责任,多与留守儿童交流谈心,提高亲密信赖程度,给予他们更多关爱和正面引导。尤其应该明确留守儿童问题的根源所在,针对他们所缺少的家庭教育"具体问题具体分析",比如:对学习成绩差的留守儿童加强辅导,对行为偏差的留守儿童严加管束,对缺少家庭温暖的留守儿童多加关爱。

（四）发展当地经济

解决留守儿童问题最关键的不是"走出去"而是"请回来",发展当地实业,留住孩子父母才是硬道理。孝昌县自古就有"小汉口"之称,历来经济活跃。近年来政府也注意到了本地的优势,以国家 4A 级风景名胜著称的观音湖,成为了当地重点发展旅游业的一个跳板,孝昌县政府应该及时抓住这一契机，大力推进当地交通建设，完善基础设施，扩大当地的旅游接待量，将旅游资源形成群聚效应。而黄石市是产矿的重要小型城市，且不少县城湖泊较多，除旅游业外，水产养殖业也能够有所发展，为当地人民提供就业机会和众多福利，这样不仅可以提高当地的就业率，留住外出务工的农民，同时还可以增加政府收入，能将更多的资金用于当地的留守社区建设上，为留守儿童创建一个完善的学习、生活环境。

◎ 附录

中小学生自我意识问卷调查

亲爱的同学：

　　你好！我们是来自湖北经济学院的大学生，我们正在做一项关于中小学生自我意识的问卷调查，你的回答将给予我们极大的帮助，本次问卷采取不记名方式，请如实放心填写，谢谢你的支持！

　　指导语： 如果你认为某一个问题符合或基本符合你的实际情况，就在相应题号后的"是"字上画勾，如果不符合或基本不符合你的实际情况，就在相应题号后的"否"字上画勾。请注意，这里要回答的是你的实际情况是怎样，而不是你认为应该怎样。

　　你的年级（　　）（注：初中一、二、三年级分别写为七、八、九年级）
　　你的性别：A. 男　B. 女
　　你的父母是否外出务工：A. 都没有　B. 有一方外出　C. 双方都外出
　　1. 我害怕在别的孩子面前做没做过的事情。是　否
　　2. 我担心被别人取笑。是　否
　　3. 我周围都是我不认识的孩子时，我会觉得紧张。是　否
　　4. 我和同学们在一起时很少说话。是　否
　　5. 我担心其他的孩子会怎么看待我。是　否
　　6. 我觉得其他孩子们取笑我。是　否
　　7. 我和陌生的孩子说话时会感到紧张。是　否
　　8. 我只和我很熟悉的孩子说话。是　否
　　9. 我担心其他的孩子会不喜欢我。是　否

10. 我经常悲伤。是　否

11. 我害羞。是　否

12. 当学校要考试时，我就烦恼。是　否

13. 我容易紧张。是　否

14. 我常常很担忧。是　否

15. 我喜欢按自己的方式做事。是　否

16. 我觉得自己做事丢三落四。是　否

17. 我希望我与众不同。是　否

18. 我常常害怕。是　否

19. 我容易哭叫。是　否

20. 当老师找我时，我感到紧张。是　否

21. 我长大后将成为一个重要的人物。是　否

22. 在学校里我表现好。是　否

23. 我常常有好主意。是　否

24. 我在家里是重要的一员。是　否

25. 我在学校的作业做得好。是　否

26. 在班上我是一个重要的人。是　否

27. 在全班同学面前讲话我可以讲得很好。是　否

28. 对大多数事我不发表意见。是　否

29. 我常常忘记我所学的东西。是　否

30. 我常常遇到麻烦。是　否

31. 在家里我听话。是　否

32. 我的父母对我期望过高。是　否

33. 我讨厌学校。是　否

34. 我常常打架。是　否

35. 我家里对我失望。是　否

36. 我常常有一些坏的想法。是　否

37. 我是一个幸福的人。是　否

38. 我运气好。是　否

39. 我常常不高兴。是　否

40. 我容易与别人相处。是　否

41. 我是一个好人。是　否

42. 在学校里同学们认为我有好主意。是　否

43. 在游戏和活动中我只看不参加。是　否

44. 我宁愿独自做事，而不愿和许多人一起做事情。是　否

45. 我与众不同。是　否

中小学生安全防范意识问卷

亲爱的同学：

你好！我们是来自湖北经济学院的大学生，我们正在做一项关于中小学生安全防范意识的问卷调查，你的回答将给予我们极大的帮助，本次问卷采取不记名方式，请如实放心填写，谢谢你的支持！

你的年级（　　）（注：初中一、二、三年级分别写为七、八、九年级）

你的性别是：A. 男　　B. 女

你的父母是否外出务工：A. 双方都外出　B. 有一方外出　C. 都没有

1. 进入人群密集的场所时，你会留意其安全出口或消防设施配置吗？

A. 每次都会　　　　　B. 常常会

C. 偶尔会　　　　　　D. 从没留意过

2. 如果晚上要跟同学出去玩，你会跟家长说明原因、地点以及回家的大致时间吗？

A. 会　　　　　　　　B. 不会

3. 在你的记忆里，你放学后在学校或校外逗留最迟到几点才回家？

A.17：00～18：00　　B.18：00～19：00

C.19：00～20：00　　D.20：00～21：00

E.21：00 以后

4. 你会在外面留宿吗？

A. 会

B. 不会

C. 有在很好的朋友家留宿的经历

5. 购买食品饮料时你会看保质期吗？

A. 每次都会　　　　　B. 常常会

C. 偶尔会　　　　　　D. 从没看过

6. 你上下楼梯靠右行吗？

A. 一般都靠右行，遇到人会避让

B. 哪边没人走哪边

　　C. 路在我脚下，想走哪边就走哪边

7. 你会在马路上玩耍追逐吗？

　　A. 经常会　　　　　　B. 有时会　　　　　C. 不会

8. 在下课、放学时，你会在楼梯间抢先走吗？

　　A. 经常　　　　　　　B. 有时　　　　　　C. 不会

9. 当看到有同学打架时你会怎么做？

　　A. 围观　　　　　　　B. 劝阻　　　　　　C. 报告老师

　　D. 如果是帮朋友，就加入其中　　　　　E. 走开

10. 你会到家附近的池塘或河里游泳吗？

　　A. 经过父母同意就会

　　B. 有人陪同才会

　　C. 不会

11. 如果遭受到了人身伤害，你会怎样做？

　　A. 默默忍受，不敢对别人讲

　　B. 找对方报仇

　　C. 跟同学、父母或老师说，寻找正确的解决途径

12. 你一般通过什么途径了解安全知识呢？

　　A. 老师、父母的教导　　B. 阅读书籍　　　C. 浏览网页

　　D. 同学之间相互交流　　E. 其他　　　　　F. 没必要，从不了解

13. 你平常走在路上会理那些和你说话的陌生人吗？

　　A. 通常会　　　　　　B. 比较友善的会理　C. 不理

14. 你是否有过被骗钱或物的经历？

　　A. 有时有　　　　　　B. 很少有　　　　　C. 没有

15. 被骗你会怎么做？

　　A. 自认倒霉，算了

　　B. 发现被骗后，找骗子理论

　　C. 告诉父母或家长，以寻求帮助

　　D. 报警

　　E. 不知道怎么办

16. 学校有开设安全教育类课程吗？

　　A. 有　　　　　　　　B. 没有

17. 你知道学校保卫处的电话吗？

　　A. 知道　　　　　　　B. 不知道　　　　　C. 学校没有保卫处

18. 你认为你的安全防范意识强吗？

　　A. 很强　　　　　　　B. 一般　　　　　　　C. 不强

中小学生学习情况调查问卷

亲爱的同学：

　　你好！我们是来自湖北经济学院的大学生，我们正在做一项关于中小学生学习情况的问卷调查，你的回答将给予我们极大的帮助，本次问卷采取不记名方式，请如实放心填写，谢谢你的支持！

你的年级（　　　）（注：初中一、二、三年级分别写为七、八、九年级）

你的性别是：A. 男　　　B. 女

你的父母是否外出务工：

　　A. 双方都外出　　　　　B. 一方外出　　　　　C. 双方都未外出

1. 你的学习总体上属于（　　　）

　　A. 上等　　　　　　　B. 中上等　　　　　　C. 中等

　　D. 中下等　　　　　　E. 下等

2. 上课前，你的预习方式是（　　　）

　　A. 认真看书，明确这一课要学什么

　　B. 看一看课本的大致内容

　　C. 有时预习，有时不预习

　　D. 不预习

3. 你上课听讲的认真程度（　　　）

　　A. 认真　　　　　　　B. 一般

　　C. 偶尔　　　　　　　D. 从不认真

4. 你参见加课堂发言的情况（　　　）

　　A. 积极参加，努力发言

　　B. 按要求做，但不是很主动

　　C. 只有被点到才发言

　　D. 不想参加，不发言

5. 你喜欢一门课的原因是（　　　）

　　A. 这门课能学到知识，有意义　　　　　　B. 喜欢这门课的老师

　　C. 单凭兴趣　　　　　　　　　　　　　　D. 没有喜欢的课程

6. 课堂上是否会集中精神听自己不感兴趣的课?

    A. 一直会　　　　　　　B. 大部分时间会

    C. 偶尔会　　　　　　　D. 从来不会

7. 你每天回家完成作业大约花 (　　　)

    A. 1 小时以内　　　B. 1~2 小时　　　　　C. 2~3 小时

    D. 3 小时以上　　　E. 不做作业

8. 你学习中遇到问题时 (　　　)

    A. 不解决, 也不问别人

    B. 不问别人, 完全靠自己解决

    C. 向老师或家长请教

    D. 与同学共同研究

9. 平常在家有谁辅导你的学习 (　　　)

    A. 父亲或者母亲　　　B. 爷爷奶奶

    C. 同学朋友　　　　　D. 没有人

10. 周末两天你一共会花多长时间学习 (　　　)

    A. 2 小时以下　　　　B. 3~6 小时

    C. 6~10 小时　　　　D. 10 小时以上

11. 你制订学习计划吗 (　　　)

    A. 经常　　　　　　　B. 有时

    C. 很少　　　　　　　D. 根本不

12. 你是否定期将已学过的知识进行归纳 (　　　)

    A. 经常　　　　　　　B. 偶尔

    C. 考试前　　　　　　D. 从不归纳总结

13. 你参加课外补习班了吗 (　　　)

    A. 经常参加　　　　　B. 偶尔参加　　　　C. 不参加

14. 你喜欢看课外书吗 (　　　)

    A. 非常喜欢　　　　　B. 一般　　　　　　C. 不喜欢

15. 父母是否关心你的学习情况和成绩 (　　　)

    A. 非常关心　　　　　B. 一般

    C. 偶尔问到　　　　　D. 从不问

16. 你认为老师是否关心你的学习情况和成绩 (　　　)

    A. 非常关心　　　　　B. 一般

    C. 偶尔关心　　　　　D. 不关心

17. 你对你的学习现状满意程度（　　　）

    A. 很满意　　　　　　　　B. 一般

    C. 不满意　　　　　　　　D. 极不满意

18. 你认为你的学习态度怎样（　　　）

    A. 很好　　　　　　　　　B. 一般

    C. 较差　　　　　　　　　D. 很差

19. 你觉得学习是为了什么（　　　）

    A. 学知识，充实自己，提高文化素养

    B. 以后找好工作，过上好的生活

    C. 没有多大意义

    D. 父母要求

    E. 不知道

20. 你是否有过辍学（即打算放弃读书）的念头（　　　）

    A. 经常有　　　　　　　B. 偶尔有　　　　　　　C. 从没有

21. 你对周围辍学的人的决定怎么看（　　　）

    A. 正确　　　　　　　　B. 有一定道理

    C. 不应该　　　　　　　D. 不知道

22. 你认为父母外出务工对你的学习是否有影响（　　　）（如果父母未外出，则不需回答这道题）

    A. 有好的方面，自己学习更自觉了

    B. 有坏的方面，无人辅导，学习分心

    C. 没有影响

23. 你对今后的打算（　　　）

    A. 读完初中后去工作　　　B. 读完初中后读中专

    C. 读完初中、高中　　　　D. 上大学

    E. 没想过，听父母安排

第6章 农村留守儿童学习能力研究

——以孝昌县小河镇为例

一、引言

改革开放以来，我国迅速走上了社会转型与城市化的发展道路，流动人口迅猛增加。随着流动人口的增加，"留守儿童"越来越多，并日益成为备受政府和社会关注的一个弱势群体。大部分人传统观念中，由于农村经济条件的落后、基础教育的薄弱以及父母教养的缺失等问题使农村留守儿童的成长面临诸多不利，农村留守儿童在教育、品行、身心健康等方面呈现出许多问题，其健康成长令人担忧。

本调查属于以学校为单位的微观研究，选择了湖北省孝感市孝昌县小河镇，研究了留守儿童与非留守儿童的学习能力的对比情况。在本研究中，留守儿童是指农村地区因父母双方或单方长期在外打工而由父母单方或长辈及他人来抚养、教育和管理的儿童。基于一些客观条件的限制，我们本次只调查了11~14岁的留守儿童和非留守儿童，共收集了91份留守儿童、23份非留守儿童问卷。

二、研究结果

（一）是否留守与儿童学习程度及学习信心的相关性

据表6-1分析结果显示，是否留守与儿童学习程度及学习信心的相关显著性分别是 $P1 = 0.423 > 0.05$，$P2 = 0.665 > 0.05$。该数据表明，是否留守对于农村孩子的学习程度与学习信心并没有明显的影响。

表 6-1　　　　　　　　　　　　　　　　**ANOVA**

		平方和	df	均方	F	显著性
学习程度	组间	0.349	1	0.349	0.647	0.423
	组内	59.846	111	0.539		
	总数	60.195	112			
学习信心	组间	0.069	1	0.069	0.188	0.665
	组内	40.958	112	0.366		
	总数	41.026	113			

（二）是否留守与儿童上课情况的相关性

表 6-2　　　　　　　　　　　　　　　　单因素分析

		平方和	df	均方	F	显著性
预习方式	组间	0.273	1	0.273	0.529	0.468
	组内	56.718	110	0.516		
	总数	56.991	111			
听课目标	组间	0.134	1	0.134	0.262	0.609
	组内	57.304	112	0.512		
	总数	57.439	113			
思考程度	组间	0.059	1	0.059	0.093	0.761
	组内	70.719	111	0.637		
	总数	70.779	112			
笔记情况	组间	0.478	1	0.478	1.584	0.211
	组内	33.777	112	0.302		
	总数	34.254	113			
参加讨论	组间	0.878	1	0.878	2.604	0.109
	组内	37.754	112	0.337		
	总数	38.632	113			

据表 6-2 分析结果显示，是否留守与儿童的预习方式、听课目标、思考程度及笔记情况的显著相关性分别是 P1 = 0.468>0.05，P2 = 0.609>0.05，P3 = 0.761>0.05，P4 = 0.211>0.05，P5 = 0.109>0.05。该数据表明，是否留守对于农村孩子的预习方式、听课目标、思考老师问题程度及笔记情况的影响并不是很明显。

据表 6-3 分析结果显示，是否留守与儿童上课状态的相关显著性值 P1 = 0.037<0.05，表明是否留守对儿童的上课状态存在影响。

表 6-3 　　　　　　　　　　　　　**ANOVA**

		平方和	df	均方	F	显著性
	组间	1.672	1	1.672	4.444	0.037
上课状态	组内	41.762	111	0.376		
	总数	43.434	112			

为此，我们根据问卷结果对留守儿童与非留守儿童的上课状态做了如下分析：

从图表来对比留守儿童与非留守儿童上课时的思维状态，15%的留守儿童与5%的非留守儿童能认真听讲，并记住老师的每句话；72%的留守儿童与

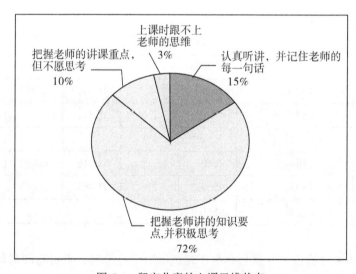

图 6-1　留守儿童的上课思维状态

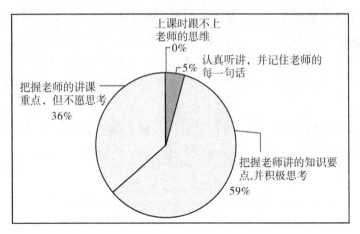

图 6-2　非留守儿童的上课思维状态

59%的非留守儿童能把握老师讲的知识要点，并积极思考；10%的留守儿童与36%的非留守儿童能把握老师的讲课重点，但不愿思考；3%的留守儿童上课跟不上老师的思维，非留守儿童都能跟上老师上课的思维。总体来看，大部分留守儿童的上课状态要比非留守儿童的上课状态好，只有一小部分留守儿童上课跟不上老师的思维节奏。

（三）是否留守与儿童课后学习情况的相关性

表 6-4　　　　　　　　　　　　　　　**ANOVA**

		平方和	df	均方	F	显著性
作业方式	组间	0.369	1	0.369	0.987	0.323
	组内	41.122	110	0.374		
	总数	41.491	111			
遇到问题	组间	0.016	1	0.016	0.019	0.891
	组内	95.091	110	0.864		
	总数	95.107	111			

据表 6-4 分析留守儿童与非留守儿童课后学习情况，根据写课后作业的方式及遇到问题时的解决办法的显著性值，$P1 = 0.323$，$P2 = 0.891$（$p > 0.05$），表明是否留守对农村儿童写课后作业的方式及遇到问题时的解决办法并没有明

显影响。

据表6-5分析留守儿童与非留守儿童两者写作业的时间，显著相关性值为0.011（p<0.05），表明是否留守对农村儿童写作业的时间具有一定的影响。

表6-5　　　　　　　　　　　　　　**ANOVA**

		平方和	df	均方	F	显著性
作业时间	组间	3.767	1	3.767	6.667	0.011
	组内	62.153	110	0.565		
	总数	65.920	111			

为此，我们据问卷结果对留守儿童与非留守儿童的写作业时间做了如下分析：

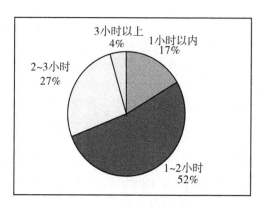

图6-3　留守儿童写作业时间

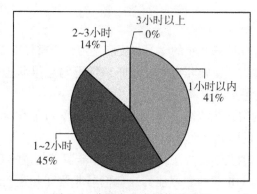

图6-4　非留守儿童写作业时间

121

从图表来对比留守儿童与非留守儿童写课后作业的时间，17%的留守儿童与41%的非留守儿童写作业的时间为 1 小时以内；52%的留守儿童与45%的非留守儿童写作业的时间为 1~2 小时；27%的留守儿童与14%的非留守儿童写作业的时间为 2~3 小时；有4%的留守儿童写作业的时间为 3 小时以上，非留守儿童写作业时间没有超过 3 小时的。总体来看，大部分留守儿童比非留守儿童写作业的时间要长。

（四）是否留守与儿童知识归纳及遇到新学习方法的情况的相关性

表 6-6　　　　　　　　　　　ANOVA

		平方和	df	均方	F	显著性
知识归纳	组间	0.461	1	0.461	0.861	0.356
	组内	59.468	111	0.536		
	总数	59.929	112			
遇到方法	组间	0.106	1	0.106	0.413	0.522
	组内	28.531	111	0.257		
	总数	28.637	112			

据图表 6-6，分析留守儿童与非留守儿童知识归纳及遇到新学习方法的情况的显著性值，P1 = 0.356 > 0.05，P2 = 0.525 > 0.05。表明是否留守对农村儿童知识归纳及遇到新学习方法的情况并没有明显影响。

三、结论

1. 留守儿童与非留守儿童的学习程度和学习信心整体上差别不大。

2. 由于个人原因，留守儿童的上课听讲情况与思维状态并不差，但确实有少数留守儿童上课学习效率不高。

3. 相当数量的留守儿童因父母外出而在课后学习上没有得到很好的监督和指导，在写作业的时间上明显较长。

4. 对于知识归纳及学习方法，留守儿童和非留守儿童的差别并不明显。

我们要正视留守儿童的学习能力，他们与非留守儿童在这一点上并没有很大的悬殊。

第7章　农村留守学生社会能力研究及建议

——以孝感市孝昌县小河镇中学为例

一、调查背景

近几年来，随着经济社会的快速发展和农业新技术的推广应用，大量农村劳动力从传统农业中解放出来，纷纷到沿海城市等经济发达地区打工挣钱，掀起了新的城市"淘金"热潮。由此带来了大量农村孩子脱离父母的监管，成为"留守儿童"，引发了农村"留守儿童"问题。

二、调查目的

本次调查旨在进一步了解留守儿童与非留守儿童社会能力之间的差别，帮助留守儿童健康成长。希望此次调查能够为我们提供更多帮助留守儿童的依据。

三、调查方法

1. 调查时间：2012 年 12 月 9 日。
2. 调查地点：孝感市孝昌县小河镇中学。
3. 调查方式：问卷调查。
4. 调查对象：孝昌县小河镇中学学生。

四、调查结果及分析

1. 性别与父母外出情况的关系

由图 7-1 可知，在不同性别的学生中，父母外出所占的比率也不相同。男

123

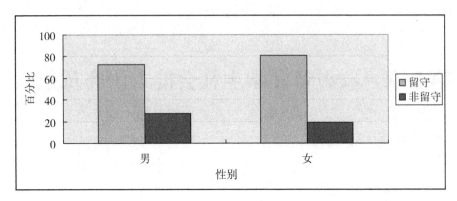

图 7-1　性别与父母外出情况比重

生中父母外出打工的比率为 72.3%，而女生中父母外出打工的比率则高达 81.2%。比男生中父母外出打工的比例高出了将近十个百分点。但是根据我们的了解，父母外出打工应该与性别没有什么必然联系，而是与各自家庭的经济情况有关。出现我们这个统计结果，可能是我们的样本数量不够，没有太大的说服力。

2. 知心朋友的对比情况

如图 7-2 所示，在知心朋友方面，留守儿童中极少一部分人的知心朋友很少，有 4% 的人只有 1~2 个知心朋友；有 3~5 个与 6~10 个知心朋友的儿童数量差不多，分别为 26% 和 25%；大部分儿童有 10 个以上的知心朋友。非留守

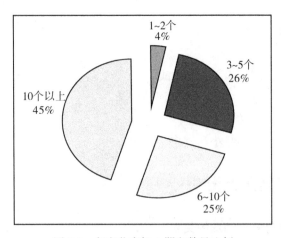

图 7-2　留守儿童知心朋友数量比例

儿童中，有 3~5 个与 6~10 个知心朋友的儿童分别占 37% 与 15%；大部分儿童有 10 个以上的知心朋友（如图 7-3）。

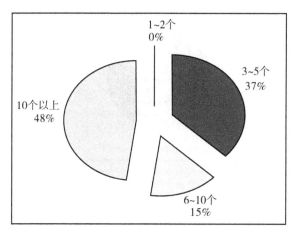

图 7-3　非留守儿童知心朋友数量比例

从宏观的角度来看，这项调查留守儿童与非留守儿童没有什么太大的差别。

从微观的角度来看，留守儿童与非留守儿童在有 10 个以上知心朋友的比率没有太大的差距；而在有 3~5 个与 6~10 个知心朋友的比率上有很大的差别。在有 3~5 个知心朋友的比率上，非留守儿童比留守儿童还多了 11%；而在有 6~10 个知心朋友的比率上，非留守儿童比留守儿童少了 10%。造成这种情况的原因可能是由于父母外出，留守儿童只有通过多交朋友来帮助自己解决困难或消除自己内心的孤独寂寞与无依无靠的感觉。

留守儿童中还出现了一个非留守儿童中没有的现象，就是 4% 的留守儿童只有 1~2 个知心朋友，这或许是由于父母外出，导致留守儿童心理上的孤僻，不愿意与别人沟通和交流。

这个状况说明，大部分留守儿童还是会通过结交朋友来应对父母外出时自己心理与生活中遇到的问题，极少部分留守儿童会封闭自己的内心。

3. 朋友团体的情况对比

如图 7-4、图 7-5，调查结果显示，在朋友团体方面，留守儿童中有 20% 的人在自己的朋友中都会形成小团体；有 74% 的儿童在自己的部分朋友中会形成小团体；只有 6% 的儿童不会在自己的朋友中形成小团体。非留守儿童中有 7% 的人在自己的朋友中都会形成小团体；有 71% 的儿童在自己的部分朋友

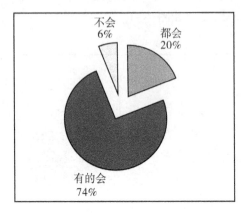

图 7-4　留守儿童形成朋友团体比例

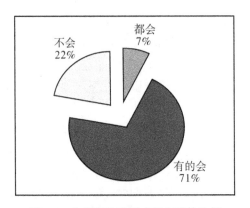

图 7-5　非留守儿童形成朋友团体比例

中会形成小团体；有 22% 的儿童不会在自己的朋友中形成小团体。

　　在自己的朋友中都会形成小团体的比率，留守儿童比非留守儿童高出了 13%。造成这种结果的原因可能是留守儿童希望通过在自己的朋友中形成小团体来找回自己在家中所缺少的集体感与存在感；而非留守儿童可以在家中得到自己应该得到的温暖与关心，也就没有必要在自己的朋友中形成小团体。或许还有一种可能，非留守儿童由于父母在家，所受到的约束比较大，与朋友在一起的时间相对于留守儿童比较少，以至于没有机会形成小团体。

　　4. 朋友团体数的情况对比

　　如图 7-6、图 7-7，调查结果显示，在朋友团体数量方面，留守儿童中有 6% 的儿童没有属于自己的朋友团体；有 20% 的儿童有 1 个属于自己的朋友团

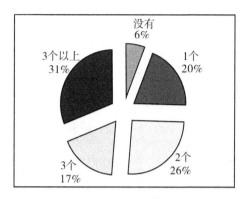

图 7-6　留守朋友团体数比例

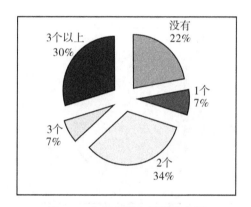

图 7-7　非留守朋友团体数比例

体；有 26%的儿童有 2 个属于自己的朋友团体；有 17%的儿童有 3 个属于自己的朋友团体；有 31%的儿童有 3 个以上属于自己的朋友团体。非留守儿童中有 22%的儿童没有属于自己的朋友团体；有 7%的儿童有 1 个属于自己的朋友团体；有 34%的儿童有 2 个属于自己的朋友团体；有 7%的儿童有 3 个属于自己的朋友团体；有 30%的儿童有 3 个以上属于自己的朋友团体；

在我们大部分人看来，留守儿童的朋友团体应该比非留守儿童少，因为留守儿童一般会比较内向、自闭与忧郁，以至于不愿意与别人交流。但是经过我们的调查发现，事实正好相反。

5. 群体中决策的情况对比

如图 7-8、图 7-9，调查结果显示，在群体中的决策情况方面，在留守儿童中有 2%的儿童是经常做决定的，有 98%的儿童是有时做决定；在非留守儿

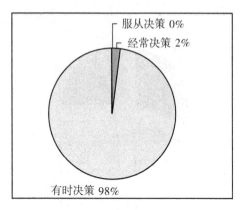

图 7-8　留守群体中决策比例

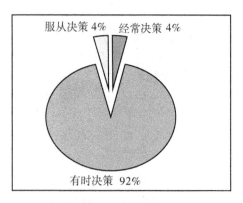

图 7-9　非留守群体中决策比例

童中有 4% 的儿童是经常做决定的，有 92% 的儿童是有时做决定，有 4% 的儿童在群体中不做决定，只服从别人的决定。

通过调查我们可以看出，留守儿童在群体中做决策这方面比非留守儿童做得要好一点，这大概能说明留守儿童的独立性比非留守儿童更强一些，留守儿童比非留守儿童更有主见一些。造成这种结果的原因可能是非留守儿童有父母在身边，很多事情都是由父母做决定，没有留守儿童那么多自己做决定的机会。

但上面的分析只是片面的，用统计学的知识来分析在群体中做决策的情况与是否留守没有什么相关性，这也许是我们的调查样本数量有限，没有充足的数据来分析与反映留守儿童与非留守儿童在群体中做决策的相关性。

6. 做家务情况对比

如图 7-10、7-11 所示，在做家务方面，在留守儿童中有 31%的学生经常帮助家人做家务，有 60%的学生有时帮助家人做家务，有 9%的学生很少帮助家人做家务，没有学生不帮助家人做家务；在非留守儿童中有 19%的学生经常帮助家人做家务，有 74%的学生有时帮助家人做家务，有 7%的学生很少帮助家人做家务，同样没有学生不帮助家人做家务。

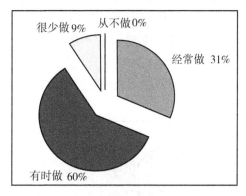

图 7-10 留守儿童做家务情况

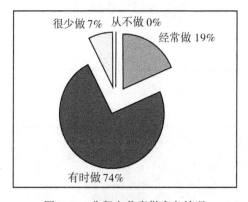

图 7-11 非留守儿童做家务情况

从图中还可以看出，有小部分留守儿童还是比非留守儿童更懂事些，经常帮助家人做家务，这与我们预想的差不多，因为留守儿童大部分是与自己的爷爷奶奶或外公外婆生活在一起，爷爷奶奶或外公外婆的年纪都比较大了，他们应该都会主动帮助老人做一些力所能及的家务，他们的父母也会经常嘱咐他们学会帮助老人分担家务。但是大部分留守儿童与非留守儿童一样，有时做家务，这也许是因为老人都比较疼自己的孙子，不让他们经常做家务。

7. 独立自主处理问题与困难的情况对比

如图 7-12、图 7-13，在处理问题与困难方面，留守儿童中有 8% 的同学会独立自主地处理自己所遇到的问题与困难；有 87% 的同学会在自己实在不能独立解决的时候主动向别人寻求帮助；有 5% 的同学会在遇到问题与困难时告诉自己的父母和朋友，让他们一起帮助解决；没有同学会把问题与困难直接抛给父母让他们解决。非留守儿童中有 4% 的同学会独立自主地处理自己所遇到的问题与困难；有 96% 的同学会在自己实在不能独立解决的时候主动向别人寻求帮助；没有同学会在遇到问题与困难时首先告诉自己的父母与朋友，让他们一起帮助解决；没有同学会把问题与困难直接抛给父母让他们解决。

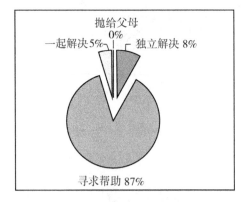

图 7-12　留守儿童处理问题情况

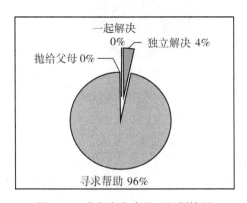

图 7-13　非留守儿童处理问题情况

　　这与我们预想的有很大不同，我们预想的是留守儿童应该比非留守儿童在独立自主性上更强一点，因为父母不在身边，有什么问题不能随时向自己的父母诉说与寻求帮助，而他们与隔代监护人可能会存在代沟，以至于不愿意向他们诉说与寻求帮助。

　　从这个问题可以看出，现在社会上有太多的人对留守儿童有一个错误的理解与认识，在没有充足的数据支撑时，只凭自己的想象就下结论。所以我们应该通过调查与分析重新去认识与了解留守儿童。

8. 处理与他人矛盾方式对比

　　如图 7-14、图 7-15 所示，在处理与别人产生的矛盾方面，留守儿童中有 7% 的同学会选择置之不理，有 81% 的同学会选择与对方沟通和平处理，有 10% 的同学会选择寻找第三方调解，只有 2% 的同学会选择武力解决这种不理智的方式。非留守儿童中有 7% 的同学会选择置之不理，有 78% 的同学会选择

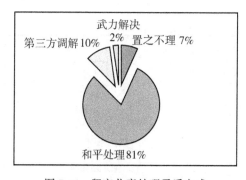

图 7-14　留守儿童处理矛盾方式

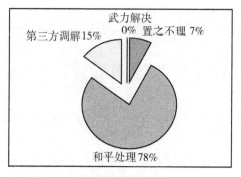

图 7-15　非留守儿童处理矛盾方式

与对方沟通和平处理，有 15% 的同学会选择寻找第三方调解，没有同学会选择武力解决这种不理智的方式。

从图中可以看出，大部分的留守儿童还是比非留守儿童理智一点，在与别人产生矛盾时，能够找到比较理智的方式去处理。但还是有极少一部分留守儿童在处理与别人的矛盾时会选择一些不正确的方式，不能够冷静地去对待矛盾。这也许是由于父母不在身边造成的一些心理上的问题，导致在对待与他人的矛盾时会采取过激的方式来发泄自己。

这一点希望能引起注意，留守儿童的监护人要多关注孩子心理上的问题，让他们学会正确看待和处理矛盾问题。孩子还小，需要监护人正确的引导与监督，这样才能健康快乐的成长。

9. 课余时间安排的对比

如图 7-16、图 7-17 所示，在课余时间安排方面，留守儿童中有 20% 的同学在自己的课余时间会有自己的计划，并且能够按计划执行； 有 64% 的同学

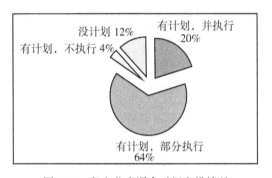

图 7-16　留守儿童课余时间安排情况

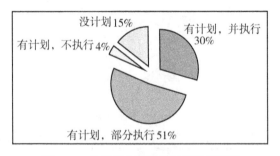

图 7-17　非留守儿童课余时间安排情况

在自己的课余时间有自己的计划，但是只有部分计划能够执行；有 4% 的同学在自己的课余时间会有自己的计划，但是通常不会执行；有 12% 的同学在自己的课余时间不会有什么计划。非留守儿童中有 30% 的同学在自己的课余时间会有自己的计划，并且能够按计划执行；有 51% 的同学在自己的课余时间有自己的计划，但是只有部分计划能够执行；有 4% 的同学在自己的课余时间会有自己的计划，但是通常不会执行；有 15% 的同学在自己的课余时间不会有什么计划。

从图中可以看出，如果把课余时间的安排分成两部分，一部分是执行计划，另一部分是不执行计划，这两个部分留守儿童与非留守儿童基本上没有区别。但是从计划执行情况可以看出，非留守儿童中计划执行的效果比留守儿童要好很多，造成这种结果的原因可能是非留守儿童在父母的管制下能很好地执行自己的计划，而留守儿童由于没有父母的管制，隔代监护人也没有充足的精力去管制他们，导致他们的计划不能很好的完成。

这个问题反映了留守儿童的课余时间安排计划与执行得不到很好的监督，而且留守儿童的监护人对于孩子课余时间活动的关心程度不够，我们认为这对孩子的成长是不利的，孩子年纪尚小，需要监护人监督，培养良好的习惯。

10. 初中毕业后对未来的打算的对比

在初中毕业后的打算方面，留守儿童中有 70% 的学生选择上高中，有 3% 的学生选择外出打工，有 19% 的学生选择听从父母的安排，有 8% 的学生对初中毕业后的打算还很迷茫，不知道干什么。非留守儿童中有 74% 的学生选择上高中，没有学生选择外出打工，有 19% 的学生选择听从父母的安排，有 7% 的学生对初中毕业后的打算还很迷茫，不知道干什么（如图 7-18、图 7-19）。

从图中可以清楚地看出，3% 的留守儿童选择初中毕业后外出打工，没有非留守儿童选择出去打工，这大概是留守儿童受到了父母外出打工的影响，导致他们产生不想上学的念头。这某种程度上也说明留守儿童的父母对孩子上学

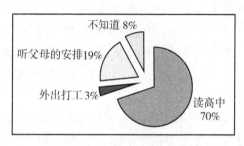

图 7-18 留守儿童初中毕业后的打算

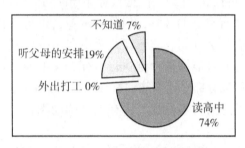

图 7-19　非留守儿童初中毕业后的打算

的问题关心还不够，希望监护人能够监督并引导自己的孩子走上正确的道路。

五、影响留守儿童社会能力的原因探究

（一）自身原因

由于父母不在身边，导致留守儿童产生自卑的心理，感觉自己与那些非留守儿童相比，缺少了父母的关爱，就像被抛弃一样，从心里感觉比不上非留守儿童。久而久之，他们会变得沉默寡言，不愿意与其他人交流。

（二）监护人的原因

（1）责任意识不强。在很多监护人看来，孩子的父母不在身边，不能对他们要求太严格，应给予孩子更多的爱，否则会使孩子产生扭曲心理，觉得不是自己亲生的父母到底不知道疼爱自己。

（2）监护责任不明确。监护人往往更关注身体健康方面的问题，重吃饭穿衣，轻学习教养；重身体健康而忽视心理健康和全面发展；关心儿童在学校和家里的表现，而忽视儿童良好行为习惯的养成。

（3）监护人精力跟不上。由于监护人大多数是老年人，年纪较大，有的甚至同时要监护几个留守儿童，这样照顾每个留守儿童的精力就有限。再加上自己身体状况较差，本身需要人照顾，因此对留守儿童的教育只能是心有余而力不足。

（4）监护人自身素质较低。监护人不知道从心理上去关心儿童，不知道在法律、安全、卫生知识等方面教育他们，也不能在学习上给予帮助和指导，从而使留守儿童的教育缺少引导和督促。

（三）父母的原因

由学生们对自己初中毕业后的打算可以看出，不论是留守儿童还是非留守儿童，都有不少人选择听从父母的安排，可见这个阶段的学生对父母的依赖性还是很强的。但是在这个时期，留守儿童的父母却不在自己的孩子身边，没有对自己的孩子尽到关心与监管他们的义务，这多少会对留守儿童的心理以及以后的生活有所影响。

（四）学校的原因

我们研究的留守儿童都是初中生，对于一个初中生来说，大部分的时间都是在学校，留守儿童身上出现的心理与生活上的问题最有可能被老师发现，这就要求学校的老师及时地帮助学生们去解决所遇到的问题。学校不仅仅是教学生们知识，更要帮助学生们健康的成长，否则后面的教育工作全是徒劳。

六、解决方法及建议

（1）希望留守儿童的监护人能够增强责任意识。不要认为不是自己的孩子不能要求太严格，否则会被别人误以为虐待儿童。既然孩子的父母把孩子托付与你照顾，你是孩子的监护人，你就有义务对孩子进行管制，就算管制得有点严格，孩子的父母一般也没有什么话可说。

（2）提高监护人的综合素质以及明确监护人的责任。村委会可以定期针对村里一些留守儿童的监护人举办座谈会，讨论如何从心理、法律、卫生、安全等方面教育留守儿童。同时，村委会应明确告诉他们，作为监护人应该有哪些应尽的责任，应该从哪些方面改进来做一个合格的监护人。

（3）希望留守儿童的父母能够与自己的孩子多进行电话沟通，时刻了解孩子的情况、时刻给孩子鼓励，让孩子感觉到父母还是时刻在关心着他们，在他们遇到困难的时候能够给予意见指导与精神上的支持。

（4）希望学校能够每周开设一堂心理课，让心理老师来对那些心理上有些自闭与忧郁的同学进行引导，帮助他们克服心理上的障碍，能够多与自己的同学进行交流和沟通。

◎ 附录

中学生社会能力调查问卷

1. 你的性别是?

　　A. 男　　　　　　　　B. 女

2. 你的年级是?

　　A. 初一　　　　　　　B. 初二　　　　　　　C. 初三

3. 父母是否外出打工?

　　A. 都外出　　　　　　B. 有一方外出　　　　C. 都没有外出

4. 你关系很好的朋友有多少?

　　A. 1~2 个　　　　　　B. 3~5 个

　　C. 6~10 个　　　　　　D. 10 个以上

5. 你和你的朋友会不会形成小团体 (在班上你们一群人玩得很好)?

　　A. 都会　　　　　　　B. 有的会　　　　　　C. 不会

6. 你认为你属于几个小团体里?

　　A. 0　　　　　　　　　B. 1　　　　　　　　　C. 2

　　D. 3　　　　　　　　　E. 3 个以上

7. 你认为你在群体里通常是做决策的人, 还是听从他人意见的人? (如一起去哪玩、玩什么等)

　　A. 经常做决策

　　B. 有时做决策, 有时听从他人的决策

　　C. 经常听从他人的决策

8. 你在家是否做家务 (如洗衣、洗碗、扫地等)?

　　A. 经常做　　　　　　B. 有时做

　　C. 很少做　　　　　　D. 从不做

9. 你遇到问题或者困难时会不会独立自主地处理?

　　A. 会, 完全是自己处理的

　　B. 会, 但是如果自己实在处理不了还是会主动寻求帮助

　　C. 不会, 我会首先告诉父母或朋友, 一起处理问题

　　D. 不会, 我会将问题直接抛给父母或朋友

10. 与别人产生矛盾时, 你是如何处理的?

　　A. 置之不理　　　　　　B. 与对方沟通, 和平处理

　　C. 需要第三方的调解　　　D. 武力解决

11. 你课余时间会安排计划吗？

　　A. 是的，会安排，每次都按计划执行

　　B. 会安排，但有时候按计划来，有时候不按

　　C. 会安排，但通常没有执行

　　D. 不安排，想做什么就做什么

12. 初中毕业后你的打算是什么？

　　A. 读高中　　　　　　　B. 外出打工

　　C. 听从父母的安排　　　D. 不知道

第8章　留守儿童第二课堂教学调查报告

一、孝感市孝昌县小河镇中学留守儿童第二课堂教学调查

（一）问题提出

留守儿童承载着民族的希望，他们不仅关系到现实社会的安宁与和谐，还关系到祖国下一代的整体素质。因此，关爱农村留守儿童，不仅具有深刻的现实意义，而且具有深远的战略意义。

据悉，我国80%以上的留守儿童是由祖父母隔代监护和亲友临时监护，他们大多没有能力辅导和监督孩子学习，长期下去会造成以下几种问题：一是导致相当数量的留守儿童产生厌学、逃学、辍学现象；二是缺乏抚慰，留守儿童的身心健康令人担忧；三是疏于照顾，人身安全不容忽视。作为当代大学生，关爱留守儿童，给他们带去知识与温暖，不仅是对自己能力的考验，也是自身义不容辞的责任。

蒲公英暑期实践小分队成立于2009年6月，几年来，针对留守儿童开展义务支教活动，旨在通过第二课堂的方式引导其心理和性格，使留守儿童能够健康成长。留守儿童第二课堂教学内容有其自身的特点，且对留守儿童的性格培养有潜移默化的作用。针对留守儿童开设第二课堂有哪些需要注意的问题？怎样将第二课堂与留守儿童性格培养紧密地联系起来？我们将针对以上问题，结合教学评估结果，做出解答。

（二）调查过程

1. 调查队伍：湖北经济学院国贸学院蒲公英暑期实践小分队。
2. 调查对象：湖北省孝感市孝昌县小河镇中学暑期班七年级学生。
3. 调查目的：明确教学目标，增强支教队员的责任感，提高蒲公英第二课堂的教学质量和效率，同时也及时反馈教学效果和不足。

4. 调查过程：第二课堂末期，让同学们不记名填写教学评估表，之后进行分析和讨论。

5. 调查问卷：见附录。

（三）调查结果

1. 蒲公英团队针对留守儿童义务支教活动总结

在同学们填表之前，我们讲明了此次评估的目的，对教学评估表做了简单的说明。同时，强调了填写的客观性。因为活动前期有些孩子暑假要去在外打工的父母那里而未能继续参加我们的活动，所以我们最终收回了 32 份教学评估表。

（1）第二课堂教学评估结果，以课程为坐标的比较。

在课程方面，参与此次评估的教学科目有英语、音乐、声乐鉴赏、体育、美术，一共五门课程。旅游概况因为中途停开而未参加此次评估。

最终统计结果显示，最受孩子们欢迎的课程为音乐。此门课程教学内容为歌曲教学，曲目多为励志性歌曲。据观察，此门课程的课堂纪律也是最好的，课堂气氛融洽，孩子们精神饱满。其次为美术，教学内容包括绘画技巧、绘画展示和手工制作，实践性比较强。此门课程很好地融汇了在玩中学的思想，同时因为较能锻炼孩子们的动手能力而受到欢迎。接下来，是英语，教学内容为简单的情景用语和初级口语训练等，以教会孩子们说出英语为目标，它的课堂纪律也是非常好的。

音乐鉴赏因为其理论性相对较强，对接受者的鉴赏能力等要求较高，所以孩子们不太喜欢，课堂教学常常因为纪律问题而中断。体育课的教学反馈不太理想，教学内容主要为户外素质拓展和军训，比较耗费体力。同时，游戏趣味性和启发性较强，对孩子们要求也稍高。

整体来看，评估中各科得分都较高，均在 90 分以上，像音乐课更是达到了 98 分。

（2）第二课堂教学评估结果，以评估项目为坐标的比较。

在评估内容方面，前四项主要考核授课队员的教学面貌和态度，以及孩子们对老师的喜爱程度。普遍得分很高，均分接近总分 10 分。一方面，这显示出队员们亲和力较强，也反映我们的第二课堂教学原则"像朋友一样相处"；另一方面，反映出孩子们对授课队员们的喜爱和接受。

问题最大的是第五项"教学内容有吸引力，希望以后还能开设这门课程"，有些孩子希望停开音乐鉴赏课和体育课，所以拉低了此选项的均分。并列的突出问题为第十项"为学生提出远期学习的建议",课堂的效果整体较好,但是授课队员未能给孩子们提出远期学习指导建议。其次,"学生课堂收获多"问题也较大,原因在于,一方面课程教学以挖掘兴趣爱好、培养特长为主,而淡化了课堂的"实用性";另一方面,孩子们的偏科倾向导致此项平均分较低。再次,"注重课堂师生互动,课堂气氛活跃"问题较大,分析得知,是因为音乐鉴赏课的理论性较强,对孩子们的耐心有一定要求等原因,导致孩子们认为课堂气氛做得不够好。而体育,则因为约束性、纪律性很强,训练比较累也拉低了此项得分。

总的来看,队员们的教学方法也存在一定的不足,反映了队员们还是较为缺乏授课经验等。

(3)蒲公英实践小分队具体整改建议。

根据以上分析,我们将在明年的教学过程中进行调整,对我们的教学前期准备也作出相应改善。具体如下:

①美术、音乐、英语为必开科目。其他科目待定,可以增开表演、演讲等课程。

②将体育细分为户外素质拓展和军训,更加注意游戏的筛选,保留孩子们喜爱的游戏,剔除较枯燥的游戏。活动前期要求所有学生均参加游戏,不要因为迁就个别学生而导致后来课堂纪律松散。

③兴趣班的开设要更加规范化,保证专人专项负责。在条件允许的情况下,可以丰富其种类,尽量保证孩子们不落单。

④教学内容的准备上,要更加注重趣味性,理论性教学内容要注意教学方法。

⑤各科一定要制定远期的学习建议或参考规划,保证教学的延续性。真正教会孩子们将学习与乐趣相结合,提高其自学能力,弥补我们活动时间有限的缺陷。

⑥更加注重学生兴趣的培养和发展,我们的第二课堂绝对不等同于补习班,不以应试为目的。而是要培养孩子们的创新能力、自我表现力,树立自信心,提高综合素质,促使孩子们形成健康的性格。

⑦准备教学内容的时间尽量提前,保留历届蒲公英教学内容,为以后每一次的备课提供参考。

⑧活动出发之前,在学校向指导老师和其他授课老师请教上课技巧、教学方法,如户外素质拓展等可以向大学里的公选课老师寻求帮助和指导。

⑨增加相关培训。向富有教学经验的老师、同学请教学习,不断完善教学

方法。活动前期可进行教学演练，发现并改正问题。

⑩对历次教学活动进行总结，收集反馈信息并存档。提出问题和解决方案，不断提高第二课堂的质量。

2. 第二课堂教学反馈

科目一：音乐鉴赏

（1）负责人：程遥。

（2）辅助教学：周兰兰。

（3）教学计划：

课时：12 课时。

教学内容：音乐鉴赏课分为两个部分，一是对一些古典及现代音乐家及其音乐作品的介绍与欣赏，二是对最基本的乐理知识的教授，这有助于更好地理解作品。

教学完成度：在实际教学过程中，我们又增设了声乐课，这使得音乐鉴赏课的课时大大缩减，无法将所准备的教学内容全部教授给同学们。

我们从准备的内容中挑选了五个较具代表性的作品进行鉴赏，分别为两个古典作品、一个现代钢琴作品、两个现代流行作品。由于参加我们第二课堂的孩子们的成熟度与我之前所得知的有较大差距，考虑到实际情况，乐理知识的教授并不可行，所以实践中去掉了这一部分。

（4）教学总结。

科目负责人是第一次参加这样的支教活动，在教学经验上完全还属于摸索阶段，可以说非常缺乏经验，所以教学效果不太理想。具体来说，该科目教学存在以下问题：

首先，音乐鉴赏课对参加鉴赏者有较高的要求。音乐鉴赏最基本的要求是有一颗对美比较敏感的心，能够发现美，并被深深地触动。其余的则涉及其知识的广泛性、对乐理理论的掌握程度、对抽象事物的理解能力以及对音乐的热爱程度。这几点，学生在课堂上都表现得比较弱，这是客观原因，也是今后在教学过程中需要引起重视的。

其次，学生们普遍表现出很浮躁的性格，这对于上音乐鉴赏课是一个很大的障碍。在实践前的准备过程中，科目负责人认为正式进入了青春期的学生性格中应该会有沉静和忧伤的一面。然而实际情况并非如此，学生们普遍还比较活泼好动，似乎一刻也停不下来。而音乐鉴赏需要我们静静地聆听，这显然是一个很大的矛盾。当然这不能一味的归咎于他们，前期的教学准备不够充分，加上之前对他们没有进行全面的了解，这也是导致音乐鉴赏课失败的原因之一。

最后，也是很重要的一个原因，教学经验的缺乏。在如何引导同学们去欣赏、如何调动他们的积极性方面缺乏有效的方法，这导致课堂比较松散，课堂气氛不太好。但是，这必须通过不断地实践去积累经验，而且要了解到不同的人所需的不同方法，由此不断地完善这门课程的教学。

当然在教学中也有好的方面。例如，科目负责人让同学们自由分成小队，并给自己的队起队名、选队长。然后，各个队商定他们认为好的歌曲再跟大家一起分享。这很好地增进了同学们之间的交流，而且也让老师了解到同学们的兴趣所在。在教学过程中也给同学们做了一些小乐器的演奏，让他们有了最真切的体验，充分调动了大家的积极性。

科目负责人认为，以后在开设音乐鉴赏这门课程前，一定要充分了解学生们的年龄层次和兴趣取向。并且，要加强自身音乐方面的修养。在教学过程中，应注重教学方法，并多与学生们交流。

科目二：旅游概况

（1）负责人：陆静。

（2）教学计划：

课时：14 课时。

教学内容：包括美丽中国和魅力世界两部分，美丽中国部分的内容有湖北孝感等旅游资源之地文景观类、旅游资源之水域风光类、旅游资源之生物景观类、旅游资源之天象与气候景观类、旅游资源之遗址遗迹类和江南水乡，魅力世界部分的内容有古埃及文明、法国、德国、意大利、澳大利亚、美国、南北极——极光。

教学完成度：因孩子们对课程不感兴趣，无法维持课堂秩序，中途决定暂停，未能完成最初的计划。

（3）教学总结。

这个课程由于种种原因仅仅开了两次，就这两次而言，课堂纪律不太好，学生不太感兴趣。科目负责人认为这门课程的教学反映不太好的原因如下：

首先，同学们对于此门课程兴趣不高，多数留守儿童认为仅仅观看视频和图片是无法身临其境去感受美好的自然风光，从而打击了其参与到课堂中的积极性，产生逆反心理。其次，课堂气氛掌握不够。有的时候，虽然同学们课堂反映不太好，但是，课堂仍然按照备课进行而没有及时地进行教学调整和气氛的活跃。最后，在教学技巧方面，团队成员也有一定的欠缺。这门课程本来是非常轻松有趣的，但是因为诸多原因而停开，是此次活动的一个遗憾。

　　科目负责人也总结了此次的经验教训：第一、课堂准备要充分，让每一节课的内容充实、有趣，尽可能考虑到各个方面的情况；第二、注意课堂的趣味性，可以将小游戏寓于教学之中，用小游戏来吸引学生的注意力；第三、运用不同的新颖教学方法来激起学生们的积极性。

科目三：体育及户外素质拓展

（1）负责人：高凡、胡鹏鹏。

（2）辅助教学：董奇。

（3）教学计划：

课时：12 课时。

教学内容：带领孩子们进行一些简单的素质拓展活动，包括素质拓展游戏、体育锻炼和太极拳兴趣班。素质拓展包括一些比较适合初中生的较为有趣的游戏，比如两人三足、穿越电网；体育锻炼主要包括球类运动。

教学完成度：在实践期间，考虑到孩子们的兴趣原因，我们临时修改了教学计划，所以，大部分的教学内容并没有按照教学计划去执行。每天的体育锻炼和做游戏的时间都改成了军训，教学目的还是以另一种方式达成了。在军训期间，孩子们不仅有很高的积极性，而且军训较之体育活动更能锻炼他们的身体素质。下午课外活动的兴趣班上，主要的教学内容是带着男生们打太极拳以及教授一些简单的跆拳道动作。虽然在具体的操作上，我们改变了原有的教学计划，不过总的来说，还是达成了我们的教学目标。

（4）教学总结。

体育课上的问题，主要表现在课堂纪律散漫、组织不力以及对这些问题的准备不充分等方面。

首先，这门课的形式不同于其他课程，以游戏为主，寓学于乐，但是孩子们未能体会其意义，所以课堂纪律散漫。

再者，由于孩子们处在特殊的年龄段——心理叛逆期，所以我们不能很好地控制课堂纪律，同时也可以说是我们在应对方面的准备不足，以至于有时候只能由着他们的性子来干。由于在前期没有准备应对方案，面对突发状况很容易措手不及，来不及调整我们的任务和计划，导致很多失误的出现。

针对这些方面，我们认为：在以后的社会实践中，应该把准备工作做得更加充分一些，比如进一步去了解初中生的喜好、心理，做好充分的准备应对随时可能出现的变化，争取在前期的准备工作中，尽可能把一些随时都会发生的事情考虑进去。还有，应该注重纪律问题，不应该只注重和孩子们的交流，这样，很可能使团队成员在他们中间没有威信，导致纪律无法维持。

当然，优点与缺点是并存的，在此次社会实践中，由于孩子们的兴趣原因，我们能够及时调整我们的计划，作出相应的措施，并且成功地调动孩子们的积极性，这是非常值得鼓励的。

3. 建议

（1）充分了解留守儿童的性格特点和接受能力。

近年来，各大高校的暑期活动如火如荼地展开，而在"三下乡"活动中，大学生义务支教是非常普遍的，尤其是针对包括小学生和初中生在内的农村留守儿童。义务支教的时间非常短暂，要想在短暂的时间里充分发挥支教的作用，就要在支教过程中充分了解留守儿童的特点。

蒲公英团队的支教对象包括小学和初中的留守儿童。据观察，我们发现留守儿童的特点与其地域性有一定的关系。首先，偏远地区、贫困地区的留守儿童更加配合支教活动，在课堂纪律上表现也相当好，更容易接受我们。再者，偏远地区的留守儿童接受知识的途径有限，因而更渴望学习，对第二课堂的参与度更高，课下也会主动询问我们暑假作业中不懂的问题。在性格特点上，不同地区和年龄的留守儿童也表现出一些共性，比如，由于生活环境的原因，他们比同龄人更加独立，心理更成熟。大多数留守儿童比较沉默寡言，课堂上不太敢于表现自己，容易害羞。同时，留守儿童与其监护人大多都相处得不是很融洽，不愿意向监护人或者老师诉说心事。在接受能力上，对于陌生的哥哥姐姐们，孩子们都能很快接受。留守儿童比较注重心灵的沟通，只要你真诚地接近他们，他们会很乐意聆听你的教导，课堂上也会表现得很积极。

针对以上情况，我们建议，大学生针对留守儿童的义务支教要结合地域、年龄等充分了解支教对象的特点。在实践前期不仅要积极参与学校的相关讲座，而且要在平时多积累心理学知识，查阅相关书籍，参加心理学老师的相关培训，并及时向老师咨询建议。同时，要多次实地走访，向当地有关部门和学校了解实际情况。

（2）课程的开设要因地、因人制宜，区别于补习班和学校教学活动。

义务支教的时间是非常有限的，想要短期内迅速提高留守儿童的学习成绩几乎是不可能的，所以，在教学内容上要有所筛选和创新。如果支教内容类似于补习班，不仅会引起孩子们的反感而且收效甚微。

不同年龄的留守儿童的兴趣点有其共性和区别。在实践中我们发现，美术课很受留守儿童欢迎，尤其是美工这个板块，孩子们表现出很强的动手欲望和能力，做美工不仅可以锻炼孩子们的创造力，也有助于其耐心性格的培养。留守儿童中的女孩子大多数比较喜爱舞蹈和健美操课，而且很主动、很专心。处于中学阶段的留守儿童对于素质拓展游戏的要求更高，太简单或者太危险的都不可取。小学生不太喜爱音乐课，但是初中的孩子们更喜欢音乐课，喜欢大声地唱歌。

我们建议，针对留守儿童的义务支教活动首先要因人制宜，可以开展丰富多彩的课外活动，开设多种兴趣班，让男生、女生，不同年龄段的同学们都有机会学习自己感兴趣的东西。同时，建议以第二课堂为主，兴趣班为辅。可以开设美术、礼仪、音乐、军训等课程，将一些传统的、重要的科目（如英语）以区别于补习班的形式开设，可以在教学内容或者教学方式上予以创新，采用孩子们能够接受的方式，充分调动孩子们的积极性。

（3）教学方法有技巧，真诚相待是关键。

一般来说，留守儿童与其监护人的沟通不是很融洽，特别是处于叛逆期的孩子们和老师、监护人的关系大多比较紧张。很多留守儿童是因为其性格问题导致学习问题，因此，解决性格问题是关键。

建议在支教过程中要明确目标，我们不是要迅速提高他们的成绩而是长期的影响其性格。首先，要给孩子们留下很好的第一印象，自我介绍和课程介绍尽量幽默风趣。我们要以朋友的身份走进他们的世界，而不是一个冷冰冰的"老师"的身份，耐心、爱心必不可少。其次，在课堂上积极鼓励孩子们发言，鼓励孩子们勇于表现自己。在课下，要主动与孩子们交流，哪怕只是简单地聊天谈心，也会让孩子们在课堂上更大胆、更认真。留守儿童和所有的孩子一样，单纯善良，只要你真心的与其交流，一定会发现他们的闪光点。如果我们在教学中出现了问题，要敢于承认，这样的我们在孩子心中才更加真实、值得信赖。同时，支教的过程中，上课火候把握要松弛有度，纪律上还是应当多注意一些。课下可以打成一片，但在课堂上还是应该稍微严肃一点。

（4）做好充分准备，及时迅速调整。

在充分了解留守儿童的特点之后，支教前期的准备工作也是必不可少的。每一次出发之前，我们都应当做好相应的准备工作，包括教学计划和调整方案。

针对相关课程一定要选出具体的、适合的负责人，这与团队队员的选拔和构成紧密相关。每门课程最好有一个辅助教学队员，这样可以充分讨论教学计划。我们的教训是支教活动要准备好调整方案，如果孩子们对课程内容不感兴趣怎么办？如果准备的课时内容提前教授完毕怎么办？课堂是否存在安全隐患？时间短暂，我们能否给孩子们提出切实可行的远期学习建议？怎样适当地维持课堂纪律而不招致孩子们的反感？……

建议出发前进行教学演练，以孩子的眼光去听课，及时发现问题，进行换位思考。

（5）做好宣传工作，支教、社调两不误，二者相得益彰。

蒲公英早期的实践活动中，是以支教为主，社调为辅。在实践中，我们发现社调是必不可少的。课堂上，留守儿童表现出的都是很表面的一些特点，如果想要更深入地了解他们，想要真正地帮助他们，社调的重要性不可忽视。

社调不仅有助于深入了解孩子们，对于解决实际问题、扩大团队影响力也有重要作用。关注社会弱势群体，奉献自己的爱心，是当代大学生义不容辞的责任。建议支教团队通过新闻媒体等方式加大对活动的宣传，使社会上更多的人参与到关爱留守儿童的活动中。

4. 总结

每一次的实践都让我们获益匪浅，作为一个团队，经验教训的总结和优点的传承必不可少。针对留守儿童的支教活动有其共性，只有不断地反思，才能让我们的义务支教活动取得更好的效果和更深远的影响。

◎ 附录

有关留守儿童初中生课外阅读状况的调查问卷

亲爱的同学，你好！

为了更好地了解初中学生的课外阅读状况，请你在忙碌的学习中抽出一点时间，如实填写这张问卷。谢谢你的合作！

姓名：_____　性别：_____　年级：_____

1. 你喜欢课外阅读吗？（　　　）
   A. 非常喜欢　　　　　　　B. 比较喜欢
   C. 一般　　　　　　　　　D. 不怎么喜欢
2. 你经常进行课外阅读吗？（　　　）
   A. 每天都安排一定的时间阅读　　B. 有时候
   C. 很少读　　　　　　　　　　　D. 基本不读
3. 你一般会选择什么时间进行阅读？（　　　）
   A. 双休日　　　　　　　　B. 午间休息时
   C. 晚上睡觉前一段时间　　D. 其他

4. 你经常去逛书店吗？（　　　）

    A. 经常去　　　　　　　B. 偶尔去　　　　　　　C. 不太去

5. 你经常和同学交流课外读书情况吗？（　　　）

    A. 经常　　　　　　　　B. 有时　　　　　　　　C. 没有

6. 平时，你哪方面的书读得比较多一点？（　　　）

    A. 文学方面的书

    B. 科技方面的书

    C. 脑筋急转弯或儿童漫画之类的娱乐书

    D. 学习辅导用书

    E. 言情小说

    F. 其他

7. 你父母会经常敦促你进行课外阅读吗？（　　　）

    A. 经常敦促　　　　　　B. 偶尔提醒　　　　　　C. 不管

8. 你的老师会经常布置课外阅读的任务吗？（　　　）

    A. 经常会　　　　　　　B. 有时会　　　　　　　C. 很少布置

9. 你有写读书笔记的习惯吗？（　　　）

    A. 有，并且经常写　　　B. 有时会写　　　　　　C. 基本不写

10. 通过课外阅读，你有哪些收获？（　　　）

    A. 扩大知识面　　　　　B. 提高学习成绩

    C. 能积累好多优美词句　D. 好玩

11. 阅读时，你通常怎么做？（　　　）

    A. 摘抄好词佳句　　　　B. 写读书笔记

    C. 背诵喜欢的句段　　　D. 和别人谈感受

    E. 看完了就完了　　　　F. 圈圈点点，写批注

12. 你喜欢什么样的书？（　　　）

    A. 全是文字的书

    B. 文字为主，配一些图画的

    C. 图画为主，只有很少文字的

    D. 全是文字

13. 读课外书时遇到不认识的字或不懂的问题，你一般是怎样做的？（　　　）

    A. 跳过去读后面的　　　B. 查工具书

    C. 随便认读　　　　　　D. 问爸爸妈妈或老师

14. 你希望学校安排校内阅读的时间吗？（　　）

　　A. 很希望　　　　　　　B. 比较希望

　　C. 随便　　　　　　　　D. 不需要

15. 你每天用于课外阅读的时间为？（　　）

　　A. 半小时　　　　　　　B. 1~2 小时

　　C. 2 小时以上　　　　　　D. 没有时间

16. 你阅读最主要的获取方式是（　　）

　　A. 从书店购买　　B. 网上下载或在线阅读　　C. 同学之间交流

17. 什么原因导致你的读书时间过短？（可多选）（　　）

　　A. 书价过高　　　　　　B. 功课太忙，没有时间

　　C. 缺乏读书氛围　　　　D. 可看的书太少

　　E. 不喜欢读书

教学质量评估表

为了明确教学目标，增强支教组队员的责任感，提高第二课堂的质量和效率，也为了及时反馈教学不足，为"蒲公英"实践小分队远期优化第二课堂提供参考，我们特制作了简单的教学质量评估表，以不断改善我们的志愿服务活动。

填写说明：每项满分为 10 分，请同学们如实填写。

科目　　评估内容	英语	旅游概况	舞蹈	声乐	体育	总计	平均
1. 精神饱满，教学风貌良好							
2. 态度和善，平易近人							
3. 认真负责，细心							
4. 对待学生有耐心							
5. 教学内容有吸引力							
6. 教学方法适宜，学生容易接受							
7. 注重课堂师生互动，课堂气氛活跃							

续表

评估内容 \ 科目	英语	旅游概况	舞蹈	声乐	体育	总计	平均
8. 课下与学生沟通交流，关注学生							
9. 学生课堂收获多							
10. 为学生提出远期学习的建议							
总计							
平均							

对老师的建议：_____

_____

_____

二、黄石市阳新县王英镇王英中学留守儿童第二课堂教学调查报告

（一）调查目的及背景

作为社会热点问题之一，留守儿童的生活与教育现状受到了社会各界的广泛关注。为此，四年来，蒲公英团队在各地开展第二课堂教学活动，旨在关爱留守儿童，增强队员的社会责任感。

（二）调查过程

（1）调查队伍：湖北经济学院国贸学院蒲公英暑期实践团队。

（2）调查对象：湖北省黄石市阳新县王英镇王英中学学生。

（3）调查过程：第二课堂末期，让同学们不记名填写教学评估表。之后进行分析和讨论。

（4）教学评估表：见附录。

（三）调查结果及分析

1. 蒲公英针对留守儿童义务支教团队总结

在同学们填表之前，我们讲明了此次评估的目的，对教学评估表做了简单的说明。同时，强调了填写的客观性。活动期间，由于孩子的人数并不稳定、活动后期的大雨天气等因素，我们最终收回了 28 份教学评估表。

（1）第二课堂教学评估结果，以课程为坐标的比较。

在课程方面，参与此次评估的教学科目有英语、手工漫画、音乐、体育、百科知识、社交礼仪。

根据最终结果统计，如图 8-1 所示，英语和音乐两门课程并列成为最受孩子们欢迎的课程。

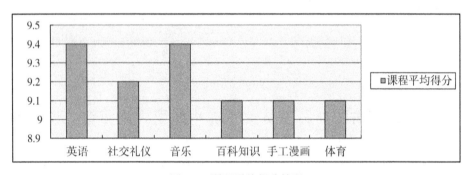

图 8-1　课程平均得分情况

英语老师以趣味的方式把略显枯燥的课堂气氛带得活跃起来，寓教于乐，受到了孩子们的欢迎。同时，英语课的纪律也是最好的。其次，是音乐课，教学内容多为励志歌曲。孩子们对唱歌都比较有兴趣，歌词很快能记好，课堂纪律也比较好。接着，孩子们最喜爱的课程为社交礼仪，老师以一个一个的游戏和故事把礼仪知识穿插在课堂里，受到了不同年龄层次孩子们的欢迎。百科知识、手工漫画、体育可能由于教学方法不是很合孩子们的胃口，在教学方法和互动方面被拉低了评分。

整体来看，孩子们的喜好偏差比较明显，有对自己不喜欢的科目打低分影响了整体评分的现象，不过满分 10 分，而各个科目平均分都超过了 9 分，证明队员的教学还是得到了孩子们的肯定。有很多孩子都希望队员们下次还能来进行支教活动，像平时比较调皮的小锐在对老师的建议一栏写到："我个人非常希望你们下学期还来，在和你们学习的日子里，我玩得非常开心。"这对我们的活动也是很大的鼓励，孩子们的支持和肯定就是我们活动的动力，希望以后的活动能更加受他们的欢迎。

（2）第二课堂教学评估结果，以评估项目为坐标的比较。

在评估内容方面，队员的教学面貌和态度，以及教学内容得到了孩子们的肯定，普遍得分很高。

如图 8-2 所示，其中横坐标上的数字分别代表：①精神饱满，教学风貌良好；②态度和善，平易近人；③认真负责，细心；④对待学生有耐心；⑤教学内容有吸引力；⑥教学方法适宜，学生容易接受；⑦注重师生互动，课堂气氛活跃；⑧课下与学生沟通交流，关注学生；⑨学生课堂收获多；⑩为学生提出远期学习的建议。问题较大的是第 10 项"为学生提出远期学习的建议"。由于活动时间较短，半个月的支教时间，队员可能难以为孩子们提供更多针对今后学习的建议，希望以后的活动可以想出有效的解决办法，毕竟我们的目的不仅仅是和他们共度那 15 天而已。

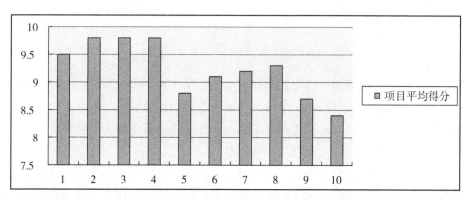

图 8-2 课堂教学评估项目得分情况

另外第 5 项"教学内容有吸引力"和第 9 项"学生课堂收获多"的得分也相对较低。

根据收回的问卷可以发现，有些孩子对自己不感兴趣的课程会打出较低分，这在很大程度上拉低了"教学内容有吸引力"这个项目的平均分。同时我们也应在自身上寻找原因。有孩子在留言中反映道："建议经常要活跃气氛。你们是代理老师，应该让学生们感到开心，只有感到开心，产生了兴趣，才能真正学到知识。"这证明我们做得还不够，对课堂节奏和气氛的把握不足，以至于部分孩子提不起学习的兴趣。

据观察，在王英镇，家长们对孩子的学习更多是注意语数外方面的学习，并不太关心发展孩子们的兴趣。孩子们在一定程度上也受到了家长态度的影响，"唯有读书高"的想法根深蒂固。而主要针对孩子兴趣的第二课堂教学显然不符合家长们期待的补习班，自然，孩子们觉得课堂收获也不多。我们希望的是，孩子们能在我们的活动中真正得到乐趣，享受属于他们这个年纪应有的快乐。当然，我们也要在今后的活动中注意这个问题，提高第二课堂的教育意义，让孩子们在快乐的课程学习中也有属于自己的收获。

（3）第二课堂教学反馈。

科目一：社交礼仪

（1）负责人：胡清霞。

（2）教学计划：

课时：10 个课时。

教学内容：仪表礼仪、体姿礼仪、语言礼仪、餐桌礼仪。

教学完成度：基本按计划完成了教学内容，但由于实际来的孩子并不像计划中的全是初中生，所以适当删减了些较深刻的内容，选择了比较贴近生活的简单内容进行教学。

（3）教学总结。

科目负责人选择教这门课程的初衷是教学生一些贴近生活的实用礼仪常识和待人处事之道，希望能让学生的行为举止能更加礼貌得体。但现实教学远非想象中那么顺利，教学效果也并不如预期，虽然这跟孩子们的年龄跨度大有一定关系，但在教学方法上也存在一定不足。

首先，前期知识储备不足，准备也不太充分，上课时无法把授课内容变得充实具体并具有趣味性来吸引孩子的注意力。其次，在将现实生活与礼仪常识联系起来这方面做得不够好，导致孩子们觉得学习内容没有用学习热情不高。还有一点是有时候无法掌控好上课秩序，导致课堂上吵闹和混乱，有些孩子即使想听也可能听不见，学习积极性便自然降低了。

该科目的课堂内容是：联系现实生活带入主题、进行礼仪讲解、模拟练习、回顾知识点、知识竞答游戏。

当然，参与支教的团队成员也获得了一些经验和收获：一是注重理论和生活的联系；二是注重兼顾课堂的纪律性和趣味性；三是注重计划与实际情况的差距，根据实际情况调整教学内容；四是注重与孩子们的交流与沟通，揣摩他们的心理以找到能吸引他们的恰当方法。

科目二：趣味英语

（1）负责人：王梦君。

（2）教学计划：

课时：9 课时，每课时 45 分钟。

教学内容：英语教学以基础为准，以与生活相关的 9 个话题为课堂的主要内容，从简单单词入手，穿插有发音、常见短语表达、句子表达和少部分语法点等内容，如人称、不同时态等。

教学完成度：在实践过程中，根据学生的课堂纪律，增加了一些游戏和得分比赛；按照学生对知识的掌握程度，安排了不同类型课题的教学顺序。基本完成了教学任务，教学进度与原计划吻合。

（3）教学总结。

教学中的优点：第一，本课程的主要内容与日常生活关联较为紧密，目的是教会学生一些常见的单词和表达，改善学生对常见物品和现象的中文熟悉，却不知对应的英文翻译的情况。第二，调动了学生的积极性，让他们意识到英语的重要性，提升学习英语的兴趣。第三，课堂纪律较好，课堂气氛活跃，学生积极、大胆地回答问题，参与表演，有竞争和合作意识，对知识掌握较快。

教学中的问题：第一，由于学生年级跨度大，英语水平相差较大，导致大部分学生在参与课堂教学的同时，有些英语较差或没有基础的学生跟不上进度。第二，时间和教学范围有限，只能教一些很浅显的内容，且多以单词为主，上课形式也不够丰富。

支教组队员认为在今后的准备工作中，要先大体确定学生的年级，尊重他们的意见，在他们的兴趣范围内选取教学内容。要把一堂课讲得生动有趣，又充实有用，需要花费很多心思，需要很长时间的准备，也需要学生的积极配合。上课还要有很好的精神，严肃与温和都需要适时调整，当老师并不是想象的那么轻松和简单。

同时，老师对学生的认可和鼓励也很重要，老师对每一个学生都应有着相同的责任感，不管成绩好坏，不管态度优劣。课堂上可以留心关注那些性格较内向的孩子，鼓励他们更多地回答问题；批改作业时要多给予鼓励和肯定的评价，让他们相信自己，敢于面对学习中的困难，敢于挑战自己；生活中要与学生打成一片，也要保持虚心的态度，做他们的朋友，理解、关心他们，让他们愿意与自己交流，分享快乐和悲伤。这样，才能做一个负责任的好老师，才能与学生一起进步，才能让一个班集体更和谐、更优秀。

科目三：百科知识

（1）负责人：黄圆。

（2）教学计划：

课时：12 课时。

教学内容：内容包括对中暑的了解和中暑的急救方法、消暑的措施、宇宙的一些趣闻、日常应急救援知识、星座的起源与历史、魔法记忆、各国的首都、世界名著导读和克服害羞的方法等一些有趣且对孩子有帮助的课外知识，能开阔孩子的知识面，培养他们其他方面的兴趣爱好。

教学完成度：因为孩子年龄跨度大，课程做了适当删减和调整，但效果不是很明显。尽管课程上完了，但是感觉孩子的兴趣不是很大，科目负责人认为在教学方法上还需要改进。

（3）教学总结。

科目负责人认为，课程并不太受孩子的欢迎，有下面几个原因：

第一，教学老师声音比较小，后面的孩子听不到声音，所以就会说话吵闹，直接影响到课堂秩序，从而造成恶性循环。

第二，课程选得不是很合理，当初只考虑到了实用性，没有考虑课程实施的效果，也没有真正抓住孩子们的兴趣点，语言也不够生动形象，所以才让课堂显得枯燥无味。

第三，孩子的年龄差距大，课程的难易度不好把握，如果能在课堂中多穿插一些小游戏，效果可能更好。

虽然课堂和支教组预想的有很大差距，但是科目负责人在后来的教学中也做了相应的调整。百科知识这门课可以增大孩子们的知识面，培养他们其他方面的兴趣，激起他们对学习的欲望。今后的支教将以此为鉴，争取能取得更好的课堂效果。

科目四：绘画

（1）负责人：于婷。

（2）教学计划：

课时：13 课时。

教学内容：学生主要以四、五年级为主，课程内容以孩子们感兴趣的动漫卡通人物为主，运用有色铅笔对绘画作品做更进一步的修饰。同时掺杂一些简单的简笔画，考察孩子们对物体形态的把握。

教学完成度：在实践过程中，根据孩子们的兴趣适时调整了教学计划。因为之前考虑到授课对象为初中生，教学内容难度有点大。之后降低了课程的难度，基本完成了教学任务，教学进度与团队给定的计划吻合。

（3）教学总结。

可以看到，大多数孩子对画画都非常感兴趣，上课的热情也十分高涨，每次上课都很积极地动手画画，要让老师给他们的画评价打分。但是，最让人头疼的是课堂纪律的问题，集中表现在课堂纪律散漫、组织不力以及对一些突发状况的应对能力不足。对于这些问题，科目负责人总结了几点原因：

第一，从科目老师自身的角度来看，由于个性太温和，什么事都迁就着孩子们，在他们眼里几乎没什么威信，有时候完全靠支教组的几名队员帮着支撑场面。

第二，从孩子们的角度来看，由于这次招收的学生年龄差距太大，大的十五六岁，小的五六岁，孩子们的认知程度根本不在一个层次。当画一些简单的东西时，那些初中生就会觉得幼稚，然后很快就画完了，接着就在那边聊天。当画一些复杂的东西时，年龄小的孩子又不会画，然后就在那吵闹，在课堂上乱窜。

作为蒲公英团队的一员，针对自己以及遇到的这些问题，科目负责人认为：在以后的社会实践中，应该把准备工作做得更充足一点。比如，在招收学生的时候，应该要统一招收年级相近的学生，不能差距太大。应该要更深入地去了解孩子们的喜好、心理，做好充分的准备应对随时都可能出现的突发状况。还有在以后的工作中，应该注重纪律问题，不应该只注重跟孩子们的交流互动，同时也要提高自己在孩子们面前的威信，增强自己各方面的能力。

4. 建议

（1）关于活动前的准备。

①开设的课程跟孩子需求之间的平衡。蒲公英一直坚持第二课堂的教学活动。而在实践中发现，很多家长希望我们开设补习班式的活动，而不是单独的兴趣班。

对于这个问题，我们需要针对实际需求制定教学课程，适当增加主课课程，以第二课堂为主，语数外为辅。可以在课下为孩子们提供课程辅导，在课上着重让孩子们开阔视野。

同时，在宣传的时候应说明第二课堂的意义，让家长更有意愿送孩子们来学习更多学校学不到的知识。

②与指导老师的良好沟通是活动成功的基础。指导老师丰富的教学经验能让我们的教学活动少走很多弯路，应增加相关培训，不断完善教学方法，对教学中可能出现的问题可以向老师请教。对于在实践中遇到的各种问题，也需要及时与老师沟通，协商解决办法。

（2）实践中需要注意的问题。

①注意课堂秩序的维护，真诚沟通，力求和谐的教学氛围。"希望在课堂上严肃点，对学生严格点，不然班上会很乱。本来他们就有点不听话，你们再对他们放纵，他们就更不听话了，所以希望能严肃点。""放狠一点，你们从来不打人，只是骂几句，所以我们才不怕你们。上课的时候乱跑，甚至跟你们斗嘴，因为我们知道你们是不会打人的，呵呵！"这些都是孩子们的建议。可以看出，一方面，队员们的态度是比较温和的，和孩子们是近乎朋友地相处；另一方面，课堂秩序还需要进一步提高。小学、初中的孩子，正是玩闹的年纪，比较叛逆，对老师也有一定的抵触心理，如果不注意，课堂秩序将会十分混乱。

针对这个情况，应该实行两手抓政策：第一，真诚沟通，与孩子们成为朋友。第二，每堂课有几名队员在教室里维持秩序，对于影响课堂秩序的行为要适当的制止。

②支教、社调两不误。蒲公英以往的活动重心都在支教上，往往因为注重支教活动的开展而忽略了社调的重要性。实践中我们发现，光靠课上和课间与孩子们交流对孩子们了解是不够的，在课堂上也许孩子们显得或活泼或内向，在家可能又是另一个样子，因此，我们还要走进他们的生活，深入到他们的家庭了解他们。从家长的描述中，我们能够得到更加立体的孩子的性格特征。

社调不仅有助于深入了解孩子们，对于解决实际问题、扩大团队影响力也有很大助益。在实践中，深入了解农民群众的需求，倾听他们的声音，也能对我们的支教活动有所帮助。只有社调与支教相互交换信息、相互协作，才能让整个活动得到更好的效果。

③实践后期工作要注意两个方面的内容。第一，问卷的及时发放。近两次实践都遇到了问卷发放时间较晚，回收的有效问卷略显不足的情况。今后需要扩大采访范围，及时发放问卷，并强调问卷的客观性，提高有效问卷的数量和质量。第二，后期活动的多样化。蒲公英团队历来以欢送会作为收官，在今后的实践中可增加一些小型的比赛，穿插在支教活动中，增进孩子和队员们的感情，这样也更加有利于活动的开展。

（3）实践后的工作。

①资料的回收和汇总。回家并不是实践的结束，而是另一个开始。各种资料需要及时整合，利用网盘、邮件、中转站等媒介，集中整理照片、心得体会等材料。历届的总结和反馈等资料都需要存档备案，发现问题、解决问题，不断提高活动质量。

②建立长期联系机制，关注孩子成长。此外，还应建立留守儿童档案，专人负责，建立长期的联系。由一个队员负责一个或多个留守儿童，通过 QQ、短信、邮件、信件等方式与孩子们保持联系，关注他们的成长，为他们在成长中所遇到的一些问题给予正确的引导，做他们的好老师、好朋友。

◎ 附录

教学评估表

为了明确教学目标，增强支教组队员的责任感，提高第二课堂的质量和效率，也为了及时反馈教学不足，为"蒲公英"实践团队远期优化第二课堂提供参考，我们特制作了简单的教学质量评估表，不断改善我们的志愿服务活动。

填写说明：每项满分为 10 分，请同学们如实填写。

评估内容 ＼ 科目	英语	社交礼仪	音乐	百科知识	美术	体育	总计	平均
1. 精神饱满，教学风貌良好								
2. 态度和善，平易近人								
3. 认真负责，细心								
4. 对待学生有耐心								
5. 教学内容有吸引力								
6. 教学方法适宜，学生容易接受								
7. 注重师生互动，课堂气氛活跃								
8. 课下与学生沟通交流，关注学生								
9. 学生课堂收获多								
10. 为学生提出远期学习的建议								

续表

科目 评估内容	英语	社交礼仪	音乐	百科知识	美术	体育	总计	平均
总计								
平均								

对老师的建议：_____

三、黄石市阳新县排市镇陈山村后山学校留守儿童第二课堂教学调查报告

（一）调查目的及背景

作为社会热点问题之一，留守儿童的生活与教育现状受到了社会各界的广泛关注。为此，近年来，蒲公英团队每年暑期进入不同的农村地区，开展第二课堂义务教学活动，旨在了解留守儿童现状，呵护关爱留守儿童，为他们带去更多知识，开阔他们的视野，同时增强队员的社会责任感。

（二）调查过程

（1）调查队伍：湖北经济学院国贸学院蒲公英暑期实践团队。

（2）调查对象：湖北省黄石市阳新县排市镇陈山村后山学校学生。

（3）调查过程：在第二课堂义务教学活动的末期，采取不记名方式让同学们填写教学评估表，收集有效信息后进行分析和讨论。

（4）教学评估表：见上页附录。

（三）调查结果及分析

在同学们填表之前，我们对教学评估表做了简单的说明，讲明了此次评估的目的，同时，强调了填写的客观性。由于活动期间许多当地小孩主动加入课堂，导致学生年龄跨度较大，部分学生年龄过小不具备填写问卷的能力，我们最终收回了 39 份教学评估表。

1. 第二课堂教学评估结果，以课程为坐标的比较

在课程方面，参与此次评估的教学科目有英语、手工、趣味数学、百科知识、音乐、体育、舞蹈。

根据最终结果统计，如图 8-3 所示，舞蹈课的受欢迎程度达 9.3 分，远远高出其他课程。参加舞蹈课程的全部都是女生，可以看出女孩子们对这门课程和舞蹈老师的高度评价，以及对舞蹈的渴望和喜欢。

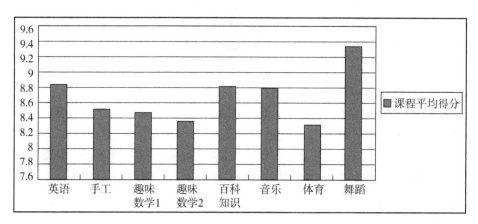

图 8-3

除了舞蹈科目外，由图表可以看出，英语、百科知识和音乐三个科目的课程平均得分也相对较高，均达到 8.8 分以上。英语老师深入浅出、循序渐进的授课方式，使不同基础的孩子都能比较容易地接受学习内容。在课堂上，英语老师总是穿插着讲一些贴近生活的小故事或者带领大家做一些小游戏，以此来充分调动孩子们的学习兴趣和参与课堂的积极性。百科知识老师主要是教孩子们一些天文地理知识，其幽默风趣的上课风格深受大家喜欢，同时山区的孩子对世界的认知有限，他们乐于接受这些不曾知晓的趣事和知识，所以该课程的课堂效果突出。音乐课程选取的学习曲目主要都是一些适合孩子们的，寓意积极向上、旋律轻快、朗朗上口的歌曲，同时音乐老师引入了手语的教学，抓住了学生的兴趣所在，孩子们都比较认真，课堂纪律也比较好。

手工、趣味数学和体育这三门课程虽然得分相对较低，但均超过 8.2 分，课程效果并不差。由于孩子们的喜好不同，女孩子偏爱也比较擅长手工绘画，而不太喜欢趣味数学和体育，男孩子则更加倾向于后者而不太擅长前者，所以性别差异以及个人兴趣导致这几门课程的平均分不高。

　　整体来看，孩子们的喜好偏差比较明显，存在对自己不喜欢的科目打较低分的现象，影响了该科目的整体评分。同时，也可以看出学生们对不同老师的态度也有所差异，相对来说更倾向于给自己喜欢的和性格较温和的老师打高分。不过，从课堂效果和整体评分来看，孩子们对每个科目都比较感兴趣，参与度较高，这说明队员的教学最终得到了孩子们的肯定。有很多学生表示，希望队员们下次还过来进行支教活动，这对我们的活动也是很大的鼓励，孩子们的支持和肯定就是我们动力的源泉，希望以后的支教活动能够从每一次实践中吸取经验，争取越做越好，不断完善教学。

　　2. 第二课堂教学评估结果，以评估项目为坐标的比较

　　在评估内容方面，队员的教学面貌和态度，以及教学内容都得到了孩子们的肯定，这些评估项目普遍得分较高。

　　如图 8-4 所示，其中横坐标上的数字分别代表：①精神饱满，教学风貌良好；②态度和善，平易近人；③认真负责，细心；④对待学生有耐心；⑤教学内容有吸引力；⑥教学方法适宜，学生容易接受；⑦注重师生互动，课堂气氛活跃；⑧课下与学生沟通交流，关注学生；⑨学生课堂收获多；⑩为学生提出远期学习的建议。

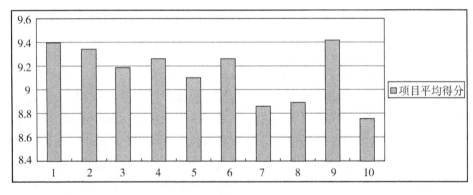

图 8-4

　　由此可看出，问题较大的是第 10 项"为学生提出远期学习的建议"。由于活动时间较短，半个月的支教时间，队员可能难以为孩子们提出更多针对今后学习的建议，这在以后的活动中应得到改进。例如，每科老师可以给出比较系统的学习策略，培养学生的良好习惯，指导不同类型的学生寻找适合自己的学习方法，如理科等课程应做好错题集、解题方法归类等，而文科课程应及时整理笔记、积累课外知识等。我们要让学生学会将生活和学习相结合，有一双善于发现知识的眼睛，并能做到有意识地积累和应用，我们的支教活动是尽可能地让孩子们发现学习的乐趣和自己的多重兴趣，在生活中也能爱上学习、享受学习。

另外第 7 项"注重师生互动，课堂气氛活跃"和第 8 项"课下与学生沟通交流，关注学生"的得分也相对较低，这两项的问题需要支教组队员们做出相应的调整和改善。只有真正站上了讲台才能体会到当老师的不易，要想上好一堂课，不仅要完成教学任务，更重要的是让学生在这堂课中掌握课堂内容，这就需要老师们积极思考、大胆创新，在课堂中多穿插学生喜欢的活动，如游戏、竞赛、辩论、小组合作等，让语言生动化、模式多样化、知识乐趣化。下课后，老师们应及时从学生的语言和行为中获取反馈信息，了解自己的不足和优点，以一个朋友的身份与学生交流沟通，做到个性化的关注。

根据收回的问卷可以发现，有些孩子对自己不感兴趣的课程会打出相对低分，这在很大程度上拉低了第 5 项"教学内容有吸引力"这个项目的平均分。同时我们也应从自身寻找原因。每一个课程都可以枯燥，也可以有趣，所以把握课堂需要老师巧妙引导，学生积极参与。作为老师，应该学会根据课堂效果调整授课内容和方式，如果发现课堂内容难以引发孩子们的兴趣，或者授课方式难以调动孩子们的积极性时，应该对自己的课堂进行反思，发现问题并改进教学方式以获得更好的课堂效果。

在其他项目的评分中，学生普遍打出了高分，其中"学生课堂收获多"这一项得到了超过 9.4 的分数，说明学生大多肯定了教学活动的效果，学到了一定的知识。同时在评价老师的精神面貌方面，孩子们对老师的态度、负责程度等都表示比较满意，可见队员们得到了孩子们的喜爱，无论是作为老师还是朋友，他们都获得了肯定。支教组队员在今后的工作中也应多搜集方法和资料，寓教于乐，将课堂不断优化。

作为第二课堂，我们并没有教孩子们太多平日里课堂上能学到的知识，而是侧重于一些他们平时较少接触到的课外知识，让孩子们放眼看外面的世界，帮助他们开发兴趣、拓展视野，让他们在快乐中学到知识。此外，通过十几天时间的观察，陈山村虽然地处山区，交通不便，信息也比较闭塞，但当地居民大多比较重视教育，表示会支持孩子多读书；后山学校虽然教学条件不够优越，但学生们普遍认真好学，这也是我们支教活动反响较好的原因之一。在今后的支教活动中，蒲公英实践团队将继续前行，为山区的留守儿童带去更多知识和关爱。

3. 第二课堂教学反馈

科目一：舞蹈

（1）负责人：刘桥溪。

（2）教学计划：

课时：9 课时。

教学内容：和同学们一起自编舞蹈《隐形的翅膀》以及基本功训练。

教学完成度：训练了基本功，并完成了舞蹈《隐形的翅膀》。大家的接受能力还不错，大体完成了任务。

（3）教学总结。

虽然舞蹈课的基本任务是完成了，但是，科目负责人认为还有很多需要改进和反省的地方。主要是前期准备没有做充分。因为这个原因，课堂上无法将更多的资源拿出来和学生们分享，让她们在课后能够见识到更多的舞蹈种类和相关知识。孩子们对舞蹈充满了热情和渴望，这是支教组在来之前没有想到的。如果之前考虑得充分一些，多准备一些素材，就更能满足孩子们的好奇心和兴趣了，也会使这些孩子们能够将这个舞蹈梦想坚持下去。

此外，在教舞蹈的同时，我们也希望这支简单的舞蹈能够使这些大山里的女孩子变得更加美丽、更加自信。这里的人们大多有很严重的重男轻女思想，我们希望通过舞蹈让这些女孩子们知道，她们一样可以拥有美好幸福的人生，绝不应该感到自卑和低微。希望能让她们插上隐形的翅膀，飞出大山，创造自己的精彩美丽人生。

科目二：趣味数学 1

（1）负责人：安东。

（2）教学计划：

课时：5 课时。

教学内容：数学以逻辑思维锻炼为主，前期以数字排列引起兴趣，加入九宫格、数独这样很有数学严谨风格的小游戏。后期则以小故事开始串讲一些逻辑思维的方法，如假设法等，在最后一节课上则结合数学学习内容，介绍各种学习方法。

教学完成度：在实践过程中，根据学生的课堂纪律，适时删减教学内容，尽量保证绝大多数人能听懂，能听明白。授课时，不是讲过则过，因此耽误了教学进度，没有完成原本的教学任务。

（3）教学总结。

教学中的优点：由于学生跨度比较大，从小学一年级到初二都有，加上数学本身的学科性较难，导致部分学生上课不认真。但是通过前期简单的数字排列和时间统筹方法的介绍，让他们认识到数学也有很有趣的一面，同时由于和生活结合起来，例如，可以利用刷牙洗脸的时间听英语等，也让他们了解到了一些日常可以用于学习的方法，使他们的兴趣略微提升。同时还引入简单的数字排列找规律等小游戏，活跃了课堂气氛。此外，还推出了九宫格，激发他们的兴趣，让他们意识到数字的魅力。在后期又加入了数独，介绍了规律方法，激发他们自己寻找更简单的方法解决数学问题，使大家对数独产生浓厚的兴趣，甚至要求科目老师在走之前多布置几道数独题。在支教期间，科目老师一共布置了三道数学题目，第一次是要求写出九宫格的八种排列方法，从一开始作业都做不出来，到做完作业之后很骄傲地说出它的规律，可以看到他们已经慢慢从中发现并感受到数学的魅力。

教学中的问题：由于孩子们年龄跨度较大，还是有部分孩子不能接受上课的难易度，认为有些偏难，有少量学生没有参与到课堂中，跟不上进度。但是和之前上课不敢举手、课后不交作业的情况比较，已经好了很多。

通过十几天的实践，作为支教组的一员，科目负责人认为，首先，在以后的课堂教学中，建议避开那些很有年级分界的内容，多结合课本知识，引入课外内容，激发他们的兴趣。以免出现孩子们跨度太大、高年级听过了而低年级听不懂的状况。

其次，孩子们需要的是鼓励，但是由于年纪小等原因，他们忍不住，控制不住自己，因此会有讲话不听课的时候，我们应该多加鼓励他们，积极引导。而孩子们在课堂上的反馈对于老师来说也很重要，老师讲课讲得激情四射，孩子们也会更踊跃地举手；相反，如果老师站在台上没有激情，学生们也会懒懒散散、昏昏欲睡。要把一堂课讲得生动有趣，又充实有用，需要花费很多心思，需要很长时间的准备，也需要学生的积极配合。上课还要有很好的精神，严肃与温和需要适时调整，所以当老师并不是我们想象的那么轻松和简单。

最后，老师对学生的认可和鼓励也很重要，老师对每一个学生都应有一份相同的责任感，不管成绩好坏，不管态度优劣。课堂上可以留心关注那些性格较内向的孩子，鼓励他们更多地回答问题，批改作业时要多给他们鼓励和肯定的评价。生活中要与学生打成一片，也要保持虚心的态度，做他们的朋友，理解、关心他们，让他们愿意与自己交流，分享快乐和悲伤。这样，才能做一个负责任的好老师，才能与学生一起进步，才能让一个班集体更和谐、优秀。

科目三：手工

（1）负责人：韩璐。

（2）教学计划：

课时：12 课时。

教学内容：课程总共分为四个部分，包括剪纸、折纸、画画和创意小手工。剪纸的内容又系统的分为剪纸艺术知识、剪纸的基本方法、对称折剪学习、单个图样折剪、多方连续折剪等。折纸课程中则包括太阳花、樱花、飞镖、树叶、桃心、蝴蝶结等的折法。画画则是利用树叶来作画。创意小手工课程安排的是利用牛奶盒做笔筒，利用牙膏盒做收纳盒，用包书皮做相框以及 DIY 贺卡。

教学完成度：因为学生年龄跨度大，动手能力较差，剪纸部分的多方连续折剪内容和创意小手工部分的内容没有上，因为前期课程内容准备得较多，所以教学完成度相对较差。10 个课时分为了三部分，剪纸 5 个课时，折纸 4 个课时，画画 1 个课时。

（3）教学总结。

科目负责人本身平时喜欢做一些小手工并且有一定的美术功底，希望通过这个课程培养孩子们的动手能力，激发孩子们发现生活中的美的热情。也希望让他们知道，也许他们生活并不富裕，但是他们周围生活的环境也是可以创造出艺术的。比如在设置画画课程的时候，科目负责人就特意选择了树叶这样一种生活在大山里的孩子常见的材料，让他们在树叶上涂上自己喜欢的颜色，然后印在纸上，多彩绚丽的颜色让他们感受到自然的美丽。除此之外，还希望让孩子们见识到山外世界的美丽。比如，在教折樱花的时候，向同学们展示了富士山下、武汉大学和湖北经济学院的樱花图片，并播放日本民歌《樱花》。

在上第一节课的时候，科目负责人介绍了自己的家乡，当让孩子们画出他们心中的家乡时，竟没有人敢动笔，在引导他们说出了后山有山有树之后，有人画出了山和树，但让他们展示给老师看时却显得羞于出手。这里的孩子对于美术都是仰视的态度，他们总觉得自己画得不好、画得不像。针对这个现象，科目负责人在课程教授上，主要引导他们动手而不是给一个范式，并告诉他们，画画就是要画出自己心中的东西，像不像不重要。

由于科目负责人比较严厉，上课时的纪律基本能保证。总的来说，该科目的教学目标基本完成，大部分学生能做出像模像样的手工作品，并表现出对于手工制作的浓厚兴趣。

科目四：趣味数学 2

（1）负责人：丁小雄。

（2）教学计划：

课时：4 课时。

教学内容：主要在于激发学生对数学这门课程的热爱，同时传授给他们一些独特的解题技巧，让他们学会用多元化的思维解决遇到的数学难题。

教学完成度：预先设置的课题没能按计划完成，课堂内容被迫压缩，最终只得按照学生的接受程度删减内容，尽量将最重要的内容传授给他们，最终大致完成了任务。

（3）教学总结。

此次支教活动，趣味数学虽然只有 4 节课，但科目负责人还是发现了不少问题。

首先，课前的准备不代表可以收获到好的课堂质量。因为课堂是由学生和老师共同组成的，二者缺一不可，缺少互动的课堂，最终的质量注定不会太好。或许是孩子年龄差距大的原因，每道题都不可能让所有人都能弄懂，要想课堂得以继续进行，牺牲部分学生的利益在所难免，因为课堂上连一年级的同学都有。

其次，题目需要投其所好，因为兴趣是最好的老师。同样是趣味数学，"数独"凭借着其独特的魅力、灵活的解决步骤抓住了所有学生的心。分割图形虽然可操作性强、答案单一，但是终究敌不过"数独"，学生对其兴趣不浓。

再次，课堂上不能给予孩子们过多的自由。由于科目负责人从未向孩子们发过脾气，对他们过于随和，最终导致课堂秩序略显混乱。每次上课，纪律问题必须要反复强调，不仅耽误时间而且影响心情。孩子们最终学到的少，其日后的课堂也难以得到保证。

有一点还是必须肯定的，孩子们对于知识充满了无限的热情，他们总是希望从我们的课堂上学到更多的知识，对外面的世界充满了好奇。

此次支教活动虽然没有完成预定的计划，但科目老师还是将最想要传授的知识教给了孩子们，带他们度过了一个开心的暑假。

4. 建议

（1）活动前期的准备。

第一，了解学生，因人制宜；了解学校，因地制宜。

在进行支教活动前，蒲公英团队需要提前联系相关学校，与负责人沟通并了解学生和学校的基本状况。对于学生的了解，包括大体上学生的年级分布、男女比例、留守儿童和非留守儿童的比重、家庭住址的远近等。对于学校的了解，包括学校的地理位置、周围环境、师资力量、教学设备、硬件设施等。掌握这些基本资料后，支教组的队员才能根据不同年龄学生的兴趣爱好和性格特点，相应地选择开设的课程、教学任务和实践形式，并带去他们缺少的文体用品，利用当地环境进行适当的课外活动。在今后的实践中，我们应适当增加主课课程，以第二课堂为主，语数外为辅。在课下为孩子们提供课程辅导，在课上教一些课堂上不曾教的知识，拓宽学生的视野，启发学生的思维。

第二，寻求指导，未雨绸缪。

每年开展实践活动之前，支教组队员会联系指导老师为新老队员传授经验和知识。首先，各位老师丰富的教学经验能让大家的教学活动少走很多弯路，预想到的问题能够在老师的指导下得到解决。其次，不同老师的教学理念和对学生心理方面的了解能够给队员们不同角度的思考和启发。通过增加相关培训，不断完善教学方法，教学过程能够更加专业化、更具针对性，也更加顺利。此外，在实践中如果遇到各种问题也需要及时与老师联系，协商解决办法。

（2）实践过程的完善。

第一，注意课堂秩序，真诚耐心沟通。

在教学评估表的"对老师的建议"一栏，有的学生写道"希望百科老师上课严厉点，保持纪律，不要让我们吵"，有的则说"我觉得手工老师课下很和善，但是您上课太凶了，我想说的话也从嘴里吞到肚子里去了"，还有的提到"音乐老师对学生有点没耐心，你以后要改一下哦"。而对老师的肯定也不少："老师你太好了，而且很聪明"，"本来我一见到英语就头疼，但是你上课的时候，我却和从前不一样了，觉得英语好简单啊，很希望你多提问我"，"我希望老师们能在这多待几天"……从这些简单的话语中，我们能够看到，学生希望课堂秩序良好，也渴望老师们多和他们接触。课堂效果取决于老师上课的态度，支教队员应注意方法和技巧。小学、初中的孩子，正是处于玩闹的年纪，有的比较叛逆，对老师也有一定的抵触心理，所以在课堂上温和与严肃的态度应兼备而不过度，以达到较好地掌握课堂氛围、完成教学任务；课下老师应与孩子真诚、耐心地沟通，尽可能地了解他们的个性和兴趣，和学生打成一片，同时也要为学生自身的长期发展着想，注意言传身教，给他们树立一个生活和学习的好榜样。

第二，课后进行家访，深入了解学生。

实践中我们发现，仅靠课上和课间与孩子们的交流对他们进行了解是不够的。通过几天的相处，我们和孩子们建立起较好的关系以后，要及时走进他们的个人世界，深入他们的日常生活，从家庭的角度了解各方面情况；从家长的描述中，能够得到更加立体的孩子的性格特征，同时通过了解不同家庭的结构、经济、地位情况，能够更好地掌握孩子的心理特征。这些任务作为社会调查的一部分，不仅有助于深入了解孩子们，对于解决实际问题、扩大团队影响力也大有裨益。在实践中，深入了解农民群众的需求，倾听他们的声音，能从侧面对支教活动有所帮助。只有社调与支教相互交换信息，相互协作，才能让整个活动取得更好的效果。

第三，及时发放问卷，收集有效信息。

实践进入后期时，部分工作基本完成，而支教组的问卷调查才刚刚开始。这样做的原因是，只有与学生的相处一定时间后，学生们才会放下戒备的心理，没有思想负担地如实填写问卷。但是，问卷的发放也应及时，避免出现回收的有效问卷略显不足的情况。考虑到课堂上的人数有限，而且有些学生年龄较小无法完成问卷，今后需要扩大采访范围，向更多的适合人群发放问卷并表明目的，同时强调问卷的客观性，提高有效问卷的数量和质量。此外，在与学生的沟通中，我们要更全面地了解情况，与问卷工作相结合，取得足够的有用信息。

（3）活动完成的反馈。

第一，及时回收资料，进行系统汇总。

活动的完成并不是实践的结束，而是另一个新的开始。蒲公英团队的各种资料需要及时整合，我们要利用网盘、邮件、中转站等渠道，队员明确分工对活动照片、心得体会、个人总结、团队成果等材料进行整合。历届的总结和反馈等资料都需要存档备案，及时发现问题、解决问题，不断提高活动质量，在各方面尽力优化团队。

第二，建立长期联系，关注孩子成长。

根据实践走访所得的资料，我们建立了留守儿童跟踪档案，实践后采取专人负责的方法，由一个队员负责一个或多个孩子，通过 QQ、短信、邮件、信件等方式与孩子们保持联系，关注他们的成长，针对他们在成长中所遇到的一些问题给予正确积极的引导，做他们的好老师、好朋友，建立长期的联系。

同时，我们应与当地妇联等组织保持联系，相互交流信息，共同协作，为当地留守儿童争取更好的学习资源与生活环境。还应扩大宣传并增强影响力，让更多的人关注这个群体，给予他们更多的帮助和关怀。每一次的实践都是一个积累的过程，既是对经验的累积，也是对孩子们的了解与关怀的延续。

第3编　留守儿童心理发展研究

第9章 农村留守儿童心理状况研究

——以孝昌县小河镇为例

一、研究农村留守儿童心理状况的背景

（一）研究留守儿童心理状况的社会背景

改革开放以来，我国迅速走上了社会转型与城市化的发展道路，流动人口迅猛增加。随着流动人口的增加，"留守儿童"越来越多，并日益成为备受政府和社会关注的一个弱势群体。由于农村经济条件的落后、基础教育的薄弱以及父母教养的缺失等问题，使农村留守儿童的成长面临诸多不利。农村留守儿童在教育、品行、身心健康等方面呈现出许多问题，其健康成长令人担忧。

（二）国内对留守儿童心理状况的研究现状

目前"留守儿童问题"已经受到政府和社会的广泛关注，越来越多的专家、学者、高校都投入到这一研究领域。对农村留守儿童心理状况的研究相对来说比较细致深入，取得的研究成果也较多，主要集中为农村留守儿童心理健康问题（如性格孤僻、自私、不合群等）及原因分析。

研究者一致认为，缺少父母的关爱、代养人的文化素质低、教养方式不当和监管不力等是造成农村留守儿童心理健康问题的重要因素。心理学专家张志英认为，农村对留守儿童的教育态度和方法不一致，常使得他们无所适从；生活氛围不和谐，则是导致留守儿童产生心理不健康的特殊原因。中南大学教授叶曼等的研究表明，留守儿童的心理问题并非单纯是一个由于父母长期外出务工所引起的孩子情感缺失和心态异常的问题，而是学校、社会、父母、监护人与留守儿童自身等多种因素交互作用的产物。虽然目前已有较多研究从不同角度分析了留守儿童心理健康的影响因素，但缺乏系统全面的总结和归纳。本研究旨在基于我国留守儿童心理健康的研究现状，对农村留守儿童进行问卷调

查，系统总结和分析影响我国留守儿童心理健康的相关因素，并探讨已有研究的局限性，以期为制定针对性的防治措施提供科学依据，并为进一步的深入研究提供思路。

二、研究农村留守儿童心理的意义

（一）留守儿童心理研究的理论意义

留守儿童作为社会各界的重点关注对象，在留守儿童心理健康状况调查的基础上进行相关的研究，旨在了解留守儿童的心理健康状况，并找到留守儿童心理问题的成因和有效的辅导措施，从而帮助其健康快乐地成长。

（二）留守儿童心理研究的现实意义

农村教育设施以及师资力量相对较弱，做好留守儿童的心理健康辅导，能提高他们的学习成绩，促进农村学校教育教学质量的提高，还能减少学校安全事故的发生。

留守儿童平日生活远离父母，做好留守儿童的心理健康辅导，能使留守儿童的父母安心务工，为我国的城市建设和农村经济发展作出贡献，对减少青少年犯罪、社会安定也有一定的积极意义。

三、孝昌县小河镇的留守儿童心理状况研究

（一）研究方法

1. 研究工具

针对小河镇儿童的心理状况设计调查问卷，并将调查对象细分为留守儿童与非留守儿童。问卷共 16 题，其中每题都采用选择题形式，除了 3 道基本信息题外，这 13 个问题可细分为自闭倾向、冲动倾向、自我认知、认知他人、自主性、依赖性、适应不良倾向，以及心理不平衡倾向等方面。

2. 研究程序

（1）在孝昌县小河中学以班级为单位，通过不记名的方式对所有中学生进行问卷调查，并当场收回问卷。

（2）运用 excel 对数据进行整理统计，然后用 SPSS 数据分析软件进行数

据分析，主要采用的技术为描述性统计、均值比较以及相关分析。

3. 研究结果

本研究共调查小河中学 123 名学生，其中留守儿童 71 人，非留守儿童 52 人；男生 63 人，女生 60 人；初一学生 41 人，初二学生 37 人，初三学生 44 人；被测试儿童年龄均在 11 岁至 14 岁之间。

（1）是否留守与自闭倾向的相关性。

据分析，是否留守与是否孤独以及是否具有乐群性这两个自闭倾向指标的相关显著性分别是 $P1 = 0.664 > 0.05$ ，$P2 = 0.588 > 0.05$ 。该数据表明，是否留守对于农村孩子的自闭倾向并没有明显的影响。

为此，我们根据问卷结果对留守儿童与非留守儿童的孤独感频率和乐群性频率做了如下分析：

据图 9-1 可知，留守儿童在孤独感方面对应的频率都略大于非留守儿童。由此可见，父母不在身边对于孩子孤独感的形成有一定影响。从一部分非留守儿童偶尔有孤独感产生可以看出，造成孩子孤独感还存在着一些其他的因素。

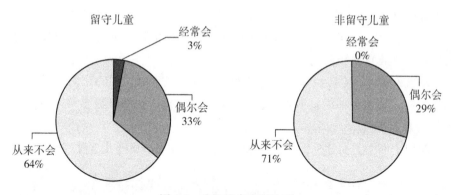

图 9-1　是否经常有孤独感

从图 9-2 看出，乐群性较强的孩子中非留守儿童占的比例稍大一些，但是在经常喜欢独处的孩子和不喜欢独处的孩子中，留守儿童的比例略大些。因而，我们推测留守儿童的乐群性程度更容易受影响。

综合前两个问题可以推测，留守儿童的自闭倾向略大于非留守儿童，但是不排除其他因素的影响。

（2）是否留守与冲动倾向的相关性。

据分析，是否留守与烦躁倾向的相关显著性为 $0.798 > 0.05$ ，同时，是否留守与孩子的冲动倾向相关显著性为 $0.413 > 0.05$ 。因此留守与否对孩子的冲

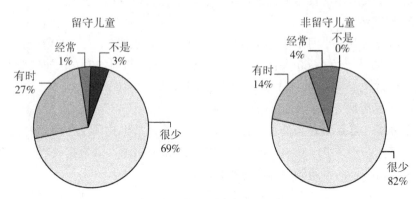

图 9-2 是否觉得和同学玩不如自己玩

动倾向未造成显著的影响。

针对冲动倾向，我们根据遇到问题时是否容易烦躁和是否容易发脾气且自己难以控制两个方面进行留守儿童与非留守儿童的频率分析：

如图 9-3 所示，留守儿童遇到不顺的事不会烦躁的比例比非留守儿童要多 11%，经常烦躁的也比非留守儿童多一些，这说明留守儿童的情绪两极化的程度比非留守儿童要稍微高一些。

从图 9-4 可以看出，非留守儿童经常发脾气且难以控制的比例比留守儿童稍高一些，其他频率相差不大，说明留守儿童相对来说脾气更温和一些，情绪控制能力也较强。

据以上两个方面分析，留守儿童的冲动倾向相对非留守儿童没有太大差异。

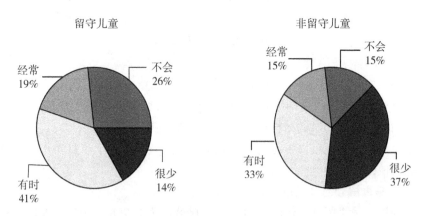

图 9-3 遇到不顺的事，是否会烦躁

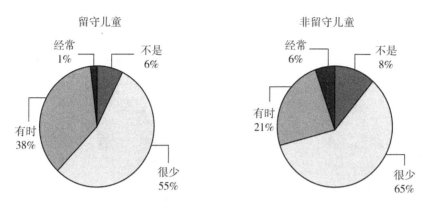

图 9-4　是否经常发脾气，且很难控制

（3）是否留守与自我认知的相关性。

在孩子们的自我认知中，是否留守对于他们是否自信以及是否了解自己的优缺点并喜欢自己的相关显著性为 0.068 和 0.944，仍然大于 0.05。可见其不存在相关关系。

由图 9-5 可知，自信的儿童中，留守儿童的比重较小，不自信甚至自卑的孩子中，留守儿童的比重较大。可见相较留守儿童，非留守儿童更为自信，也就是说父母是否外出对于孩子的自信程度有着一定的影响。

由图 9-6 可知，知道自己优缺点并喜欢自己的非留守儿童比例要高于留守儿童的比例，不知道自己优缺点也不喜欢自己的孩子比例两者相差不大。所

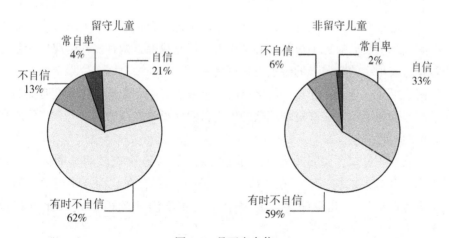

图 9-5　是否有自信

以，在自我认知上，非留守儿童有轻微的优势。

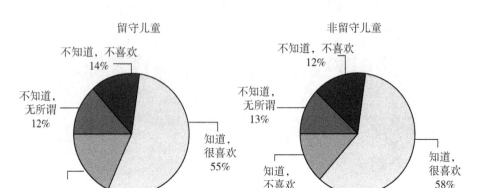

图 9-6　是否了解自己的优缺点并喜欢自己

总之，非留守儿童的自我认知能力略高于留守儿童，这可能与父母的陪伴鼓励以及与同学的对比有关。

（4）是否留守与认知他人的相关性。

孩子们对于他人的认知，包括和父母的亲近程度以及对老师、同学的认可程度。据分析，是否留守对于其相关系数分别为 0.669、0.757 和 0.125，因而其影响程度较小。

如图 9-7 所示，在与父母的亲近程度上，留守儿童有很亲近与敌意两种极端情况，而非留守儿童没有。说明留守儿童被"留守"之后可能会不理解父母，从而造成对父母的敌意；也可能因为较早地体会到了父母的辛苦，所以较远的实地距离反而拉近了彼此的心理距离。但是排除这两种极端情况，非留守儿童相对表现出的与父母的亲近程度更高。

由此可见，是否留守对于与父母的亲近程度有一定影响，父母在身边时与孩子的心理距离不容易有极端现象的出现，而父母不在身边时，与孩子的心理距离可能稍远一些。

由图 9-8 可知，留守儿童对于师生关系的认可程度有较明显的区分，存在很满意和较差的情况，而在非留守儿童身上均不存在这种极端现象。但是表示满意的非留守儿童略多，而表示一般和不满意的两者人数比例相差不大。

据此分析可知，留守儿童更容易对老师产生极大认可或一些偏见，但是对

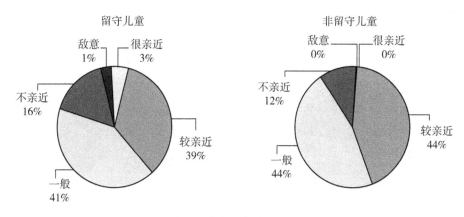

图 9-7　与父母的亲近程度

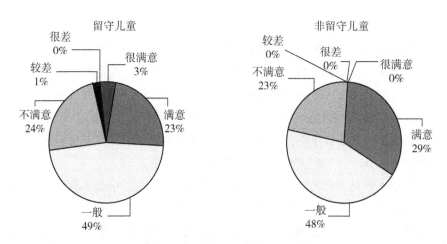

图 9-8　对师生关系的满意程度

于一般的师生关系而言，是否留守并没有多大影响。

从图 9-9 可以看出，对于同伴关系而言，留守儿童所产生的很满意和很差或者较差这样的极端现象也相对比较明显。表示满意的，非留守儿童所占的比例要稍大一些。

综合与父母、老师和同伴三方的关系，留守儿童所表现出来的对他人的认可程度比非留守儿童更容易极端化一些。而对于一般程度上的情况，非留守儿童所占的比例要稍大一些。由此我们得出一个结论：一方面，留守儿童的心理容易因父母不在身边而产生较大的波动，可能他们会因此更懂事，更体谅父

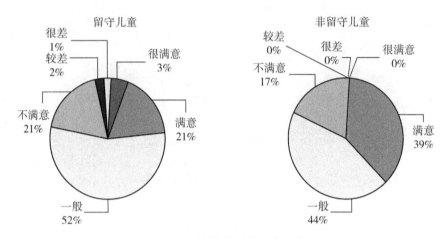

图9-9　对同伴关系的满意程度

母，因而和父母更为亲近，也更为满意自己的老师与同伴；另一方面，他们可能不太理解父母为何抛下自己外出工作，也由于父母给予他们较少的关心而更加叛逆，从而对父母产生敌意，也难以对老师和同伴产生满意的情感。

（5）是否留守与自主性或依赖性的相关性。

在遇到挫折时，孩子们是否依赖于朋友或者自己独立解决与留守因素的相关显著性为0.053，可见两者之间可能有较小的关联。

在与他人意见不合时，孩子们是选择坚持己见还是聆听他人意见与留守因素的相关显著性为0.229，所以两者之间的关联也可忽略。

从图9-10可以发现，留守儿童在与别人意见不同时，更倾向于倾听别人的意见，相对来说，坚持己见和无所谓的比非留守儿童要少。某种程度上可以看出，留守儿童的性格里强势的成分更少，他们更善于倾听。

从图9-11可以看出，遇到问题时，留守儿童更多地选择独立面对问题，而非依赖朋友。另外，听取朋友意见但以自己想法为主的留守儿童比例也稍大一些。

综上所述，留守儿童的独立性与自主性比非留守儿童更强一些，同时留守儿童对朋友有着较小的依赖性。

（6）是否留守与适应不良倾向的相关性。

在适应学校生活的问题上，是否留守与之相关显著性为0.074，略大于0.05，说明两者之间有较小的关联。

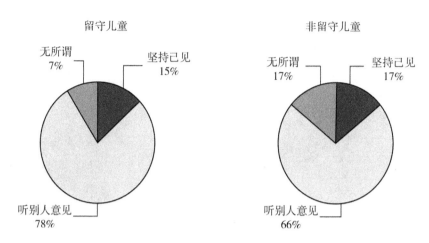

图 9-10　与别人意见不同时的做法

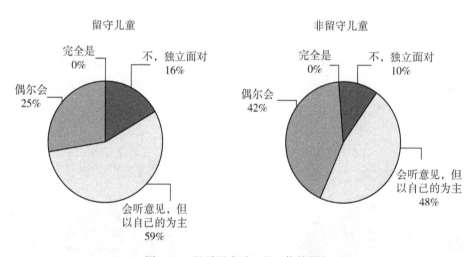

图 9-11　遇到困难时, 是否依赖朋友

由图 9-12 可知, 留守儿童的适应能力弱于非留守儿童, 由此可以判断出, 留守儿童的适应不良倾向要略大于非留守儿童。

(7) 是否留守与心理不平衡倾向的相关性。

在朋友得到嘉奖而自己没有时, 留守儿童和非留守儿童之间的表现也没有很大的区别, 相关显著性仍然是 0.26>0.05 , 因而两者也没有必然的联系。

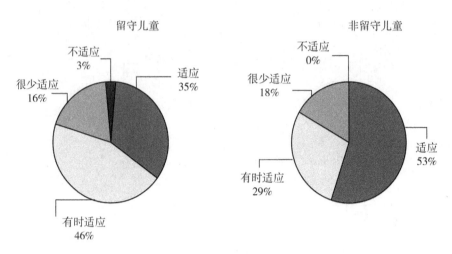

图 9-12　是否适应学校的生活

从图 9-13 可以看出，留守儿童在朋友得到嘉奖而自己没有时，存在经常会嫉妒对方的现象，偶尔会产生嫉妒想法的比例也比非留守儿童多一些，从来不嫉妒的留守儿童比非留守儿童所占比例略少。可见，留守儿童的心理不平衡倾向更严重一些。

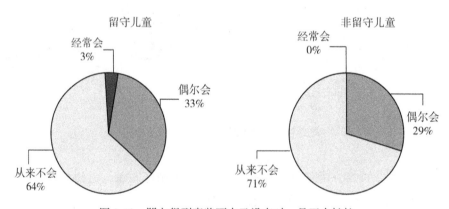

图 9-13　朋友得到嘉奖而自己没有时，是否会嫉妒

四、基于小河镇留守儿童心理状况的原因探究

(一) 社会因素

留守儿童是处于学龄期的孩子，一些社会不良因素，如具有极强渗透性的现代传媒使得庸俗和低级趣味的作品很容易影响到单纯的孩子们，此时家庭监督力度不强或失控会为他们的不良倾向提供滋生的土壤。但当地父母外出并没有割裂与孩子的联系，对留守儿童的心理发展起了一定积极的影响。

(二) 学校因素

家庭生活的不完整使留守儿童在心理发展上存在更多的困惑，需要学校提供更多的帮助与情绪疏导来弥补亲子关系缺失带来的消极影响。虽然说农村地区的办学条件、教育理念、师资力量等方面的条件并不是十分完善，存在着不利于留守儿童心理健康发展的因素，但是小河镇中学的孩子平日相处较好，这在一定程度上弥补了家庭教育的缺失。

(三) 父母因素

有些留守儿童与父母缺乏正常的情感交流和亲子互动，其发展所需的心理环境被无意识地剥夺，同时，留守儿童正处于情感、性格变化的转折时期，对学习、生活、自身的变化有太多的问题需要解决，一旦家庭不能充分给予精神上的支持和知识上的解答，就会对留守儿童的心理健康造成影响。而据我们调查所知，当地留守儿童与父母仍保持着一定的联系，所以留守儿童的心理状况并没有与其他孩子有太大区别。

(四) 监护人因素

1. 隔代监护

留守儿童的代养人多数是祖父母、外祖父母，其文化素质普遍较低，教育观念陈旧，教育方法单一，多数人的监护照顾局限于生活上，疏于培养孩子的健康心理和健全人格。祖辈的思想、生活习惯难免有些守旧，不利于儿童社会化发展，易造成儿童适应不良；另外，抚养者大多会溺爱孩子，导致要求放松和原则失效，易使孩子养成刁顽任性的不良个性，因而会使一些留守儿童对他人难以有足够的认可，产生认知的极端现象。

2. 上代监护

上代监护指由父母同辈人，一般由亲戚或朋友来代养的方式，他们对孩子的监督也大多不如父母强。一是亲友要维持自身生计，难以将全部精力投入到教育孩子上，64.4%的上代监护人表示"很少或从不与孩子谈心"；二是孩子不是亲生，或过度溺爱，易使孩子养成一些不良行为习惯；或过于严厉，54.3%的上代监护人有过罚跪、罚站等家庭暴力行为，易使孩子产生消极对抗的情绪和行为，也容易使孩子产生不自信、冲动或对于他人的做法不认可等现象。

3. 自由监护

自由监护是父母把监护的责任留给留守儿童自己，由于其身心发展不成熟、自制力不强、明辨是非的能力较弱，在成长的过程中，基本上处于无人管教的状态，而父母大多在金钱上给予充分的满足，使他们易养成自由散漫、奢侈浪费、道德水平低下等不良品质。

（五）自身因素

青少年正处在人生成长的十字路口，生理、心理、人生观没有成熟，行为最易越轨。生活上得不到照料，学习上监督力量薄弱，使得不少留守儿童生活散漫，易在同学中拉帮结派，寻求势力支持；遇到困难和问题时往往擅自处理，或凭所谓"义气"行事，办事鲁莽；失意时孤独自卑，心理障碍增加；学习成绩下降时缺少上进心，自暴自弃。

五、对留守儿童心理健康状况的建议与对策分析

（一）留守儿童"去标签化"

留守儿童作为社会关注的热点之一，似乎被人贴上了各种各样的"标签"，如孤僻、易怒等心理不健康的说法，有的甚至将留守儿童等同于问题儿童。但是本研究发现，留守儿童与非留守儿童在心理健康方面并没有显著性的差异。"留守"在人们的传统观念中，作为一种危险性因素可能导致孩子的心理健康水平下降，但是事实上留守经历并不一定会导致心理问题。很多留守儿童远离父母却依然积极乐观，热爱生活。美国心理学家贝克尔曾说过："人们一旦被贴上了某种标签，便会成为标签所标定的那种人。"对于留守儿童，我们更不应该给他们贴上所谓的标签，走出留守儿童严重化的误区，淡化留守儿

童与非留守儿童的界限，改变对留守群体的消极态度，让社会认识到他们与非留守儿童有一样快乐的童年，只是快乐的源泉可能不尽相同而已。只有对留守儿童进行正确的定位，并辅之以积极的引导，才能给他们一片成长的沃土，一个快乐的童年。

（二）强化留守儿童的家庭教育

对于一个孩子来说，家庭教育是必不可少的，也是至关重要的。当父母迫于生活的压力必须离开自己的子女而外出打工时，千万不能忽视要经常给予孩子精神上的慰藉。对于一个青少年来说，他们正处于人生的十字路口，不论是生理、心理，还是人生观都没有成熟，此时他们最需要的是父母亲情的浇灌。只有得到父母的关怀，得到和其他孩子一样的亲情，得到老师、同学平等的对待，才能满足留守儿童内心真正的需要。不管什么时候，都不能忽视父母在孩子教育方面的力量，其作用是任何力量都无法替代的。

（三）慎重选择监护人

除了父母和学校的教育外，监护人也至关重要。对于留守儿童来说，监护人常常只是给予他们生活上必需的物质条件，并没有给予他们所需的精神支持。因而对于外出务工的父母来说，要慎重选择孩子的监护人。父母在加强与孩子的交流沟通时，也应加强与监护人的联系，在自己无法给予孩子需要的帮助时，请监护人代行自己的职责。另外，尽可能多回家看看孩子，真正起到教育子女的作用。

（四）学校加大对留守儿童的关注力度，加强家校联系

孩子在成长的过程中，有很大一部分时间是在学校度过的。学校是孩子的第二个"家庭"。在留守儿童家庭教育缺失的情况下，学校应加强对留守儿童的关注力度，弥补这方面的不足。例如，学校在完成教学内容的同时，也要加强孩子的心理健康教育，积极引导孩子，在了解孩子的同时，帮助孩子了解自己的父母并与他们建立良好的亲子关系。家长也应该与学校建立密切的联系，了解自己的孩子在学校的生活情况，有针对性地教育子女，重视子女的全方面发展。家庭与学习互补，教师与父母联动，共同致力于孩子的身心健康发展，在人生道路上为其树立生活信心，将生活中的挫折看做人生的经历与财富，磨炼自己的意志。

（五）完善农村教育制度

留守儿童的心理问题直接来源于家庭教育的缺失，而其根源在于城乡二元结构背景下，农村社会资源与教育资源的配置问题。政府加大对农村教育的投入以及对农村教育设施的完善，才是解决留守儿童心理问题的根本保障。留守儿童作为教育中的弱势群体，其父母为国家建设作出了重大贡献，政府更应该加大对留守儿童的帮扶力度，采取教育向留守儿童倾斜的措施，加大寄宿制度建设，改善留守儿童的居住情况。从宏观上来讲，政府的投入是基础，相应配套设施的实行是保障。只有双管齐下，切实提高农村的教育处境，改善留守儿童的生活状况，实现真正意义上的儿童平等，才能从根本上解决留守儿童的心理问题。

◎ 附录

中学生心理调查问卷

1. 你的性别（　　）
   A. 男　　　　　　　　　B. 女
2. 你的年级（　　）
   A. 初一　　　　　　　　B. 初二　　　　　　　　C. 初三
3. 你的父母是否外出打工（　　）
   A. 都外出　　　　　　　B. 一方外出　　　　　　C. 都没有外出
4. 是否会感觉孤独？（　　）
   A. 是　　　　　　　　　B. 很少
   C. 有时　　　　　　　　D. 经常
5. 你是否会觉得和同学一起玩，不如自己一个人玩？（　　）
   A. 是　　　　　　　　　B. 很少
   C. 有时　　　　　　　　D. 经常
6. 碰到不顺利的事情时，你心里是否会很烦躁？（　　）
   A. 是　　　　　　　　　B. 很少
   C. 有时　　　　　　　　D. 经常
7. 你会经常发脾气，想控制又控制不住吗？（　　）
   A. 是　　　　　　　　　B. 很少

C. 有时　　　　　　　　D. 经常

8. 当别人和你意见不同时，你会（　　）

A. 坚持己见　　　　　B. 聆听别人的意见　　　C. 无所谓

9. 你在遇到挫折的时候，是否依赖朋友（　　）

A. 不是，独自面对　　B. 会听朋友意见，但以自己为主

C. 偶尔会　　　　　　D. 完全是

10. 你觉得自己自信吗？（　　）

A. 自信　　　　　　　B. 有时不太自信

C. 不自信　　　　　　D. 常常感到自卑

11. 你是否了解自己的优缺点，并喜欢自己？（　　）

A. 知道，很喜欢　　　B. 知道，但不喜欢

C. 知道，无所谓　　　D. 不知道

E. 管他呢

12. 你对父母亲近感的程度是（　　）

A. 很亲近　　　　　　B. 较亲近

C. 一般　　　　　　　D. 不亲近

E. 敌意

13. 你对师生关系的满意程度是（　　）

A. 很满意　　　　　　B. 满意

C. 一般　　　　　　　D. 不满意

E. 较差　　　　　　　F. 很差

14. 你对同伴关系的满意程度是（　　）

A. 很满意　　　　　　B. 满意

C. 一般　　　　　　　D. 不满意

E. 较差　　　　　　　F. 很差

15. 你对现在的学校生活感到不适应（　　）

A. 无　　　　　　　　B. 很少

C. 有时　　　　　　　D. 经常

16. 如果你的好朋友得到奖励而你没有时，你会不会觉得非常气愤甚至嫉妒他（她）？（　　）

A. 经常会　　　　　　B. 偶尔会　　　　　　C. 从来不会

第10章 父母外出务工对农村留守初中生心理的影响

——以孝昌县小河镇中学为例

随着现代化进程的加快，当前我国正处在社会的急剧转型期，越来越多的农村剩余劳动力不断向城市转移，但是由于诸多阻碍城乡人口自由转移的政策，很多外出务工的人员在自己进城的同时却无力解决孩子进城就读要面临的诸多现实问题，诸如恶劣的住房条件、高昂的教育费用以及无保障的交通安全等问题，因此他们只能将自己的孩子留在农村并托人照管，这就产生了一个庞大的新群体——留守儿童。

留守儿童问题作为一个新生的社会问题，自2004年四川的留守儿童恶性事件被报道以后，近年来，留守儿童问题得到了电视、报纸、各大网站及社会各界人士的广泛关注。如何促进留守儿童学习进步，解决留守儿童心理问题，提升留守儿童生活状况，始终是我们团队调研的重点。

一、留守儿童问题的背景

留守儿童是指农村地区由于父母双方或单亲长期在外打工而被迫交由父母单方或长辈、他人来抚养教育和管理的儿童。留守儿童问题并不是某个国家、某个地区在某个特定的历史条件下的独有问题，而是具有一定时空变迁的共性问题。

1. 全国背景下的留守儿童

随着中国社会政治经济的快速发展，越来越多的青壮年农民走入城市，他们为了孩子的生计外出打工，用勤劳获取家庭收入，为经济发展和社会稳定做出了巨大贡献。但是他们的孩子却留在了农村家里，这些孩子无法享受到正常的家庭抚养、教育和关爱，权益受到严重损害，特别是家庭教育的弱化，安全和健康难以保证，很多留守儿童从小就沾染了不良的社会风气，有的因为心理长期受到压抑而导致了行为的偏失和心理的扭曲，逃学、打架、斗殴、酗酒、早恋等问题屡见不鲜，且难以使其摒弃恶劣的行为习惯，甚至有的孩子成为某些社会恶性犯罪事件的主谋。因此，关爱农村留守儿童，不仅具有深刻的现实意义，而且具有深远的战略意义。

2. 小河镇中学背景下的留守儿童

小河镇位于孝昌县东北部，地处大别山向江汉平原过渡带，南接孝昌县城，北与大悟县芳畈镇毗邻，历来经济活跃，俗有"小汉口"之称。但是由于交通不便，地理位置限制，信息闭塞，它仍然是一个以农业为主导的乡镇。小河镇中学的学生主要为留守儿童，其父母大多外出前往广东、深圳、江苏、浙江一带打工，远一些的甚至到新疆谋生计，而在接受我们调查的孩子之中，留守与非留守儿童的比例 2011 年为 2∶1，2012 年这个比例提升为 5∶4。由于父母一方外出或双亲外出务工，他们基本是由爷爷奶奶等隔代亲人照顾，有的只有一位老人照顾，通常这些老人还需要完成一些农活来满足他们的部分生活需求。"留守"在家的孩子缺少父母的关爱，对他们的管教很容易出现"三多"和"三缺"问题：隔代监护多溺爱、寄养监护多偏爱、无人监护多失爱；生活上缺人照应、行为上缺人管教、学习上缺人辅导。而这些儿童正处在他们人生观与价值观形成的关键时刻，同时也处于青春的叛逆期，逆反心理、求异心理比较突出，情况很严峻。加强与"留守儿童"的心理沟通，提高其心理承受能力，培养其乐观待人待事的心理，成为当前十分重要的任务。

二、父母外出务工对留守儿童的影响

目前，我国对留守儿童问题进行的研究还处于起步阶段，国内部分学者和研究机构对农村劳动力外出务工给留守儿童带来的影响进行了不同角度和程度的考察。这些研究大多是以我国四川、湖南、湖北等劳动力输出大省的留守儿童为研究对象，他们得出的结论大致认为：父母外出务工使留守儿童得到的关爱减少，而这些留守儿童正处在情感性格变化的转折时期，长期与父母的分离使他们心理和生理的需求得不到满足，大多数孩子思念父母，消极情绪困扰着他们。

1. 父母外出务工对留守儿童学习状况的影响

众所周知，留守儿童普遍是父母一方或双方都在外务工，其监护类型多为隔代监护，这在一定程度上会导致家庭教育的弱化和缺失，因为监护人的文化程度与教育水平有限，不能很好地起到监督与辅助学习的作用，并且上一辈容易溺爱子孙，他们对孩子的关注也只是停留在生活上，难以尽到对孩子的教育责任，难以为他们营造良好的学习氛围，这在一定程度上也纵容了留守儿童的学习主张，导致留守儿童容易产生厌学、逃学、弃学的现象。

根据两年来我们对小河中学留守儿童的调研，下面将从三个方面分析父母外出务工对留守儿童学习状况的影响。

(1) 父母外出务工对留守儿童学习自主性的影响。

自主性学习是相对于"被动性学习""机械性学习""他主性学习"而言的，自主性学习实际就是学习者能够认知自己的知识、能力等缺陷，根据学习能力、学习动机等要求，积极主动地调整自己的学习策略和努力程度，自主性地学习知识、技能和能力等的行为。

我们通过一组调查问卷及个别访谈的方式发现：留守儿童对自己的学习目标及学习能力普遍认识不够，因为父母外出务工，家里多为爷爷奶奶，易产生无人管教和管教无效的状况。根据问卷的数据分析，60.3%的留守儿童在无人监督的情况下不能按时完成自己的作业，剩余的39.7%的人虽然能完成自己的作业但普遍存在抄袭和敷衍的现象，对待学习的态度相当散漫，甚至丝毫没有意识到自己的问题。同时80.63%的学生存在偏科状况，并且愿意对自己擅长的科目狠下功夫，而对自己讨厌的或是薄弱的科目则放任自流。相反，我们访问的非留守儿童在这一方面的反映就积极一些，他们的父母会关注自己孩子的学习成绩，及时跟孩子的班主任联系，甚至委托老师多留意自己的孩子，在学习上多帮助他们，稍微有条件的家庭会在假期给孩子报补习班或者请家教辅导孩子学习，借以弥补孩子的弱科，维持优势科目，使其均衡发展。在学习目标的设定上，36.84%的学生表示会"给自己设定学习目标，多数因做不到不得不放弃"，这一比例显示出这些孩子在学习上并不能对自己的能力和恒心有一个正确的认识。可以说，主要是因为父母长期不在身边，无人管束约制，他们对自己的事情难以从小形成科学严谨的态度。当然，他们的父母只是起到了催化剂的作用，任何事情的结果，内因才是关键。所以，留守儿童在学习的同时应该注意反思自己，总结自己，越是无人帮助越要自立自强。

(2) 父母外出务工对留守儿童学习成绩的影响。

一般来说，农村孩子更容易体会到生活的艰辛，明白父母外出务工的用心，大部分孩子在学习上十分有上进心，愿意为成功而努力。众多调查都表明，留守儿童与非留守儿童的学习成绩整体差别不大，但是父母外出务工对留守儿童成绩还是无可避免的有一些影响。有些留守儿童相对来说比较听话，也比较懂事，明白一些简单的人情世故，懂得自己在这种特殊的环境下只有好好读书才能对得起父母，对得起自己，也才能在未来创造一份宁静而美好的生活。因此，这部分留守儿童的学习成绩是很不错的，而且绝对是老师眼里的乖乖学生。然而还有一部分留守儿童则恰恰相反，他们厌学、逃学，甚至产生辍学的念头，学习成绩不太理想，而且经常会在学校惹是非，并且敌视成绩好的学生，欺负性格弱的学生。他们因为父母长期不在身边，感觉自己被忽视，特别是内心对父母关爱的那种渴望让他们觉得自己很可怜，所以消极对待生活，更消极对待自己的学习。他们渴望被关注但不希望被约束，特别是老师那种命令式的约束。留守儿童较之非留守儿童的神经要敏感一些，对外界的感知更尖锐，他们片面地将父母外出务工理解为不爱自己，将自己的学习理解为父母老师的期望而非自己的意愿，因此对学习产生排斥现象，最后学习成绩一落再落。

总的来说，父母外出务工导致留守儿童的学习成绩是严重的两极分化，解决这个问题是一件十分重要的工作。

（3）父母外出务工对留守儿童课外学习的影响。

我们知道，家庭教育对一个孩子的影响至关重要，特别是家庭所营造的那种独特的学习氛围，对孩子后天良好学习习惯的养成十分关键。王献之能够成为一位与父亲同样有影响力的书法家，毫无疑问，与他从小所受的书法熏陶密切相关。因此，一个孩子课外学习状况如何，与他的家庭、父母自然脱不了干系。

我们同样通过一组调查问卷及家访的方式对这一情况进行了研究。结果发现，留守儿童普遍是比较喜欢课外阅读的，特别是女生，因为平时胆小性子静，对课外阅读的爱好更浓。但是男生的反应就平平，表示对课外阅读的爱好一般，甚至还有孩子不喜欢课外阅读，毕竟男生都比较爱动，对这种修身养性的事情不容易做到。对于是否经常阅读，超过80%的学生表明只是有时候进行阅读，而且没有固定时间。对于阅读的书籍，大部分孩子喜欢看脑筋急转弯，还有少部分孩子喜欢看学习辅导用书，而大部头的文学作品几乎没有人看。这种不协调的课外学习方式对于拓展他们的视野十分不利。在调查他们的课余时间是否进行阅读时，很多表示若是监护人不提醒，基本不愿意看书，而是把时间花在看电视、玩手机、玩游戏上。不能不说因为监护的弱化，很多孩子对网络的诱惑难以抵抗，将自己的课余时间浪费了。当然，之所以监护弱化还有一点是因为农村常年存在的文娱现象——麻将文化。很多监护人喜欢打麻将，为了打麻将而忽视孩子的情况比比皆是。他们将太多的希望寄托给学校，没有从自己的角度去给孩子树立一个正确积极的形象，这也影响了孩子对于自己课余时间的学习安排。

2. 父母外出务工对留守儿童心理状况的影响

"留守儿童"在心理上的问题更多的暴露出性格上的缺陷，如自制力差、以自我为中心、金钱至上、自私、自卑、孤僻、任性、暴躁等。同时我们研究的是一个特殊群体的特殊阶段——留守初中生，学生进入初中之后，也同时进入了人生的青春期，此时自我的认知与激烈动荡的内心世界矛盾交织，使他们作为"留守儿童"的心理问题表现得更为突出。当然，由于父母外出务工，其隔代监护、寄养监护、无人监护的状况不易体察出他们内心的细微变化。

其心理状况概括起来主要表现在以下几个方面：

（1）缺乏爱与爱的能力。

农村留守儿童被称为"情感饥饿者"，他们在最需要接受、感受父母的关心、照顾和教育的年龄却不得不接受父母的远离，因此农村留守儿童是一群更缺乏爱、缺乏安全感的孩子。我们常说父爱如山，母爱如水，父母的关爱是我们成长过程中必备的动力因素，父母一方的爱的缺失都会影响孩子的成长和心理健康。我们在支教过程发现，孩子很容易依赖和信任我们，我们只是尽我们的努力教他们一些知识，然而他们把这当作是莫大的关心，每天起得很早来到学校就是希望能够和我们多待在一起，在支教结束以后，他们每天会通过不同的方式，短信或者 QQ，跟我们聊一聊生活状况。同时，因为缺乏爱，他们对爱的渴望被扭曲，使得他们错误的以为单纯的男女同学之间的关心就是爱，很多人有早恋的倾向。

（2）缺乏安全感。

父母长时间的远离会让孩子有一种被抛弃感，长期得不到亲情的保护，或者由于害怕被遗弃而更加乖巧，讨好看护人，或者由于怨恨长辈而更加叛逆，显得焦虑而冲动。在我们支教过程中发现，很多地区都有这种类型的孩子，他们胆小害羞，在课堂上比较沉默，总是孤孤单单地坐在教室的角落，上课也不积极回答问题，即使是很简单的问题，他们也害怕在大众面前展现自己。

（3）自我封闭与自我放纵。

前面已经提到过，留守儿童多为隔代监护或者寄养监护，要么跟爷爷奶奶生活，要么跟着亲戚生活。这些孩子缺乏与看护人有效的交流，他们在情绪上、性格上更易走向极端，要么自我封闭，要么自我放纵。

3. 父母外出务工对留守儿童生活状况的影响

我们知道农村劳动力的大规模流失，大多是为了家庭的生计，虽然打工比他们在家务农的收入要高，最起码能够维持孩子上学所需的费用，但是父母不在家，爷爷奶奶只会给他们基本的温饱关怀，并且祖辈之间隔阂大，对孩子细微的生理变化也不容易发现，难以给他们足够的关怀。同时父母远在他乡，对孩子的关怀可谓鞭长莫及，他们只能通过电话与孩子交流，在外出父母与留守儿童进行通话时，内容多是关心孩子的学习表现和安全，以及是否服从监护人的管束；而孩子更多的是询问父母的工作情况和身体状况，并向父母汇报自己在学校的表现，很少会进行深入的情感交流。

三、留守儿童问题产生的原因

1. 家庭教育的缺失

一个孩子的教育问题不仅是学校的问题，还是家庭和社会的问题，但是最基本的还是孩子的家庭教育。那些农民工为了生计而离开土地，却因为现实的各种原因不能将自己的孩子也接进城市，带在身边进行抚养和教育。虽然现在时代进步，电话、手机这些现代的通讯工具架起了留守儿童与外出父母之间沟通的桥梁，但由于诸多环境因素和经济因素的限制，这种情感交流的机会很有限，无法真正弥补因父母外出而造成的对孩子关爱的缺失。况且由于农村的封建思想严重，受"读书无用论"思想的影响，很多孩子产生了厌学、辍学的念头，甚至把读书当作一种约束和负担，认为找一份稳定的工作比死读书来得实在。这些都在无形中影响着留守儿童的求学情绪。

2. 学校教育的偏颇

受我国应试教育的影响，现在的中小学普遍存在着一个严重的问题，大家都习惯性地把分数当作决定一个孩子命运的关键，这种思想误区长期存在，甚至很多老师都是凭借分数的高低来判断一个孩子的品德优劣，这种现象打击了很多孩子的学习热情。虽然国家大力提倡素质教育，但实际上大多数农村学校还停留在传统的应试教育的理念上，很难为留守儿童提供个性化、针对性强的教育，在生活、学习上难以给予更多的关怀和爱护。加之各学校之间激烈的竞争，很多学校为了提高教学质量和升学率，参评优秀示范学校，盲目加大课业量，随意取消一些文娱性质的课程，如音乐、绘画、体育、舞蹈等课程，放松对部分成绩差的学生的教育和管理。这些因素无疑都会促使学生大面积失学、辍学。

3. 信息时代的诱惑

随着时代的进步人类已经进行了四次信息革命，特别是第四次信息革命——电话、广播、电视的使用——与我们的日常生活密切相关。如今，手机和电脑成为人们生活中必不可少的通信设备，而初中生正处在快速探索世界、认识世界的过程中，对新生事物充满了好奇心和求知欲，特别是农村的孩子因为缺乏家长的正确引导，容易将这种渴望无休止的放大甚至是盲目追求。自制力差的孩子很容易陷入网络的漩涡而不可自拔，我们调查发现不少孩子利用课余时间去网吧玩游戏，有的甚至逃课，偷家里的钱去玩，而喜欢聊天的孩子更是想尽办法得到一部手机。现在有些留守儿童成为社会上某些恶性事件的主谋，大部分原因是网络的不良引导，毕竟现在信息的传输速度快得惊人。

4. 教育体制的缺陷

由于我国城乡二元结构的长期存在和国家政策上的倾斜，导致城市和乡村的发展极度不平衡，在教育上也是如此。国家在教育投资上明显倾向于城市教育，农村学校在师资水平、软硬件设施上都难以与城市学校相比。农村留守儿童依然面对着比较艰难的教育环境。在很多地区，学校房屋失修、教学设施简陋、合格师资紧缺的现象依然大量存在。特别是今年来受"教育产业化"思潮的影响，农村中优秀师资大量向城市流动，农村教学质量进一步下降。此外，由于我国农村教育质量普遍不高，读书的机会成本和投资风险较大，即使农村学生考入大学，其家庭也往往很难承担学习费用，加上随着我国教育体制和就业体制改革的逐步深化，大中专学校招生并轨和学生自主择业制度的改革，农村沿袭多年的靠读书跳"农门"的传统观念被打破。目前农村学生辍学率大幅度提高，尤其是初中留守儿童辍学率居高不下。

5. 初中生特有的心理状况

学生进入初中后，同时也进入了人生的青春期，他们面临着人格再造的"第二次诞生"，错综交织的矛盾和激烈振荡的内心世界，使他们产生了诸多不同于以往的显著特点。思维的独立性和批判性显著发展，使他们不满足于简单的说教和现成的结论，但由于还不成熟，所以容易固执和偏激。由于处在身心剧变时期，各种需要日益增长，加之此时还缺乏较强的文饰情绪的能力，所以他们容易动感情，且这种感情强烈而不稳定，具有两极性（从一个极端到另一个极端）的特点。

他们开始经常地、较明显地出现一些持续性的情感状态如焦虑、憧憬、早恋倾向等，代表性的表现为孤独、苦闷的闭锁心理。所以在对待自己的生活与学习时，他们通常比较急躁，不能冷静地分析，容易意气用事。赌气认为自己是在为父母为老师读书，当别人劝诫时则很反感，越要求他们做的，他们就越不做，将这种毫无意义的叛逆进行到底。总之，初中期的逆反心理在很大程度上影响着留守儿童的学习。

四、解决留守儿童问题的对策

1. 建立健全与留守儿童相关的法律、法规

目前我国尚未制定与留守儿童相关的法律法规，虽然也有一些人大代表曾在"两会"上倡议提出要帮扶留守儿童，但真正将留守儿童的合法权益提上日程还没有具体落实。留守儿童问题已经成为社会的一大新生问题，从法律层面上看，留守儿童权利的保护存在着严重的缺位，保护他们的合法权益，给予他们应有的关注是十分必要的。赵林中代表说，必须确定一个专门的部门来行使未成年人权益的保障工作，让他们来为未成年人的利益代言、负责宏观的管理考核和政策的落实。在法律中需明确规定对农民工子女随父母异地上学的相关机制保障。在家庭保护、学校保护、社会保护和司法保护等各部分内容中，应进一步明确各主体的法律责任，防止留守儿童保护工作中的空白现象。同时国家应该在留守儿童比较集中的乡镇设立留守基金，由政府和社会人士出资组建，定期对留守儿童的家庭给予一定的物资补助，建立健全留守儿童的福利政策。

2. 注重留守儿童的心理健康教育

学校开设针对青少年身心发展规律的心理课程，并配备心理教师，有计划、有组织地对学生进行心理教育、生存教育、安全教育和法制教育，共同对留守儿童的显性和隐性的心理压力进行疏导，为留守儿童排忧解难，引导他们走过人生发展的关键时期，帮助他们健康、和谐的发展。同时有条件的学校可以申请政府资助，在学校设立亲情热线，帮助留守儿童与外出务工的父母联系，及时交流双方的感情，掌握孩子的最新动向，方便监督孩子的心理变化。

3. 建立留守儿童档案，并长期关注

班主任要做好留守儿童的摸底工作，将其在校的各方面表现记入档案，定期召开家长会，及时向监护人和外出务工家长通报其成长情况，形成学校、家庭共同教育的局面。教师应承担起家长或监护人的部分责任，多与留守儿童交流谈心，提高亲密信赖程度，给予他们更多关爱和正面引导。尤其应该明确留守儿童问题的根源所在，针对他们所缺少的家庭教育进行"具体问题具体分析"，比如：对学习成绩差的留守儿童加强辅导、对行为偏差的留守儿童严加管束、对缺少家庭温暖的留守儿童多加关爱。

4. 发展当地经济

解决留守儿童问题最关键的不是"走出去"而是"请回来"，发展当地实

业，留住孩子父母才是硬道理。孝昌县自古就有"小汉口"之称，历来经济活跃。近年来政府也注意到了本地的优势，以国家 4A 级风景名胜著称的观音湖，成为了当地重点发展旅游业的一个跳板，孝昌县政府可及时抓住这一契机，大力建设完善基础设施，扩大当地的旅游接待量，将旅游资源形成群聚效应，这样不仅可以扩大当地的就业率，留住外出务工的农民，同时还可以增加政府收入，将更多的资金用于孝昌县小河镇的留守社区建设上，为留守儿童创建一个完善的生活、学习环境。

第11章 留守儿童家庭关系现状研究

——以黄石市阳新县排市镇为例

随着我国经济的发展和城镇化进程的加快，越来越多的青壮年农村人口进入城市，其中一部分孩子随父母涌入城市。但是更多的孩子没有条件随父母流动到城市，只好继续留在在农村。据全国妇联 2013 年报告显示，全国有农村留守儿童 6102.55 万，占农村儿童的 37.7%，占全国儿童的 21.88%，而这个数据仍在日益扩大。

本章以湖北省黄石市阳新县排市镇为调查地点，以陈山村后山学校的孩子们为调查重点，对孩子们的家庭关系进行相关调查及分析，通过发放问卷的方式深入了解家庭关系对孩子们成长的影响。

一、陈山村留守儿童基本情况

1. 本次调查的基本情况

后山原名后垴山，位于阳新县排市镇境内，地处幕阜山脉北麓，富河流域中游南岸，景区面积约 60 平方公里。我们本次调查的重点后山学校是本地区唯一的一所学校。在我们调查的中小学生中，男女比例平均，年级中以四、五、六年级为主，其中，四年级孩子占 28%，五年级孩子占 33%，六年级孩子占 28%，这些孩子（占本次调查人数的 89%）大多具备了自主判断能力。在这些孩子中，为独生子女的仅有一名孩子。大多家庭（74%）都有 2 个及 2 个以上的孩子，有 23.3% 的家庭甚至有 3 个以上的孩子。

今年接受我们调查的农村儿童中，留守儿童比例占了 76.7%，其中有 63.3% 的孩子父母均外出务工，仅有 23.3% 的家长选择留在家中务农并照顾家庭。

2. 住宿的相关情况

在我们的调查中，住宿的孩子占 34.9%，非住宿的孩子占 62.8%。住宿的孩子们，吃住均在学校，女寝为单独一栋平房，男寝在教师宿舍楼的三楼。

大多为三四个孩子一间寝室，几根老旧木头，几块不平整的板子，铺垫上一张带有补丁的床单就成为就寝的床，窗子也是摇摇欲坠。

表 11-1　　　　　　　住宿与是不是一个幸福的人之间的单因素分析

	平方和	df	均方	F	显著性
组间	1.442	2	0.721	4.994	0.012
组内	5.630	39	0.144		
总数	7.071	41			

由表 11-1 可以看出，显著性系数为 0.012<0.05，在以住宿为因变量，一个幸福的人为自变量的单因素分析中，留守儿童是否住宿与其是不是一个幸福的人显著性相关。

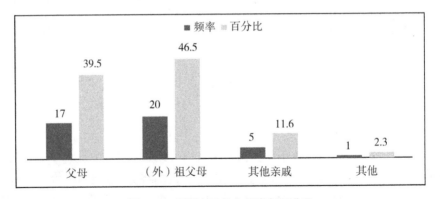

图 11-1　照顾自己的人频率与百分比

如图 11-1，调查显示，在非住宿的孩子中，由（外）祖父母照顾的孩子高达 46.5%。而这些老人在家中由于承担了田地的耕种任务，农忙时期根本顾不上照顾孩子，甚至需要这些才几岁的孩子帮助家里干活，挑水、担柴、播种等工作占据了他们课余的绝大部分时间。而有些老人年迈体弱，只能卧病在床，家庭生活则由几个年弱的孩子承担，偶尔有亲戚前来帮忙。还有 11.6% 的孩子寄居在其他亲戚家中，而这些亲戚家中基本也有同龄孩子，寄养孩子缺少基本的亲情关爱，只有寄人篱下的艰辛。亲戚们要照顾自己的农田或生意，还要管教自己的孩子、照顾自己的老人，自然分不出多余的时间来照料这些寄养的孩子们。

孩子们尽早独立尽管有助于养成做事靠自己的良好品质，但是过早承担生活的重担，却让孩子们丧失了儿童的童真，没有田间嬉戏的童年记忆，没有爸爸妈妈的谆谆教导，只有爷爷奶奶的无能为力以及生活的艰辛。这显然不利于孩子的健康成长。

3. 父母外出务工对孩子的影响

表 11-2　　是否想念父母与和在外打工父母联系次数之间的相关性

		是否会想念外出的父母	和在外打工父母联系次数
是否会想念外出的父母	Pearson 相关性	1	0.305*
	显著性（双侧）		0.049
	N	42	42
和在外打工父母联系次数	Pearson 相关性	0.305*	1
	显著性（双侧）	0.049	
	N	42	42

注：*. 在 0.05 水平（双侧）上显著相关。

由表 11-2 是否想念父母与和在外打工父母联系次数之间的相关性可以看出，显著性（双侧）为 0.049<0.05，所以是否想念父母与和在外打工父母联系次数之间显著性相关。

根据调查显示，在后山 76.7% 的留守儿童中，父母均外出的占到了 63.3%，父亲外出的比率占到了留守儿童的 36%。甚至有 9.3% 的孩子一年才能与自己的爸爸妈妈联系一次（如图 11-2）。由于山区缺乏必备的通信工具，手机的高额话费，让那些有心与孩子交流的父母，也只能在电话里轻描淡写地问问情况，根本达不到关心孩子成长的效果。

与外出父母交流内容这一项的调查显示，有 46.5% 的内容为汇报学习成绩，真正沟通感情的内容仅仅占到了 18.6%。孩子处在成长发育、构建理想的关键时期，他们的理想无法与自己的父母沟通，得不到应有的鼓励，这让他们逐渐迷失。然而需要注意的是，在调查中还有 7% 的孩子，与父母的沟通仅仅是因为需要钱。这些孩子还比较稚嫩却已经将父母视为"人工 ATM 机"，这何尝不是外出务工父母的悲哀，又何尝不是中国教育的悲哀。

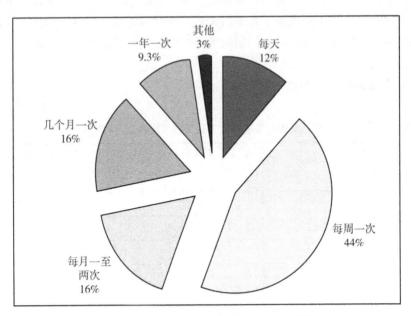

图 11-2　大概多久与父母联系一次比例图

表 11-3　　　　　　年纪大小与其和父母交流内容单因素分析图

	平方和	df	均方	F	显著性
组间	10.202	4	2.550	5.018	0.003
组内	16.772	33	0.508		
总数	26.974	37			

　　由表 11-3 可以看出，显著性系数为 0.003<0.05，在以与父母交流的内容为因变量，年纪为自变量的单因素分析中，留守儿童年纪大小与其和父母交流内容呈显著性相关。

　　父母外出务工，能够关心孩子的人自然而然地减少了，也许从数量上仅仅是一两个人的暂时离开，但是对孩子而言，可能就是他们生活的全部。如图 11-3 所示，在调查中我们发现，有 11.6% 的孩子悲观地认为没有人关心自己了，而认为关心自己很少的孩子高达 46.5%，仅仅有 20.9% 的孩子认为没有什么变化。孩子由于缺乏必要的关心及关爱，久而久之会产生"被遗弃"的心理，故而对久未归家的父母产生怨恨，自身也会慢慢产生自暴自弃的心理。

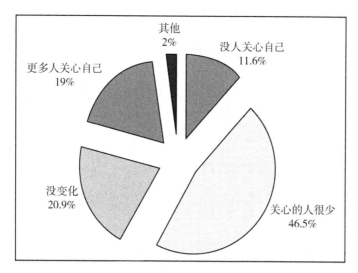

图 11-3　父母外出后的感觉比例图

　　父母外出打工毫无疑问是为了给孩子提供更好的生活条件，但由于缺乏必要的交流，导致孩子们对父母外出务工不够理解。根据我们的调查，有 7% 的孩子对父母外出务工既不理解也不支持；尽管不理解但表示支持的孩子占 14%；有 7% 的孩子表示可以理解，但是不支持，因为父母只是为了赚钱。让人庆幸的是，仍有 69.8% 的孩子表示支持父母，知道父母这样做是为了给他们提供更好的生活。据调查，在外出父母平均一年在家的时间这一项中，有 9.3% 的父母在家时间仅为十天，能待到一个月左右的父母也仅占 32.6%，只有 46.5% 的父母可以在家停留时间达到两个月。也就是说，父母在身边的时间远远达不到可以对孩子产生教育、关爱效果的最低要求，而在家休整的短则几天、长则两个月的时间里，他们还要完成走亲访友、带老人看病就医、修葺家中的房屋、将来年的秋收春种的相关事宜安排妥当等诸多事项，几乎抽不出多少时间来陪伴自己的孩子。

　　从图 11-4 可以看出，孩子们十分想念自己的父母，其中非常想念的占到了 48.8%，几乎占到了一半；比较想念和一般想念的孩子分别占到了 25.6% 和 16.3%；然而，还是有 7% 的孩子表示不想念父母。孩子们对父母的爱是天然的爱，哪有父母不挂念孩子，哪有孩子不思念父母。所谓的不想念，大概也是因为成长时期得不到关爱而选择倔强式的否认。

　　在孩子看来，父母的角色绝对不是（外）祖父母或是其他亲戚可以替代的，然而迫于生计不得已外出打工的父母，自然也无法忘记家乡的孩子，对中

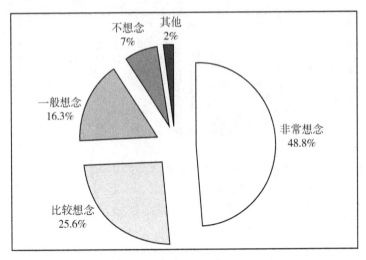

图 11-4　是否会想念在外打工的父母

国传统式家庭而言，孩子是父母的未来。

4. 看护人与孩子的相处

孩子们尽管父母不在身边，但由于看护人大多是（外）祖父母或是亲戚，他们还是会照顾好孩子。亲戚家中大多也有同龄的孩子，他们在教育自己孩子的同时也能顺带看管这些寄养的孩子们。

如图 11-5 所示，在与看护人的交流过程中，有 41.9% 的孩子表示交流得

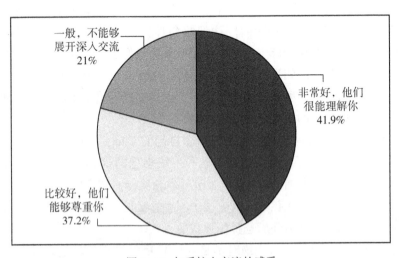

图 11-5　与看护人交流的感受

非常好，看护人也能很好地理解自己；表示交流得比较好且看护人尊重自己的占 37.2%；而表示交流得一般，且不能展开深入交流的孩子占到了 21%。也就是说，绝大多数孩子们能够在寄养家庭中有较为顺畅的交流以及较好的平等性。

从图 11-6 可以看出，在这些孩子中，经常与看护人发生矛盾的孩子为 9.3%，表示偶尔有的占到了 60.5%，表示几乎没有和明确表示没有的分别占 11.6% 和 18.6%。这意味着，孩子们在寄养家庭中会与看护人发生或大或小的矛盾，这可能与孩子处于青春期逐渐形成叛逆心理有关，解决这些矛盾需要看护人与孩子的共同努力。有些矛盾不可避免，这是因为孩子们在逐渐形成自己的人生观、价值观，在形成的过程中，寄养家庭表现出来的与他认为的理念不符合时，矛盾自然而然就爆发了。

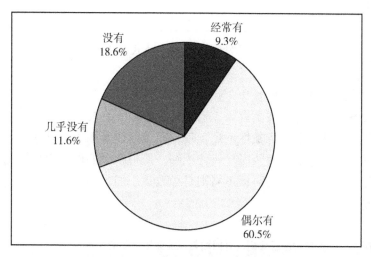

图 11-6 与看护人是否发生过矛盾

面对矛盾，有 48.8% 的孩子会选择主动找监护人进行和解，有 7% 和 14% 的孩子选择了较为极端的吵架和冷战，只有 16.3% 的孩子会选择通过向他人诉苦的方式来释放自己的情绪（如图 11-7）。孩子们正在成长发育的关键阶段，情绪不够稳定，不擅长于处理矛盾都是可以理解的，然而看护人的不配合，情绪过于激烈，则会在孩子心中留下不可磨灭的阴影，对孩子的健康成长十分不利。

据调查，在生病了是否能得到较好的照顾这一项中，能得到较好照顾且看护人非常关心自己的孩子占到了 53.5%；有 30.2% 的孩子表示还可以，

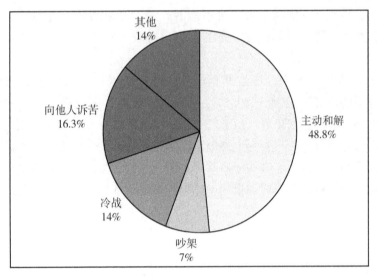

图 11-7　发生矛盾的解决方式饼状图

看护人比较关心自己；也有 9.3% 的孩子表示看护人对自己的关心不够，且没有得到很好的照顾；甚至有 4.7% 的孩子表示看护人一点也不关心自己的身体健康。农村由于经济条件不足，很多孩子的营养跟不上导致他们经常生一些小病，又由于偏远地区医疗条件不够，使得孩子们即使生病了也得不到很好的医治，而看护人的照顾不周则是导致孩子们生病后难以痊愈、抵抗力下降的重要原因。

表 11-4　　　生病时是否受到良好照顾与家庭氛围之间的单因素分析

	平方和	df	均方	F	显著性
组间	4.687	3	1.562	4.473	0.009
组内	12.923	37	0.349		
总数	17.610	40			

由表 11-4 生病时是否受到良好照顾与家庭氛围之间的单因素分析可以看出，以生病时是否受到良好照顾为因子，其所处家庭氛围为因变量，其显著性系数为 0.009<0.05，留守儿童的家庭氛围与其生病了是否能受到良好照顾显著性相关。

　　一个良好的家庭氛围是培养健康优秀孩子的必备条件，而在我们的调查中，具有非常融洽氛围的家庭仅仅占了 14%，比较融洽的家庭则占了 60.5%，表示家庭氛围一般的孩子有 20.9%，而表示一点也不融洽的孩子占了 2.3%。不融洽，容易爆发矛盾的家庭，自身冲突较多，不和谐的家庭氛围不利于孩子养成正常的处世观，易使孩子形成暴力、冲动等不良性格。长此以往，孩子长大后进入社会，在与社会上的他人产生冲突时，受到幼时的影响，他们会采取武力方式解决问题，既不利于社会治安稳定，也不利于社会和谐。

　　孩子是祖国的未来，承载着我们民族复兴的伟大希望，理应受到更多的关注与关爱。

5. 其他基本情况

　　通过调查，我们得知，有近 50% 的家长对孩子的期望是成绩好，而健康成长位居第二（如图 11-8）。这可能是因为父母们受过没有文化的苦，故而希望自己的孩子能好好学习，考上大学，光宗耀祖，不再像他们一样，只能做些苦力活。这是父母对孩子爱的一种表现，但显然不是孩子们可以接受的方式。孩子们想要满足父母的期望，但由于自身条件不够或是缺乏约束等制约，导致孩子们无法取得家长满意的成绩，渐渐地陷入自暴自弃的境地。这显然无益于孩子的成长。而在父母的期望中，希望孩子健康快乐成长的加在一起也仅有 41.9%。

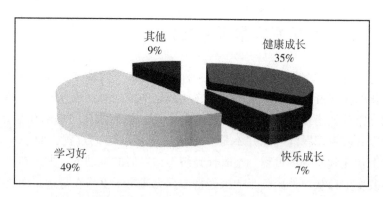

图 11-8　父母对自己的期望

　　在你最感谢谁的这一项中，我们发现，最感谢父母的孩子仅仅占到了 41.9%，而感谢在家照顾自己的人的孩子却占到了 48.8%，感谢老师的孩子占到了 7%（如图11-9）。这表明孩子们有一颗纯净的感恩之心，那些在生病时为自己盖被子的关心之举，他们都记在心里，只是这些事情本该是由父母来做的，却由于客观因素的限制，导致孩子们身边看护人的角色不是父母，而是其他亲戚或是（外）祖父母。

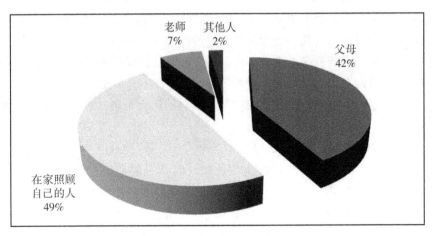

图 11-9 最感谢的人

通过以上调查问卷数据分析，我们可以看出，部分孩子家庭意识薄弱，缺乏父母基本的关爱，将对父母的想念隐藏在内心深处，反而对照顾自己的其他亲戚等人敞开心房，在他们身上寻找自己缺乏的父爱母爱。

二、留守儿童家庭教育类型分析

家庭教育、学校教育和社会教育并称为教育的三大支柱。家庭教育曾经是中国文化的优势资源，孝文化、君子文化都是中国式家庭教育的正面结果。著名心理专家郝滨老师曾说过："家庭教育是人生整个教育的基础和起点。"留守儿童家庭教育问题的产生并不是一个"一蹴而就"的过程，而是一个逐渐形成、由量变到质变的过程。在时代经济迅猛发展的推动下，大量农村剩余劳动力为改变生存状况外出务工，因经济原因无法将子女带在身边。而这些儿童多由祖辈照料，父母监护教育角色的缺失，对留守儿童的成长造成不良影响。根据我们的调查，受不同的家庭背景、家庭经济等因素影响，家庭教育的方式也各有不同，孩子的成长状态也有不一样的特征，行为模式与心态也不尽相同。现将留守儿童家庭教育类型归结如下：

1. 务工父母对孩子的教育方式

外出务工父母对孩子的家庭教育是造成留守儿童家庭意识缺失的关键因

素，这些父母对孩子的教育主要有以下几种类型：

（1）物质满足型。有很多农村父母不善言辞，只会用最基本的物质来满足孩子的需求，而忽视了孩子们的精神需要。由于常年在外务工，渐渐疏远了与孩子的交流沟通，简单地认为给孩子买好的买贵的就是爱孩子的最好方式，以金钱或物质作为衡量对孩子补偿的量度。有这样想法的家长不在少数，逢年过节好不容易回家一趟，花费最多的就是在给孩子带的礼物上。在上述分析中，有不少孩子打电话给外出务工的父母仅仅是为了要钱而已。父母们不懂得如何与孩子交流，不知道孩子们真正需要的是什么，然而，偏执且单一的使用物质来补偿孩子，渐渐会使孩子们重视物质而忽略精神。在后山学校中，有不少孩子都拥有自己的手机等高档电子产品。父母在外务工，辛苦不说，有些还属于高危职业，所做的一切无非是希望能为孩子提供更好的生活条件，这些条件固然需要一部分物质才能达到，但却不是全部，精神上的补偿远比物质上的满足对孩子的成长来得更重要。不少孩子在调查中表现出了自私、贪婪、爱攀比的行为习惯，这与家长们物质满足型的教育方式有很大关系。有的孩子甚至因为家长渐渐迫于生计无法继续满足孩子们对于物质的需求，而产生了偷盗等行为，这更表明了物质满足教育的不可取性。

（2）不闻不问型。这类家长的特点是，忙于生计，很少与家中联系，常年只有少数时间在家，就算在家也很少能与孩子正常的交流。由于工作的艰辛，这类父母平日里很少能有自己的休息时间，为了省钱，他们节省自己的伙食费，节省不必要的话费开支，甚至于将与孩子联系这一项目也归结到了不必要的开支这一项中。而他们在家时间短，也不注重与孩子的交流沟通，孩子们感受不到父母的爱，与父母亲感情淡薄，对自己信心不足，在与人交往时容易产生消极态度，认为无人关注自己。在与孩子们进行接触的过程中，一些孩子们表现得胆小、羞涩、不敢表达自己的想法，面对大孩子的欺负他们只知道默默承受。这些症状的产生，很大程度上是由于孩子们缺少与父母的基本交流。而那些由（外）祖父母照顾的孩子，他们的祖父母早已年迈，农活又重，他们承担着家里的生活压力，实在缺乏时间与精力关心孩子的成长，面对孩子被欺负的情况，他们也不知所措，只知道凭借老一辈人的信念，与人为善，默默忍受。而孩子们也就渐渐养成了遇事逃避、不善表达的习惯。

（3）关爱有加型。这类父母非常重视与孩子的情感交流，经常给孩子打电话，关心关爱他们的成长，鼓励孩子上进；重视让孩子接触大山外面的世界，闲暇时间带孩子去自己打工的大城市；与孩子经常沟通联系，在注重孩子物质上的基本需要的同时，竭尽全力地满足孩子的精神需求。这类家长会根据孩子的日常表现以及沟通中表现出来的细节，适时调整对孩子的教育方式。例如，快要期末考试了，会打电话祝福孩子好好复习；考试没能取得好成绩，会安慰鼓励孩子继续努力等。经常与孩子交流沟通，注重对孩子的教育，且给予孩子生活上的关爱、学习上的支持、心理情感上的依赖，使得这些孩子得到了父母的教育与辅导。通过调查，我们明显发现，拥有这一类型父母的孩子普遍较其他孩子成绩优异、品行良好。

2. 看护人对儿童的教育方式

父母外出务工，便将自己的孩子委托给看护人照顾，看护人大多为父母亲中的一方，或是（外）祖父母、其他亲戚等。在这里，我们选取比重最大的父母亲中的单亲照料类型以及祖父母辈照料类型。

（1）单亲监护人对留守儿童的教养方式。外出的一方家长将照顾家庭、抚养孩子的重担托付给了留守在家的配偶身上，这类被留守在家的大多是妇女。她们不具备男性孔武有力的身体，不能做那些体力消耗过大的重活。每日生活就是照顾农田、照顾孩子，将自身注意力全部放在孩子身上，使孩子承担了极大的压力，让他们在精神上和身体上都受到了很大程度的约束。且留守的一方由于生活长年累月的单调以及艰辛，认为家中境况无法改善的原因是有一方必须留下来照顾家里，丧失了一部分在外打工的收入，于是将这些想法强加于孩子身上，逼迫孩子努力学习，对孩子的管教日益严格。

（2）祖辈看护人对留守儿童的教养方式。祖辈教育儿童存在两个极端：一类是严加看管，尊崇老一辈的棍棒底下出孝子的思想；另一类则是对孩子非常溺爱，百依百顺。大多数祖辈年迈体弱，承担着农活的工作，需要操劳家中的日常生活，还要照顾年幼的孩子，对他们而言压力可想而知。由于身体的原因，大多数祖辈心有余而力不足，往往会忽略对孩子的教育，缺乏耐心，通常采取最简单粗暴的方式——打骂。打骂对留守儿童的成长产生了非常恶劣的影响。一味的打骂，会挫伤孩子们的自尊心，使他们缺少自信。在调查中我们发现，有不少孩子崇尚暴力，认为暴力是解决一切问题的最好方法。这些孩子热衷于欺负人、打架，更有甚者，还有抢劫等犯罪行为。而另一类祖辈则对孩子过分溺爱，有求必应，过分骄纵，渐渐地，孩子不懂得自我约束，做事情不考虑别人。部分孩子一天的零花钱达到了十余元，吃住均在家，这些钱他们便拿去上网、买零食，这对他们的成长极为不利。更有甚者，利用爷爷奶奶对自己的溺爱，贪玩好耍，甚至骗钱，拉帮结派做坏事，耽误学业。当然，也有少数祖辈较为重视儿童的教育，懂得以合适的方式来关心孩子们的成长，然而这只是农村老一辈人中的一小部分，并不具有代表性。

三、留守儿童家庭意识薄弱的成因

留守儿童家庭意识薄弱的成因有很多，但最关键的还是在父母身上，当然还有社会、学校等诸多方面的原因。

1. 社会角度

城镇化道路是我国进行现代化建设的必然选择，农民进城务工是社会发展的必然趋势，但是在农村剩余劳动力进城务工的同时，农村劳动力大规模流动与城乡壁垒之间的矛盾日渐突出，流动人口的不断扩大，使得家庭化流动的趋势日益明显。然而城乡二元结构导致进城打工的农民工无法将自己的子女带在身边。由于户籍制度的不完善使农民工子女无法在城市中享有应有的教育权利，如要在原籍所在地中考、高考等政策，城市里高昂的入学费用，简陋的农民工子弟学校又无法解决升学、入学考试的问题，各地的教材不同、教学内容无法衔接等。以上种种原因，致使农民工们权衡取舍后，不得已将孩子留在家乡上学。这直接推动了留守儿童这一群体的诞生。

2. 家庭角度

在经济收入与子女教育之间，农民工迫于无奈，为了改善家庭生活，离开家乡，来到了陌生的大城市里务工谋生。他们希望能带给孩子更好的成长环境，更充裕的经济支持。然而，在外出务工与子女教育之间产生冲突时，他们中的绝大部分都会选择前者。有调查显示，劳动力不外出的原因中，"怕影响子女上学"仅占第一、第二选择的 6.7%。这其中既有家庭的责任，也有社会的责任。然而，家庭教育在一个人的成长过程中处于关键地位。家庭教育关键在于父母，影响教育效果的关键则是在于父母与孩子之间的关系状况。由于留守儿童常年缺乏父爱、母爱，一般由祖辈或是亲戚抚养，长期在这样缺少亲情的环境中成长，自然会对他们的心理发展带来不利影响，从而影响孩子形成健康的人格、正确的三观，后果十分严重。

家长整日忙于生计，自然而然会冷落与孩子之间的交流，对孩子的关注日益减少。而那些单方在家的父母亲，忙于操持家务，对孩子的教育仅限于督促其完成作业，由于自身知识有限，无法给孩子更好的辅导条件，家庭教育基本处于空白状态。而正处在身心急速发展的中小学生们，对这个世界有太多困惑，但是家长却不能给予他们需要的精神上的支持和知识上的解答。

3. 教育角度

学校的课程设置不能及时弥补家庭教育的缺陷，留守儿童面对的更多的是心理和生活上的困惑及问题，这需要学校对孩子们给予更多的帮助和辅导，需要借助教职工的努力，以及校园大环境的条件来温暖孩子们，改善他们因为父母爱的缺失而不太健全的人格，尽量消除其不良影响。但由于地理环境、师资力量、经济条件等方面的限制，农村学校没有办法引进具有相应资质的心理老师，无法对孩子们进行心理辅导。甚至有时由于环境过于艰苦，有些学校连基本的日常课程都无法满足，更不用说对学生开展有计划、有组织的心理教育、安全教育等必要课程。

且许多农村学校对孩子们没有给予足够的重视，在管理孩子方面存在缺陷，没有采取必要的管理措施，也未根据孩子们自身的特点对留守儿童给予更多的关爱。部分学校由于在大山深处，校园周边环境复杂，校园安全不达标，不能为留守儿童提供安全、放心的住宿和生活条件，致使部分孩子接触到社会上的一些不良青年，逐渐养成了一些"不良习惯"，如抽烟、喝酒等，这显然不利于孩子们的成长发育。

四、留守儿童家庭教育的相关建议

留守儿童是当今农村劳动力涌向城市过程中带来的问题，是经济发展的必然趋势，不仅无法回避，且在短期内无法消除。由于留守儿童数量不断增加，范围不断扩大，留守年龄不断降低，问题也变得越来越严重。解决留守儿童家庭教育的相关问题，就是要帮助孩子们在缺少父爱、母爱的同时，引导他们培养健康乐观的心态、独立自主的人格，让他们茁壮成长。

1. 政府方面

尽管近几年来，政府已经注意到了农民工子女入学问题，在全国各地兴建起了许多农民工子弟学校，然而不管从数量上还是教学质量上，都不能满足孩子们的需要。这需要政府继续加大投资，逐渐扩大农民工子弟学校的招生范围以及就学条件，免除不合理收费，降低学杂等费用，使农民工子女在教育方面与城市子女享受同等待遇。另外，由于双亲打工的农民工子女在假期和双休日无人看管，这需要政府进一步扩大师资力量并改善住宿条件，使农民工学校能够满足双休日以及寒暑假时期留守儿童无人照顾的需求，解除农民工的后顾之忧。

2. 社会方面

农民工不远万里，背井离乡来到大城市，让我们的城市高楼林立、环境美好，社会有责任也有义务照顾好农民工的家庭。这就需要我们调动社会各界的力量，共同关注留守儿童。首先，从政策上进行引导，从经济上予以支持，并加强帮助力度，充分保障留守儿童受教育的权利，让他们不受偏见的接受义务教育，用社会的大爱，弥补他们缺失的父母爱；用社会的教育，弥补他们缺失的家庭教育。其次，应加强农村的文化建设，改善村容村貌，为孩子们建造一个良好的生活生长条件，营造良好的文化氛围和社会风气，优化农村育人环境。让孩子们得以在健康向上的社会环境中受到良好的熏陶。

留守儿童的教育，牵涉社会的各个方面，因此我们必须整合社会各界力量。各级政府应将农村留守儿童的健康成长作为加强社会主义新农村建设的重要内容，纳入新农村建设的工作大局中。政府、妇联、各个教育部门、村委会都应联合起来，开展捐资助学活动，让社会的大爱和个人的小爱都参与到关心关爱留守儿童的活动中来，帮助他们解决生活、学习上的困难，让他们安心学习。还可以调动社会各界的力量，让贫困山区的学校与大城市的学校建立一帮一互助活动，让他们与留守儿童结对子，保持经常性的交流，满足孩子成长所需的关注度，以促进留守儿童身心的健康成长。让留守儿童得到更多照顾、关爱，减少他们因缺失父母关爱而产生的自卑感。

3. 学校方面

学校是孩子们接受教育最主要的地方，留守儿童的绝大部分时间在校园中度过。因此，首先要加强农村校园建设，改善农村学校的住宿条件，让留守儿童住校，和老师同学们在一起，这样，也可减轻看护人的负担，避免由于看护人的缺位导致留守儿童成长过程中可能会发生的一系列问题。其次，应加强对留守儿童的心理咨询工作，竭尽全力地扩大师资力量，通过正面引导，让孩子们学会理解父母，让他们逐渐打开心结。或是设置咨询机构，加强孩子们对抗挫折和困难的教育，提高他们的心理承受能力。家庭、村委会和学校之间应建立关系网，及时沟通、及时了解，遇到问题及时解决，从制度上形成对留守儿童最有力的保护网。同时，学校也需与看护人和家长保持双向联系，共同关注孩子的成长。另外，学校作为孩子们成长最重要的地方，也应加强学校的娱乐体育设施建设，从侧面加强对孩子们的管理，减少孩子们逃课、上网的可能，用学校里丰富的课余生活充实他们。

4. 家长方面

内因对事物的发展起决定作用，要想从根本上解决留守儿童的家庭教育问题，必须寻找内因，这就需要提高父母对孩子的教育意识，只有父母自身重视家庭教育对孩子成长才是最重要的，才有可能从根本上改变留守儿童家庭意识缺失的现象，从源头上杜绝留守儿童问题的产生。家庭教育是伴随人一生的终身教育，良好的家庭教育是儿童健康成长的重要基础。因此，家长们需要转变观念，重视孩子们的全面健康发展，而不仅仅只是物质层面，并尽可能多与孩子保持联系，建立密切和谐的沟通。留守儿童家庭意识的缺失，家长们具有不可推卸的责任。有条件的父母可把孩子接到身边，在其打工地接受义务教育，为孩子的健康成长提供条件。一时无法把孩子接到城市的，也应认真从孩子的成长需求出发，细致认真地落实孩子的代监护权。并与孩子加强联系，多创造时间和空间与孩子相处，使孩子们能充分感受到父母的爱。不要以牺牲孩子的成长和未来为代价换取眼前的利益。要多与学校及代监护人联系，随时了解孩子的情况，努力为他们营造近似完整结构家庭的心理氛围与教育环境。

五、结论

古语云，养不教，父之过。孟母三迁的故事人们世代相传，古人亦明白家庭教育在孩子成长中的重要性，如今，我们更应重视家庭教育对孩子成长的意义。留守儿童是时代的产物，解决农村留守儿童家庭教育缺失的问题，是一项长期的工程，这需要学校、家庭、政府、社会等方方面面的努力与配合。

儿童是祖国的未来、民族的希望，解决农民工子女的家庭教育问题，不仅有利于和谐社会的构建、祖国的长治久安，更让数亿背井离乡的农民工免除了后顾之忧，让他们全心全意投入到建设城市、改造城市、让城市更美好的大潮中来。更重要的是，这让中国的未来积蓄了更加健康、向上的力量。为此，我们当前必须立足于城乡平等和城乡统筹的原则，政府、社会、学校、家庭等各方面都应为此作出贡献，切实解决好留守儿童的家庭教育、家庭意识的问题，使他们能够健康成长！

◎ 附录

中小学生家庭关系调查问卷

亲爱的同学：

你好！我们是来自湖北经济学院的大学生，我们正在做一项关于中小学生家庭关系的问卷调查，你的回答将给予我们极大的帮助，本次问卷采取不记名方式，请如实放心填写，谢谢你的支持！

1. 你的性别是（　　　）

  A. 男   B. 女

2. 你所在的年级是（　　　）年级。　（注：初中一、二、三年级分别写为七、八、九年级）

3. 你在班级的学习成绩是（　　　）

  A. 差   B. 较差

  C. 一般   D. 较好

  E. 好

4. 你是否在校住宿（　　　）

  A. 是   B. 否

5. 家中有几个孩子（　　　）

  A. 只有我一个   B. 有两个

  C. 有三个   D. 有三个以上

6. 你的父母是否外出打工（　　　）【选 A 的直接跳到第 14 题，其余选项跳到第 7 题】

  A. 双方都未外出   B. 父亲外出

  C. 母亲外出   D. 双方都外出

7. 你和自己在外打工的父母（父或母）联系的频率是（　　　）

  A. 每天   B. 每周一次

  C. 每月一至两次   D. 几个月一次

  E. 一年一次

8. 你与在外打工的父母（父或母）主动联系，沟通内容主要是（　　　）

  A. 汇报学习成绩

B. 倾诉自己的感情

C. 理性的交流生活、理想等

D. 需要钱

F. 其他（可做补充）

9. 你觉得父母外出了，对你的学习和生活（　　　）

A. 更关心了

B. 没变，和以前一样

C. 没有以前那么关心

10. 父母外出后，你感觉（　　　）

A. 没人关心自己　　　　　B. 关心的人很少

C. 没变化　　　　　　　　D. 更多人关心自己

11. 是否理解支持父母（父或母）外出打工?（　　　）

A. 理解支持，是为了能给我提供更好的生活

B. 理解不支持，只是为了赚钱

C. 不理解，但是支持他们

D. 不理解，也不支持

12. 你在外打工的父母（父或母）平均一年在家的时间为（　　　）

A. 十天内　　　　　　　　B. 二十天内

C. 一个月左右　　　　　　D. 两个月及以上

13. 是否会想念在外打工的父母（父或母）（　　　）

A. 非常想念　　　　　　　B. 比较想念

C. 一般想念　　　　　　　D. 不想念

14. 现在照顾你的人是（　　　）

A. 父母　　　　　　　　　B. （外）祖父母

C. 其他亲戚　　　　　　　D. 其他

E. 自己住

15. 你与看护人之间交流的情况如何?（　　　）

A. 交流很少，且只交流学习及生活基本问题

B. 交流比较少，且交流不深入

C. 交流较多，且比较深入

D. 交流非常多，且很深入

16. 与看护人交流的感受如何（　　　）

A. 非常好，他们很能够理解自己

B. 比较好，他们能够尊重自己

C. 一般，不能够展开深入交流

D. 完全无法交流

17. 你是否与自己的看护人发生过矛盾（　　）

    A. 经常有　　　　　　　B. 偶尔有

    C. 几乎没有　　　　　　D. 没有

18. 平时和看护人有矛盾时，你怎样处理？（　　）

    A. 主动和解　　　　　　B. 吵架

    C. 冷战　　　　　　　　D. 向他人诉苦

    E. 其他

19. 生病时，是否得到了较好的照顾？（　　）

    A. 有，很关心　　　　　B. 还可以，比较关心

    C. 一般，不够关心　　　D. 一点也不关心

20. 当你做错事时，看护人对待你的方式是（　　）

    A. 耐心讲道理　　　　　B. 不理会

    C. 打骂

21. 你所处的家庭氛围如何（　　）

    A. 非常融洽　　　　　　B. 比较融洽

    C. 一般　　　　　　　　D. 一点也不融洽

22. 父母对你的最大期望是（　　）

    A. 健康成长　　　　　　B. 快乐成长

    C. 学习好　　　　　　　D. 以后挣大钱

    E. 其他　　　　　　　　F. 没聊过

23. 你最感谢的人是（　　）

    A. 父母　　　　　　　　B. 在家照顾自己的人

    C. 老师　　　　　　　　D. 其他人

指导语：如果你认为某一个问题符合或基本符合你的实际情况，就在相应题号后的"是"字上画勾，如果不符合或基本不符合你的实际情况，就在相应题号后的"否"字上画勾。请注意，这里要回答的是你认为你的实际情况是怎样，而不是你认为应该怎样。

24. 我害怕在别的孩子面前做没做过的事情	是	否	46. 我宁愿独自做事，而不愿和许多人一起做事情	是	否
25. 我担心被别人取笑	是	否	47. 在家里我是重要的一员	是	否
26. 我周围都是我不认识的孩子时，我会觉得紧张	是	否	48. 常常忘记我所学的东西	是	否
27. 我和同学们在一起时很少说话	是	否	49. 在班上我是一个重要的人	是	否
28. 我担心其他孩子会怎么看待我	是	否	50. 在全班同学面前讲话我可以讲得很好	是	否
29. 我觉得其他孩子取笑我	是	否	51. 对大多数事我不发表意见	是	否
30. 我和陌生的孩子说话时会感到紧张	是	否	52. 学校里同学们认为我有好主意	是	否
31. 我只和我很熟悉的孩子说话	是	否	53. 我常常遇到麻烦	是	否
32. 我担心其他孩子会不喜欢我	是	否	54. 在家里我听话	是	否
33. 我经常悲伤	是	否	55. 我的父母对我期望过高	是	否
34. 我害羞	是	否	56. 我讨厌学校	是	否
35. 当学校要考试时，我就烦恼	是	否	57. 我常常打架	是	否
36. 我容易紧张	是	否	58. 我家里对我失望	是	否
37. 我常常很担忧	是	否	59. 我常常有一些坏的想法	是	否
38. 我喜欢按自己的方式做事	是	否	60. 我是一个幸福的人	是	否
39. 我觉得自己做事丢三落四	是	否	61. 我运气好	是	否
40. 我希望我与众不同	是	否	62. 我常常不高兴	是	否
41. 我常常害怕	是	否	63. 我容易与别人相处	是	否
42. 我容易哭叫	是	否	64. 我是一个好人	是	否
43. 老师找我时，我感到紧张	是	否	65. 我在学校的作业做得好	是	否
44. 我长大后将成为一个重要的人物	是	否	66. 在游戏和活动中我只看不参加	是	否
45. 我在学校里表现好	是	否	67. 我常常有好主意	是	否
			68. 我与众不同	是	否

第 12 章　留守儿童同伴关系研究

一、引言

当前我国正处在社会的急剧转型背景中，为了快速建设农村家园，提高农村生活水平和医疗水平，改善农村教育现状，越来越多的农村剩余劳动力不断向城市转移，由此产生的一个庞大的新群体——留守儿童也日益增多，留守儿童的生活、学习等一系列问题也成为社会关注的焦点。

留守儿童很多是靠隔代监护，溺爱或者放任自流成为监护人的主要特征。父母履行责任的主要方式是"提供生活费+放任自流"，没有过多关于学习或者生活品行方面的过问，这样往往造成了留守儿童学习受影响、性格有缺陷、生理性障碍，核心价值观遭扭曲；形成感情脆弱、自暴自弃、焦虑暴躁、缺乏自信等不利于其发展的心理。留守儿童作为当今社会中的弱势群体，对他们的研究不仅应该了解其一般状况和外部影响因素，更需要深入了解他们的内在心理健康状况，更好地促进留守儿童学习进步，解决留守儿童心理问题。

二、留守儿童同伴关系的背景

同伴是指儿童与之相处的具有相同社会认知能力的人，儿童自由选择与之年龄相同或者相近的人结成非正式群体。同伴关系在儿童发展中的作用仅次于亲子关系，而作为构成同伴关系的要素——同伴，在留守儿童的生活、学习中无处不在，留守儿童由于缺少家庭的关爱，有时候更希望得到同伴的关注与关心，尤论是同性抑或异性，不同的同伴对留守儿童的人生也会有不同的影响。而在农村，留守儿童在与异性交往的过程中会产生许多困扰，正确引导同伴关系的发展有利于留守儿童心理的发展。

1. 全国背景下的留守儿童同伴关系

近年来，我国在保持经济快速增长的同时，贫困人口亦出现大幅下降，然而仍有许多农村地区受到贫困问题的困扰。为寻求更好的机会，许多年轻农民离开居住地外出打工或经商，因此出现了越来越多的留守儿童。农村留守儿童由于父母长期不在身边，在同伴交往方面缺少必要的引导与帮助，经常出现不同类型的同伴交往问题，如自卑、孤僻，对同伴交往恐惧；情绪不稳定，对同伴表现出敌意或攻击行为；与某些同病相怜的同伴结成"小团体"等。

从年龄特征上来讲，中小学阶段的儿童在情感发展方面是有非常强烈的需求的，"同辈群体"所起到的作用很大，对处于这个年龄段的留守儿童而言也是如此。一般来说，留守儿童在同伴关系处理上不是以内向孤僻型为主，大多能享受到同伴的友爱之乐。由于父母长期在外，孩子的感情沟通更多地寄托在其他人身上，如此一来，同学成为留守儿童成长中的"重要他人"，在他们的成长中扮演着重要角色。

2. 排市镇后山学校背景下的留守儿童

2014 年后山学校接受我们调查的农村儿童中，留守儿童所占的比例高达 80.8%，这些"留守"在家的孩子缺少父母的关爱，而孩子们大多处于感性带动心理体验的敏感期，他们渴望得到别人的关爱，包括物质上的满足和情感上的安慰，但因为其本身的家庭结构不完整和抚养人的忽略，使得他们的这一需要很难得到满足，与父母产生代沟，有心事也不愿与父母交流。而留守儿童较多时间都是在学校度过。因此，在家庭缺位的情况下，作为仅次于亲子关系的同伴关系，在情感方面给予了留守儿童很大的补充，但是在交往的过程中，留守儿童往往会产生自卑、焦虑不安心理，或者对同伴关系充满恐惧等情绪，不愿意打开自己的心扉。

三、农村留守儿童同伴关系分析

1. 留守儿童基本情况

由表 12-1 可知，接受本次调查的留守儿童中，男女比例接近，而年级集中在四年级与七年级，在班级学习成绩主要集中为一般，这与学校教育水平密切相关，也与留守儿童对自身缺乏信心有关，所调查的留守儿童中，不属于独生子女的占调查总人数的 84.2%。在我们家访过程中，发现阳新县陈山村居民依旧存在着重男轻女的传统观念，普遍存在一个家庭有三四个小孩的情况。

表 12-1　　　　　　　　　　留守儿童基本情况表

类别	性别		年级		父母外出打工情况	
特征	男	女	四年级	七年级	双方都外出	一方外出
比重%	42.9%	57.1%	57.1%	42.9%	73.7%	26%

类型	在班级学习成绩					是否为独生子女情况	
特征	差	较差	一般	较好	好	是	否
比重	10%	15%	65%	10%	0	16.8%	84.2%

2. 留守儿童与同伴交往分析

（1）遇到困难或是不开心时倾诉对象的选择。

从图 12-1 可以看出，留守儿童在遇到困难或者不开心的时候，向父母倾诉的所占比例最少，为 5%。父母在外工作，将主要精力放在提高生活水平上面，无心关注孩子心理方面的变化，与其交流很少，其履行责任的主要方式是"提供生活费+放任自流"，孩子与父母之间的关系渐渐疏远，所以留守儿童很少与父母交流生活中遇到的困难或者不开心的事情。留守儿童选择放在心里不说的比例相当的多，占 50%。留守儿童由于缺乏关爱，以及存在防备心理，不愿敞开自己的心扉，所以宁愿将很多事情放在心里。选择向兄弟姐妹或者朋友、同学倾诉的留守儿童比例分别为 10%、35%，说明同伴关系在留守儿童的生活中起着很重要的作用。

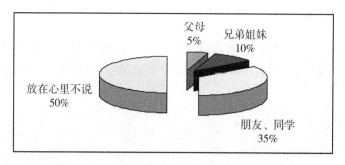

图 12-1　遇到困难或是不开心时倾诉对象选择

由表 12-2 可以看出，显著性系数为 0.016<0.05，说明父母一方外出打工或双方都出去与留守儿童遇到困难或是不开心时倾诉对象的选择显著相关。在我们进行家访的过程中了解到，父母一方在外工作的留守儿童比父母双方都外

出工作的更愿意将自己的困难藏在心里，说明父母与留守儿童之间的代沟很严重。

表 12-2　　　　　倾诉对象选择与父母外出打工情况之间的单因素分析

	平方和	Df	均方	F	显著性
组间	2.585	1	2.585	7.267	0.016
组内	5.692	16	0.356		
总数	8.278	17			

由表 12-3 可以看出，显著性系数为 0.02<0.05，说明留守儿童所在年级与留守儿童遇到困难或是不开心时倾诉对象的选择存在相关关系。将数据拆分，具体分析他们之间的关系。

表 12-3　　　　　倾诉对象选择与年级之间的单因素分析

	平方和	Df	均方	F	显著性
组间	4.507	1	4.507	6.269	0.020
组内	16.533	23	0.719		
总数	21.040	24			

由图 12-2 可以看出，无论是四年级或者七年级的孩子，遇到困难与父母或者兄弟姐妹诉说的比例很小，不超过 20%。由于四年级的小朋友还比较单

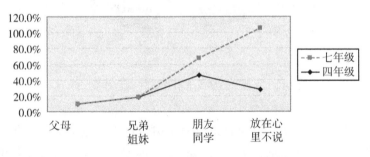

图 12-2　倾诉对象选择与年级之间的关系

纯，大多数人选择了向朋友、同学倾诉，这个时候的他们比较喜欢把自己的想法说出来，与所处的年级特征还是相符的。到了七年级，大多数人都到了青春期，这个时候生长发育加快，伴随着生理的变化，心理也在悄然改变，有一点害羞、倾向独立，遇到问题总是尝试自我解决，放在心里也不说，有了自己独立的自我意识。所以青春期的孩子，父母要多与他们沟通，帮助他们化解心理上的问题，增进彼此间的感情。

（2）在兄弟姐妹中扮演的角色。

由图 12-3 可以看出，在兄弟姐妹中，被调查的留守儿童扮演的角色为顶梁柱的所占比例最多，为 40%，可见很多的留守儿童认为自己比较独立，能够照顾好自己的兄弟姐妹；而扮演默默无闻者的为 20%，一些留守儿童家中兄弟姐妹很多，受到的关爱很少，而且其性格方面偏内向，从而导致比例较多的留守儿童扮演着默默无闻者的角色。被调查人员中，有 10% 的留守儿童扮演着被呵护者的角色，这种情况较多发生在家中兄弟姐妹不是很多的家庭。

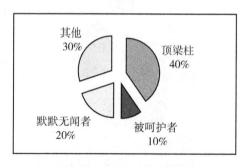

图 12-3　在兄弟姐妹中扮演的角色

（3）对兄弟姐妹个数的期望值。

从图 12-4 可知，留守儿童较多希望自己有兄弟姐妹，留守儿童对兄弟姐妹个数的期望值主要集中在 2 个，为 60%，不希望自己有兄弟姐妹的仅占 5%，留守儿童因为父母关心较少，所以还是比较希望家中有兄弟姐妹陪伴自己，这样自己在家不至于太孤独。

（4）父母或其他亲人对自己和其他兄弟姐妹好坏程度。

由图 12-5 可知，在所调查的留守儿童中，没有人认为亲人对姐姐妹妹更好，同时，较多留守儿童觉得亲人对自己和兄弟姐妹一样，所占比例为 71%，

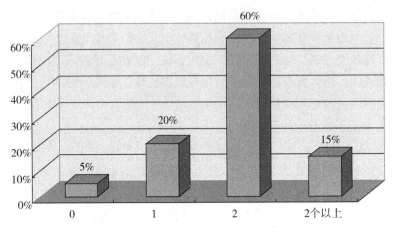

图 12-4　留守儿童对兄弟姐妹个数的期望值

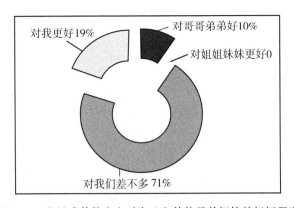

图 12-5　父母或其他亲人对自己和其他兄弟姐妹的好坏程度

有 10%的留守儿童认为亲人对哥哥弟弟好，还有 19%比例的留守儿童认为亲人对自己更好。

（5）留守儿童与兄弟姐妹之间的关系。

由图 12-6 可以看出，部分留守儿童与兄弟姐妹之间的关系处理得不是很好，有 24%的留守儿童与自己的兄弟姐妹经常吵架。贪玩是孩子们的天性，他们不会考虑太多，往往会因为一些小事而与兄弟姐妹争吵，大部分的留守儿童能够慢慢调整心态，互相理解，所以即使闹矛盾，关系依旧维持得很好。

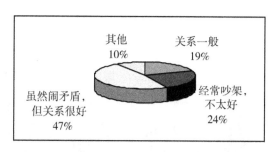

图 12-6　留守儿童与兄弟姐妹之间的关系情况

（6）留守儿童和小伙伴发生矛盾时如何解决。

由图 12-7 可以看出，留守儿童与小伙伴们发生矛盾时，有 76.2% 的人会选择主动与别人和好，说明大多数留守儿童比较宽容，不计较与小伙伴的矛盾。但也有部分留守儿童的主动性比较差，与小伙伴发生矛盾时采取冷战的方法，等待另一方与自己和好。

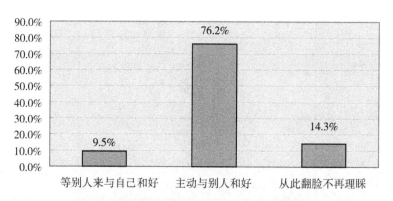

图 12-7　留守儿童和小伙伴发生矛盾时如何解决

（7）留守儿童觉得遇到挫折和伤心的时候最能理解自己的人。

由图 12-8 可以看出，留守儿童在遇到不开心或者挫折的时候，同性朋友给自己的安慰最大，同时，他们也愿意将自己的心里话对小伙伴讲。在这方面，留守儿童认为兄弟姐妹能够理解自己的仅有 5.6%，这与之前分析的留守儿童遇到不开心的时候倾诉对象的选择呈现正相关，说明兄弟姐妹之间虽然在一起相处的时间很多，但是之间的交流并不是很多。

（8）留守儿童结交朋友时是否会关注对方的性别。

221

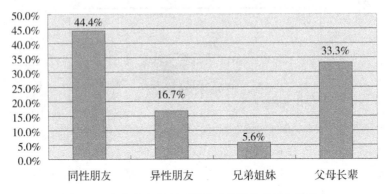

图 12-8　留守儿童遇到不顺的时候最能理解自己的人

由图 12-9 可以看出，留守儿童结交朋友时有 81%的不会关注对方的性别，如果两个人可以友好地相处，两人很快会成为很好的朋友；然而，也有 19%的留守儿童会关注对方性别。

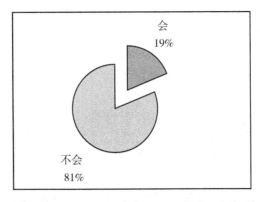

图 12-9　留守儿童结交朋友是否会关注对方性别

（9）留守儿童结交的异性朋友。

由图 12-10 可以看出，留守儿童中有 70%的人有 2 个以上的异性朋友，与图 12-9 基本吻合，没有异性朋友的留守儿童占 5%。在我们家访的过程中也了解到，一般羞涩的女生的异性朋友比较少，而男生相对于女生来说，异性朋友一般比较多。

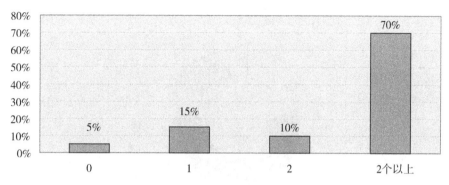

图 12-10　留守儿童结交结交异性朋友个数

（10）留守儿童所结交的异性朋友所占比例。

由图 12-11 可以看出，留守儿童异性朋友较多的仅占 5%，而同性朋友较多或者异性朋友与同性朋友差不多的为 95%。这说明留守儿童更倾向于与同性交流，更愿意与同性交朋友，一方面，都是同样的性别，更容易理解彼此，同时能够给予彼此更好的建议；另一方面，青春期的孩子在与异性交往时会有些羞涩，这些都是正常的。

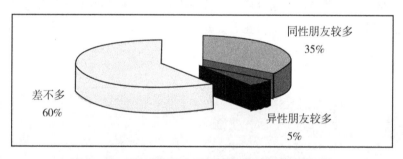

图 12-11　留守儿童结交异性朋友与同性朋友的比例

（11）留守儿童与异性相处时是否会感到不自在。

由图 12-12 可知，有 19% 的留守儿童与异性相处时会感觉不自在，往往是因为与异性交流少或者自身羞涩造成的；同时，有 62% 的留守儿童不会感到羞涩；而另外的 19% 则是根据与异性的熟识程度，开始接触的时候有些羞涩，慢慢的，这种羞涩会消失。

（12）留守儿童对交异性朋友是否正常的看法。

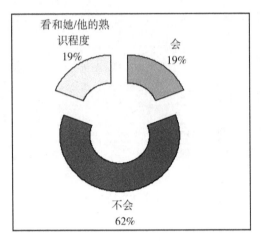

图 12-12　留守儿童与异性相处时是否会感到不自在

　　由图 12-13 可以明显看出，留守儿童对于交异性朋友这件事情，有 61.9% 的觉得男女都可以正常交往，这是一件很正常的事情，与觉得和异性相处不会感觉不自在的比例接近。虽然思想方面很多留守儿童觉得与异性交往没有什么问题，但是在现实生活中他们所交的异性朋友的比例并不是很多。尽管如此，依旧有 38.1% 的留守儿童觉得与异性交往不正常，或者正常但是不适合交往，抑或是不知道与异性交往是否正常，这与学校教育、家庭教育等存在很大的关系。

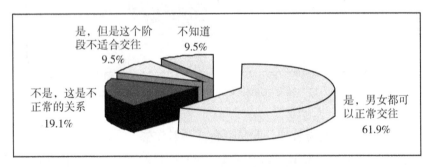

图 12-13　交异性朋友是否正常

　　由表 12-4 性别与觉得和异性交朋友是否正常之间的相关性分析可以看出，显著性（双侧）为 0.006<0.01，所以性别与觉得与异性交朋友是否正常之间

呈显著性相关。为了分析他们之间到底具有怎样的相关性，我们利用拆分后的数据对其做进一步分析，分析结果如图 12-14。

表 12-4　　　　　性别与觉得和异性交朋友是否正常之间的相关性

		性别	觉得和异性交朋友是正常的吗
性别	Pearson 相关性	1	0.582 **
	显著性（双侧）		0.006
	N	21	21
觉得和异性朋友交朋友，是正常的吗	Pearson 相关性	0.582 **	1
	显著性（双侧）	0.006	
	N	21	21

注：**. 在 0.01 水平（双侧）上显著相关。

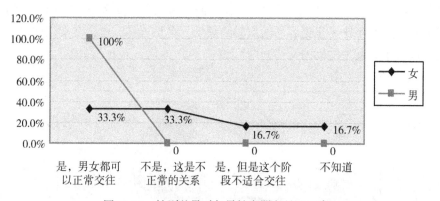

图 12-14　性别差异对与异性交朋友是否正常

从图中可以看出，男生一致对与异性交往持赞成态度，认为男女都可以正常交往，这点符合男生活泼的性格，而女生则只有 33.3% 的人对男女都可以正常交往持赞成态度，这与女生容易多虑的性格有关。

（13）与异性朋友在一起时是否有人说闲话。

从图 12-15 可以看出，与异性在一起时，周围人会说闲话的比例很高，为 71.4%。从之前的分析可以知道，很多留守儿童觉得与异性交往很正常，但是与异性朋友在一起时，周围有人对此很敏感，并且会说一些闲话，这与中小学生调皮的性格有关，当然，也与正处于青春期的心理感受有关。

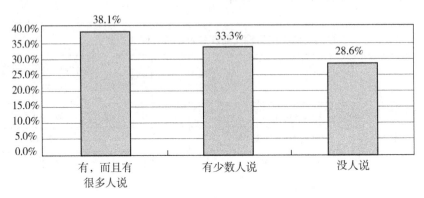

图 12-15　与异性朋友在一起时其他人是否会说闲话

（14）与异性朋友在一起有人说闲话时自己的反应。

由图 12-16 可以看出，如果留守儿童自己与异性朋友在一起时，周围有人说闲话，42%的人采取不理睬的态度，他们认为没有必要多与其解释。家访中我们发现，女生比男生更容易为此感到烦恼，多愁善感，也存在女生向老师求助咨询关于男女生之间的交往问题。

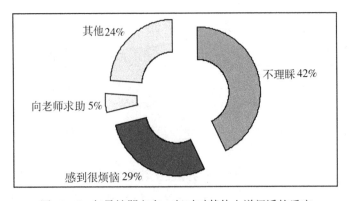

图 12-16　与异性朋友在一起时对其他人说闲话的反应

（15）朋友在自己心中的地位。

由图 12-17 可以看出，没有留守儿童认为朋友在自己的生活中可有可无，留守儿童觉得学习，抑或生活、情感、朋友总能带给他们些许安慰，与好兄弟、好姐妹之间的情感有时甚至超过了亲人，与他们之间的交流也更多，他们的人生中不能缺少朋友。

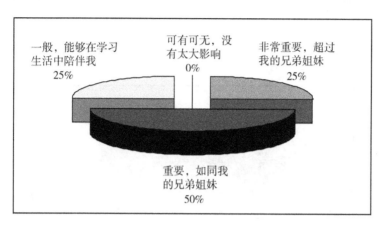

图 12-17 朋友在自己心中地位比较的比例图

3. 留守儿童与其他小朋友相处过程中的一些感受比例表（见表 12-5）

表 12-5   留守儿童同伴交往感受

项　　目	从不是这样	有时这样	一直这样
我害怕在别的孩子面前做没做过的事情	60.0%	30.0%	10.0%
我担心被人取笑	25.0%	70.0%	5.0%
我周围都是我不认识的小朋友时，我觉得害羞	50.0%	45.0%	5.0%
我和小伙伴一起时很少说话	65.0%	30.0%	5.0%
我担心其他孩子会怎样看待我	52.6%	47.4%	0.0%
我觉得小朋友们取笑我	47.4%	52.6%	0.0%
我和陌生的小朋友说话时感到紧张	47.4%	42.1%	10.5%
我担心其他孩子会怎样说我	52.6%	26.3%	21.1%
我只同我很熟悉的小朋友说话	57.9%	42.1%	0.0%
我担心别的小朋友会不喜欢我	31.6%	57.9%	10.5%

（1）在其他孩子面前做以前没有做过的事情是否害怕。

由图 12-18 可以看出，有 60% 的留守儿童在其他孩子面前做以前没有做过的事情从不会感到害怕，他们一般比较自信、开朗，不会因为担心被其他孩子

227

取笑而放弃一件自己想要做的事情；而有 10% 的留守儿童一直害怕在别的孩子面前做没有做过的事情，很明显，这样的留守儿童害怕失败，害怕其他小朋友异样的眼光，需要引导以及鼓励，鼓励他们去尝试，看淡其他人的嘲笑，勇敢地迈出去。

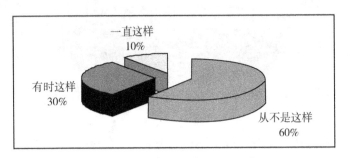

图 12-18 在其他孩子面前做以前没有做过的事情是否害怕

由表 12-6 可以看出，年级与害怕在其他孩子面前做以前没有做过的事情之间的显著性数值为 0.004<0.05，所以他们之间呈现显著相关性。又因为相关性数值为 0.609**，说明他们之间呈现高度相关性，下面，我们通过拆分数据分析他们之间的具体关系。

表 12-6 年级与是否害怕在其他孩子面前做以前没有做过的事情的相关性

		所在年级	我害怕在别的孩子面前做没做过的事情
所在年级	Pearson 相关性	1	0.609**
	显著性（双侧）		0.004
	N	21	20
我害怕在别的孩子面前做没做过的事情	Pearson 相关性	0.609**	1
	显著性（双侧）	0.004	
	N	20	20

注：**. 在 0.01 水平（双侧）上显著相关。

由图 12-19 可以明显看出，对于四年级与七年级的孩子来说，是否害怕在其他孩子面前做以前没有做过的事情，他们选择从不是这样以及有时这样的比例相距很远。四年级的留守儿童中有 91.7% 的人从来不会害怕在其他孩子面前做没有做过的事情，而七年级的留守儿童会这样想的仅占 12.5%，相对而言，七年级的留守儿童更多的是有时候会害怕在其他孩子面前做没有做过的事情，最值得注意的是，四年级的留守儿童没有人的感受是一直这样，而七年级的留守儿童在这点上却有 12.5% 的比例。四年级相对于七年级而言，不只是年龄上有差距，心理感受也有明显的不同，四年级的孩子比较容易看淡，很容易遗忘一些不愉快的事情，而七年级的留守儿童，十分注重其他人对自己的印象，他们的不自信、害怕出错、害怕出糗的心理导致他们中的一些人不敢尝试新的事情。

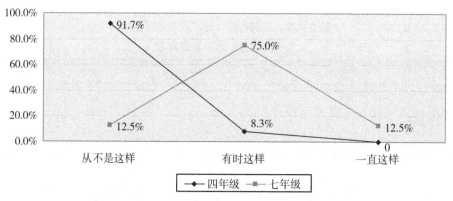

图 12-19　不同年级与害怕在其他孩子面前做以前没有做过的事情

（2）周围都是自己不认识的朋友时，是否会觉得害羞。

由图 12-20 可知，周围都是自己不认识的朋友时，会害羞的比例分别为从不是这样，33.3%；有时这样，58.3%；一直这样，8.3%，说明较多的留守儿童比较害怕与陌生人接触。通过阳新后山的支教活动，我们发现一些留守儿童刚开始对我们有一种抵触心理，不愿意打开心扉与我们交流，但是通过我们的努力，他们渐渐发现我们在爱他们，慢慢也打开了心扉，主动与我们交流，所以很多留守儿童或多或少存在一些防备心理，只要耐心开导，他们的主动性应该会渐渐增强。

由表 12-7 可以看出，显著性数值为 0.001<0.05，所以性别差异与周围都是自己不认识的朋友时会觉得害羞显著性相关，为了分析是怎样的关系，将数据拆分得到下列图形。

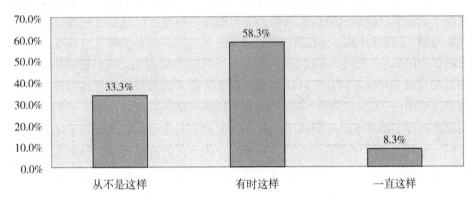

图 12-20　周围都是自己不认识的朋友时，是否会觉得害羞

表 12-7　　　　　　　　性别差异与周围都是自己不认识的朋友时

会觉得害羞的频率单因素图

	平方和	df	均方	F	显著性
组间	3.152	1	3.152	14.939	0.001
组内	3.798	18	0.211		
总数	6.950	19			

由图 12-21 可以看出，男生与女生在与陌生人接触的时候明显有区别，男生在与陌生人接触的时候从不会出现羞涩的比例比女生高 70.7%，女生大多数感受为有时害羞，当周围都是不认识的朋友时没有男生会觉得一直害羞，而

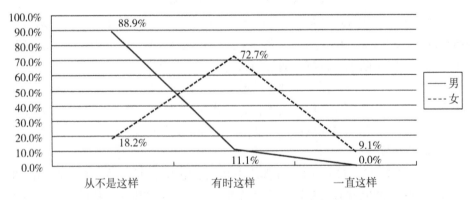

图 12-21　性别差异与周围都是自己不认识的小朋友时会觉得害羞的关系

女生这样的占 9.1%。这种结果与性格有关，女生一般比较害羞，留守儿童比一般孩子更加害羞，不敢也不愿意主动与陌生人交流。

（3）和小伙伴很少说话的情况。

从表 12-8 可以看出，显著性数值为 0.028<0.05，所以所在年级与和小伙伴很少说话之间显著相关，为分析是如何的相关，我们进行了以下分析。

表 12-8　　　　　　所在年级与和小伙伴很少说话之间的相关性图

		所在年级	我和小伙伴一起时很少讲话
所在年级	Pearson 相关性	1	0.490*
	显著性（双侧）		0.028
	N	21	20
我和小伙伴一起时很少讲话	Pearson 相关性	0.490*	1
	显著性（双侧）	0.028	
	N	20	20

注：*. 在 0.05 水平（双侧）上显著相关。

由图 12-22 可以看出，四年级与七年级的留守儿童在与小伙伴一起交流时的情况明显有区别，四年级的孩子与自己的小伙伴交流比较多，他们中的很多人不会出现与小伙伴很少说话的情况，而七年级的孩子则有与小伙伴之间交流情况比较少的情况，有些七年级的孩子甚至会出现一直与小伙伴很少说话的现

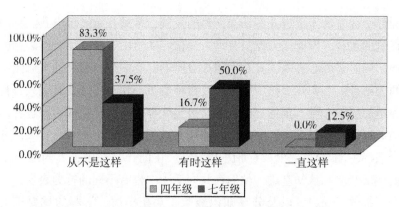

图 12-22　所在年级与和小伙伴很少说话情况的对比

象。在我们调查的过程中发现，低年级的小孩比较好动、活泼，而高年级的学生因为比较懂事、认真学习，在与其他孩子交流方面不是很多。

4. 同伴关系对留守儿童的重要性

同伴交往作为青少年除了亲子关系外的第二大人际交往关系，在青少年的生活、学习等方面发挥着不可替代的作用。如图 12-23 所示，在我们所调查的留守儿童中，有 50%的儿童认为同伴很重要，扮演的角色如同自己的兄弟姐妹，25%的留守儿童认为同伴对自己非常重要，重要程度超过了自己的兄弟姐妹，还有 25%的留守儿童认为，同伴虽然无法与自己的兄弟姐妹相比，但是在他们的生活和学习中依旧扮演着十分重要的角色，没有人认为同伴是可有可无的。

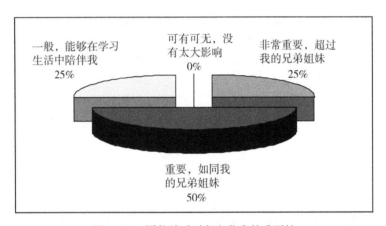

图 12-23　同伴关系对留守儿童的重要性

同伴交往有助于促进儿童认知能力的发展，帮助儿童发现自我。学习是个相互促进的过程，没有压力就没有动力，留守儿童由于家庭环境的影响，自制力较弱，同时好胜心理强，具有期望被自己的同类关注、赞赏的本能倾向，结合这两大特征，在实际交往中，留守儿童将会更加注重自己在其他人心目中的形象和地位，学会融入集体之中，学会慢慢处理矛盾，学会理解与包容。根据我们的数据分析可以看出：当后山的留守儿童与同伴发生矛盾时，大部分留守儿童会选择主动与别人和好（如图 12-24）。在同伴交往中，不同的孩子具有不同的生活经验和认知基础，他们在共同活动中也有不同的行为表现，这为儿童的学习提供了动力，以及分享知识经验、互相模仿、学习的重要机会。同时，同伴交往也为儿童提供了大量的同伴交流、直接教导、协商、讨论的机会，在课堂中或课下，儿童常在一起讨论，儿童也在学习中渐渐发现自我，认识到他人的特征以及自己在同伴中扮演的角色，这都有助于留守儿童自信心的形成。

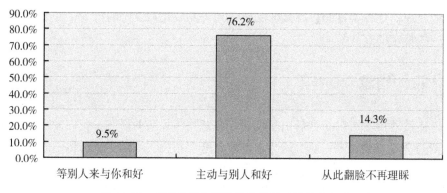

图 12-24　留守儿童与同伴发生矛盾时的处理方式

　　同伴交往有助于为儿童提供感情支撑。正如艾立克·费罗姆所说："人类只有在和其同胞们携手并肩、休戚与共中才能找到快乐和满足。"儿童彼此交往、共同玩耍，一起分享共同的兴趣和快乐，受伤时互相安慰、勉励，快乐经过分享便是双倍的快乐，自信通过活动合作便有了双倍的自信。对于留守儿童这一特殊群体，由于父母不在身边，而监护人大多数是隔辈监护，沟通有障碍，其归属和爱以及尊重的满足大多从同伴关系中获得。儿童在成长的过程中，难免遇到困惑与烦恼，留守儿童更容易产生特别的焦虑和紧张，而同伴为他们提供了情感上的支柱，他们可以从同伴交往中得到宣泄、宽慰、同情以及理解，留守儿童因为在情感上得到同伴的支持而产生安全感和责任感。调查数据显示，留守儿童在遇到困难或者不开心的时候，一般会向同伴倾诉，并且认为他们最能理解自己，同伴之间互相帮助能有效解决情绪上和心理上出现的问题，从而获得良好的情感发展，避免了一些消极事件的发生。

　　同伴交往有利于儿童社会交往能力的发展。对留守儿童来说，常常会对自己的社会交往能力表现出不自信，由于环境等方面的影响，通常使其对外界陌生的环境感到一种恐惧。根据我们对留守儿童交际方面的感受调查，可以明显看出，一些留守儿童在社会交往方面常常会感到不自信，害怕其他人的嘲笑。社会交往能力是一种综合能力，也是一种实际操作能力，良好的社会交往能力会令其终身受益。在同伴交往中，一方面儿童发出社会行为，如微笑、请求、邀请等，并根据对方的反应作出相应的调整，自我调控能力得到了发展。自我调控能力也是社会交往所必需的能力。另一方面，同伴的反馈往往直接和坦率，如果你发出的是友好、合作、分享等积极行为，同伴做出肯定和喜爱的反应；而如果你做出抢夺、抓人、独占等消极行为，同伴则做出否定、厌恶和拒绝的反应。这种丰富的、直接的反馈有利于发展儿童良好的行为，并使之转化为一些稳定的交往技能。

四、结论

通过对黄石市阳新县后山学校留守儿童同伴关系的研究，我们发现，留守儿童的学习成绩大多一般，这与学校教育密切相关，当然，也与他们的第一任老师——父母有关。由于农村的观念依旧传统，重男轻女思想严重，一般一家有3~4口人，很多时候父母只有精力关心孩子是否吃饱穿暖，而其学习、情感问题则很少过问。留守儿童与兄弟姐妹之间的关系并不是很好，而朋友在他们心中的地位很重，有些留守儿童认为朋友关系甚至超过兄弟姐妹之情，发生不开心或者困难时更多地想到同学朋友。留守儿童与异性交往的过程中容易出现一些问题，大部分留守儿童在交朋友时不会特别关注对方性别，与异性相处也不会感到不自在，但是现实生活中，留守儿童拥有的异性朋友却很少，他们在与异性交往的过程中，往往表现出羞涩，抑或不知道如何与异性相处，处于青春期的孩子与异性交往更是要面对众多的流言蜚语。相对于女生，男生表现得比较开朗，而女生则更多地表现出忧虑，高年级的孩子相比于低年级的孩子更容易担心被嘲笑，表现出不自信。调查过程中，我们发现部分孩子存在早恋现象，有个别孩子已经开始谈恋爱。关于早恋现象，无论是老师还是家长，都应给予正确的指导。

五、解决留守儿童问题的对策

1. 加强教育质量

加强农村教育水平，学校不仅仅是教书的场所，更是育人的地方，老师在指导学生学习时，还应关注留守儿童的心理健康，正确引导学生关于父母外出打工的初衷，消除留守儿童对亲子关系的思想误区，正确引导学生进行同伴关系的建立，避免形成小团体，从而对其他人造成伤害。

（1）开展一些心理健康教育讲座。

指导如何与同性、异性进行正常的交往，对于小伙伴之间发生矛盾应该如何处理，如何正确认识早恋等问题给予引导；同时，教育部门应加强与留守儿童父母之间的交流，引起父母对留守儿童同伴交往问题的重视，与父母共同探讨如何加强了解留守儿童同伴交往的情况，而不是仅关注他们是否吃饱穿暖，学习是否优秀；关心孩子的心理状况，共同探讨如何通过多种途径指导和帮助他们处理同伴交往中的问题、交流同伴交往中的情绪情感体验、调节不适情绪与合理表达正当的情感诉求。

（2）开设趣味课堂，促进同伴交往。

在学校教育过程中，教师不能仅满足于让儿童会背课文、会基本计算，而应积极运用启发式、探究式、讨论式和参与式等多种教学方式，让他们充分参与其中，使每个人在集体中都发挥应有的作用，体现不可或缺的价值。

创设情境培养留守儿童的同伴交往能力也可结合具体科目的课堂教学进行。如在数学教学中，可结合教学内容创设游戏活动，或模拟游戏活动情境，让学生分组，以不同角色参与到游戏活动中，从游戏活动中得到启发，学习和运用新知识。数学游戏可为学生搭建发现问题、实验、操作、自由表达个人观点与交流的平台，提升同伴交往能力。

2. 建立留守儿童档案，并长期关注

班主任要做好留守儿童的摸底工作，将其在校的各方面表现记入档案，定期召开家长会，及时向监护人和外出务工家长通报其成长情况，形成学校、家庭共同教育的局面。教师应承担起家长或监护人的部分责任，多与留守儿童交流谈心，提高亲密信赖程度，给予他们更多关爱和正面引导。尤其应该明确留守儿童问题的根源所在，针对他们所缺少的家庭教育"具体问题具体分析"，比如：对学习成绩差的留守儿童加强辅导，对行为偏差的留守儿童严加管束，对缺少家庭温暖的留守儿童多加关爱。

3. 发展当地经济

从根本上解决留守儿童问题的关键，不是"走出去"而是"请回来"，发展当地实业，留住孩子父母才是硬道理。

近年来，黄石市阳新县一些企业大力发展油茶产业，三元公司的总经理也表示，工厂的建立也是希望能够留住当地的农民工，发展当地的特色经济。孝昌县自古就有"小汉口"之称，历来经济活跃。近年来政府也注意到了本地的优势，以国家 4A 级风景名胜著称的观音湖，成为了当地重点发展旅游业的一个跳板。而黄石市是产矿的重要小型城市，且不少县城湖泊较多，除旅游业外，水产养殖业也能够有所发展，可为当地人民提供就业机会和众多福利，这样不仅可以提高当地的就业率，留住外出务工的农民，同时还可以增加政府收入，将更多的资金用于当地的留守社区建设上，为留守儿童创建一个完善的学习、生活环境。

◎ 附录

中小学生同伴关系调查问卷

亲爱的同学：

　　你好！我们是来自湖北经济学院的大学生，我们正在做一项关于中小学生同伴关系的问卷调查，你的回答将给予我们极大的帮助，本次问卷采取不记名方式，请如实放心填写，谢谢你的支持！

1. 你的性别是（　　　）
　　A. 男　　　　　　　　　B. 女
2. 你所在的年级是（　　　）年级。（注：初中一、二、三年级分别写为七、八、九年级）
3. 父母是否在外打工（　　　）
　　A. 双方都外出　　　　B. 一方外出　　　　C. 双方都未外出
4. 你在班级的学习成绩（　　　）
　　A. 差　　　　　　　　　B. 较差　　　　　　C. 一般
　　D. 较好　　　　　　　　E. 好
5. 是否是独生子女（　　　）（选择 A 的同学直接跳到第 10 题）
　　A. 是　　　　　　　　　B. 否
6. 家里一共有（　　　）兄弟姐妹，其中有（　　　）兄弟。
7. 当你遇到困难或是不开心的时候，你最想找谁倾诉？（　　　）
　　A. 父母　　　　　　　　B. 兄弟姐妹
　　C. 朋友、同学　　　　　D. 放在心里不想说
8. 在兄弟姐妹中，你扮演的是什么角色？（　　　）
　　A. 顶梁柱　　　　　　　B. 被呵护者
　　C. 默默无闻者　　　　　D. 其他
9. 你最希望有几个兄弟姐妹？（　　　）
　　A. 0　　　　　　　　　　B. 1 个

C. 2 个　　　　　　　　　D. 2 个以上

10. 你觉得父母或其他亲人对你和其他兄弟姐妹是一样的吗?（　　）

　　A. 对姐姐妹妹好一些　B. 对哥哥弟弟好一些

　　C. 对我们都差不多　　D. 对我更好

11. 你跟你的兄弟姐妹关系处理得怎么样?（　　）

　　A. 关系一般

　　B. 经常吵架，不太好

　　C. 虽然会闹矛盾，但是关系一直很亲近

　　D. 其他

12. 和小伙伴发生矛盾时，你是如何解决的?（　　）

　　A. 等别人来和你和好

　　B. 主动和别人和好

　　C. 从此翻脸不再理睬

13. 你觉得遇到挫折和伤心的时候，谁最能理解你?（　　）

　　A. 同性朋友　　　　　B. 异性朋友

　　C. 兄弟姐妹　　　　　D. 父母长辈

14. 你交朋友会关注他（她）的性别吗?（　　）

　　A. 会　　　　　　　　B. 不会

15. 你有几个异性朋友?（　　）

　　A. 0　　　　　　　　　B. 1 个

　　C. 2 个　　　　　　　　D. 大于 2 个

16. 在朋友中，异性朋友的比例是多少?（　　）

　　A. 同性较多　　　　　B. 异性较多

　　C. 差不多　　　　　　D. 没有异性朋友

17. 跟异性相处你会感到不自在吗?（　　）

　　A. 会　　　　　　　　B. 不会

　　C. 看与他或她的熟识程度

18. 你觉得交异性朋友，是件正常的事吗?（　　）

　　A. 是，男女都可以正常交往

　　B. 不是，这是不正常的关系

　　C. 是，但是现在这个阶段不适合交

　　D. 不知道

19. 跟异性朋友在一起会有人说闲话吗?（　　）

A. 有，而且很多人说　B. 有少数人说　　　　C. 没人说

20. 如果有人说闲话，你会有什么样的反应？（　　　）

    A. 不理睬

    B. 感到很烦恼

    C. 与异性朋友断绝关系

    D. 向老师求助

    E. 其他

21. 你觉得朋友在你心中的地位是怎样的？（　　　）

    A. 非常重要，超过我的兄弟姐妹

    B. 重要，如同我的兄弟姐妹一样

    C. 一般，能够在学习生活上陪伴我

    D. 可有可无，没有太大影响

22. 请指出每句话是否符合你的实际感受。（直接在符合的数字上打钩）

	项　　目	0——从不是这样	1——有时这样	2——一直这样
1	我害怕在别的孩子面前做没做过的事情	0	1	2
2	我担心被人取笑	0	1	2
3	我周围都是我不认识的小朋友时，我觉得害羞	0	1	2
4	我和小伙伴一起时很少说话	0	1	2
5	我担心其他孩子会怎样看待我	0	1	2
6	我觉得小朋友们取笑我	0	1	2
7	我和陌生的小朋友说话时感到紧张	0	1	2
8	我担心其他孩子会怎样说我	0	1	2
9	我只同我很熟悉的小朋友说话	0	1	2
10	我担心别的小朋友会不喜欢我	0	1	2

感谢你的配合！祝学习进步，身体健康，天天开心！

后记 成长在路上

——2011 年至 2015 年蒲公英实践活动

一、活动前期培训

1. 初步介绍

千里之行始于足下，一次优秀的、顺利的社会实践与前期的准备工作密切相关。为了增强团队凝聚力，提高队员安全意识，也为了充实队员与此次实践相关的理论知识，蒲公英团队在出发前做了全方位的培训和准备工作。活动前期培训以提高自身能力和增强团队凝聚力为目的，制定了素质拓展、老师指导、知识培训等多项活动来提高队员自身体质，为更好地完成每次暑期社会实践打下坚实的基础。

（1）素质拓展。

每年活动开始，我们都会进行为期一周的素质拓展。所谓的素质拓展，先是体能训练，后是素质拓展。我们注重的不仅仅是体能训练，更是智慧与能力的碰撞、感情的交流。每次活动之前都会由不同的成员来策划，游戏、交流、比赛等，形式可谓是丰富多彩。

素质拓展的开展，不仅增强了队员的体能，磨练了队员的意志力，更提升了队员之间的凝聚力。素质拓展使团队氛围更加轻松、和谐，加强了队员之间的交流。更重要的是，队员们的团队意识也渐渐明确起来，加强了队员之间的凝聚力以及团队内部的协作力，这些改变对以后工作的顺利展开打好了基础。

（2）队员培训。

每次活动，指导老师都会在理论知识方面和实践操作方面对成员进行培训指导。周翔老师对蒲公英提出了转型突破的期望：希望蒲公英能突破以前主要以支教形式关注留守儿童的局限，加强对农村社会结构和农村社区功能的演变及发展的研究与调查，以扩大蒲公英的关注范围并加深蒲公英的研究深度。还针对性的为留守儿童打造了我是小老师、外面的世界、对不起我错了、让我去拥抱你、小小梦想家等一系列创意课程，旨在为留守儿童打造一个不一样的第二课堂；同时蒲公英团队还加强了对留守儿童生活的研究深度，在解决留守儿童的生活、学习、卫生健康、心理等问题的基础上，侧重于对留守儿童家庭关系以及同伴关系的调查。

　　此外，指导老师对团队做了有关青少年相关心理学的培训，详细剖析了初中生的心理状态，指导团队成员与初中生沟通的技巧，让大家耐心地倾听，适时地给留守儿童鼓励，发现他们的闪光点，与之成为朋友，在玩中引导他们，达到团队实践的初衷，使全体队员对这次活动有了更深层次的理解与认识，对如何着手进行实践工作有了更明确的活动方案。新队员也就如何更好地与留守儿童交流与老师进行探讨，老师以自身经历给大家提出了一些建议和经验，老师的讲解让队员们对每一次的暑期社会实践更加充满信心。

　　还有带队老师钟彦姝老师、刘帷老师。钟老师提醒队员不仅要留意孩子们的安全，同时也得注意自身的安全。另外还谈到了团队的过去、现在，以及对团队未来的展望，增强了大家对于蒲公英这个团队的归属感。刘帷老师以学院的角度支持蒲公英团队的发展，就其指导多年经验对蒲公英今后的发展提出建议，并鼓励队员大胆工作，给了队员十足的信心。刘帷老师也强调大家要将专业知识与实践相结合，这样才能使实践更好地进行。老师的谆谆教导不仅让团队成员豁然开朗，也坚定了大家的信心和决心。

　　（3）学校和学院的讲座。

　　在自身接受培训的同时，团队成员还参加了学校、学院组织的有关暑期社会实践的各个讲座。讲座内容涉及各个方面，有关于调查报告的、队长培训的、安全防范的，还有关于通讯稿宣传报道的。

　　徐铁老师的讲座旨在说明暑期社会实践的意义和方法。他要求团队成员们通过实践来提高自己，在选题方面，他推荐大家要以思维创新为核心，提升理解力与强化执行力并重，以达到帕累托最优状态。在实践的同时，还要关注这方面已有哪些相关成果和观点，即文献综述。在制作问卷的时候要尽量简单，

考虑受众率，访谈时要注意沟通技巧等。最后分析有用数据，做出一个描述性的统计再上交给老师。

　　而王丹老师则细化了数据的收集与分析这一块。她首先跟大家强调了数据处理的重要性，它是所有调研工作能否取得最后成效的关键，但也要考虑数据能否提取及后期处理。作为数据的收集和分析者，团队成员要有认真的态度和很强的执行力。有些时候，大家还可以用逆向思维：从数据最终使用角度看问题——明白目的和目标。在数据分析的同时，要明确研究目标从而转化为所需数据。而确定数据的方法有很多：如图书馆阅览室、网站（包括国外网站）、实地调查等。在我们调查、收集数据之后，也要相信找到的数据，这样才能做出一份比较真实、准确的分析结果。

　　学校的一系列讲座也为团队成员提供了强有力的帮助和指导。安全保障的讲座让大家认识到实践过程中安全的重要性，了解了相关的急救知识和方案。关于暑期实践指导手册解读的讲座也让大家了解到学校政策的新变化，为团队材料的整理和准备指明了方向。出征仪式更是让团队斗志昂扬，坚定了大家做好实践的信心和决心。

（4）相关资料查询。

在活动前期，我们通过图书馆查阅和网络查阅等方式，了解国家相关的政策动态，了解留守儿童的一些基本概况，学习相关的心理学知识。此外，我们还会收集一些优秀的文章和优秀的实践材料，并让队员们仔细阅读蒲公英实践团队历届历史资料，队员们通过相互交流，深化对团队的认识。

二、活动瞬间

1. 2011 年蒲公英活动瞬间

（1）2011 年小河中学见面会。

图片说明：忐忑、期待、自信？怀着复杂的心情，大家迎来了初次的见面会，我们的全力以赴，孩子们的全神贯注。图为实践第一天见面会上队长进行团队介绍。

（2）小河中学军训。

　　图片说明：英姿飒爽中张扬你的青春活力，微风吹拂中展示你的风采！坚定、自信、不抛弃不放弃，这是我们永远的信念。图为体育课上军训队员矫正孩子的姿势。

　　（3）小河中学课堂外。

　　图片说明：清澈的眼睛透露着对知识的渴望、对快乐的追寻。幼小的心灵，纯真而美丽。娇小的背影透露出几分坚韧和倔强。图为附近慕名而来的孩子观望我们活动。

2. 2012 年蒲公英活动瞬间

　　（1）王英中学走访。

　　图片说明：烈日炎炎，却挡不住你们前行的步伐。纵然拖着疲惫的身影，你们也要坚持到最后。图为支教队员们挨家挨户进行宣传的情景。

　　（2）王英中学见面会。

　　图片说明：图为实践第二天见面会上队员们进行自我介绍。

　　（3）王英中学家访。

　　图片说明：俗话说，"情感是教育的桥梁"，只有走进学生家中，才能深入走近学生。图为社调组队员到留守儿童家中家访的情景。

　　（4）《今日阳新》编辑部宣传报道。

　　图片说明：我们十几个人的力量轻如微尘，如果想让更多的社会人士来关注留守儿童，我们需要借助媒体的力量。图为《今日阳新》记者采访队员。

3. 2013—2014 年蒲公英活动瞬间

带队老师与孩子们见面。

向孩子们介绍蒲公英团队。

为了让课堂生动活泼，队员们共同组织课堂活动。

"让我拥抱你"——消除隔阂，勇敢表达。

一起栽种香樟树，挂上蒲公英团队的牌子。

三、队员优秀个人总结片段

1. 柯凑巧

……每一次的实践，都让我获益匪浅。和所有蒲公英人一样，是蒲公英为我们提供了播撒爱和希望的平台，而我们总是能从中收获满满的感动、不舍和震撼……

2. 陆静

……感动于那些人：15个大孩子，怀着同样的心情、同样的目的而来，带着同样的不舍、留念而去，却是一步三回头，教室里那纯净的渴望的眼神是我们前进的动力……

3. 刘蒙

……蒲公英给我带来的惊喜远不止这些可爱的人们。我们的小朋友是这些活动的润滑剂，是他们的纯真、他们的热情、他们的心意给了我一次又一次的感动，也给了蒲公英继续走下去的勇气。今后蒲公英会如何发展我无法预料，但是蒲公英教会我的，我会义无反顾地传递给有需要的人……

4. 汪琳瑶

……如今孩子们送的手工我还好好留着，我保留的是一份美好的回忆。希望他们都可以走好每一步，实现他们或伟大或渺小的愿望……

5. 胡鹏鹏

……实践的日子里，我们互相陪伴、互相鼓气，一起追逐我们的梦想。不经历风雨，怎么见彩虹！蒲公英人，在经历一届又一届的传承后，定将迎来她的美好明天！……

6. 钟媛媛

……看到了许多笑脸，许多天真、感恩、重感情的纯洁的心灵。那些日子，那些笑脸，一直会留在我的记忆里。希望这份关爱、这份感动会随着蒲公英的壮大一直延续下去、一直扩大，惠及更多孩子和更多像我们这样的大学生！

7. 张志红

……"将语言化为行动，用爱心承载希望"，我会把我们的口号牢记在心，用我的努力来见证实力，将"关注留守儿童"这项活动坚持下去并且做得更好，让更多的人参与到我们的实践中来，参与到关心孩子们的行列中来。

8. 刘办

……谢谢！感谢自己，感谢蒲公英，感谢王英镇的孩子们！我们曾一起成长进步，我们曾度过一生中最美好的十三天……谢谢一路有你们！……

9. 吕彩云

……孩子们让我们的心变得更柔软、更有耐心、更知道什么是感动，孩子们带给我们的才是一笔真正的财富。在实践中，我们离开校园，向社会学习知识，增长经验；在社调中，我们学会待人处世之道，学会怎样让别人更能接受自己、认可自己；在与孩子们的相处中，我们感受到了颗颗纯真无邪、天真烂漫的童心。

10. 戴绪

……世界上的每个人、每件事，都有提升的空间、改变的可能。只有深入其中，仔细探究才能寻得提升之方法，这便是"脚踏实地"。学习、做事、做人，若是有一丝浮躁必将在日后展现出来；新闻人，想要知道社会的全貌，首先得深入基层。

11. 张月

……希望我们的蒲公英可以按着这个课题一直做下去，我们要用我们的力量得到社会的关注，我们当然不能帮助全中国的人，但我们的身影在哪里，我们就要去帮助那里的人们！

12. 肖晓宇

当看到孩子们对我们的信任和喜欢，对我们露出笑容的那一刹那，我知道我们是快乐的，是值得的，也许这就是累并快乐着的深切体会。因为这次实践的存在，这个夏天显得充满意义又触动人心，社会实践是人生的第二课堂，在这堂课中学到的东西将会影响我的一生。我想，我会为了自己更好的未来去奋斗。

13. 崔伟伟

……"纸上得来终觉浅，绝知此事要躬行。"社会实践使同学们找到了理论与实践的最佳结合点……

14. 李倩

……公益是种力量，一种永远不该被放弃的力量，虽然这两周的时间对于那些需要帮助的人只是杯水车薪，不过我相信它仍是湿润了一方干涸，哪怕只有一瞬间，离别时孩子们异于平时的安静是那么刺痛人心，那是一种无言的感动。蒲公英永远在路上，只要还有机会，我相信我还会回到这片厚重崎岖的土地来奉献爱心传递希望，送那些可爱的孩子一轮骄阳！

15. 朱曦

……缘分让蒲公英们聚到一起，我们从相识、相知再到相爱，这一路，我们携手走过、相依相伴，每个蒲公英都是团队不可或缺的力量，蒲公英团队正因蒲公英们而强大、闪光……

四、优秀活动散文节选

1. 2011 年优秀活动散文

蒲公英的梦想

烈日炎炎，阻挡不住我们前进的脚步；汗水滚滚，制止不了我们激情的迸发；酸痛阵阵，压抑不了我们青春的梦想。蒲公英，用自己的行动，在小河这一片热土上飘洒爱的芬芳。

整齐的教学楼，热情的谈校长与老师们，单纯善良的孩子们，让我们的期待有了落脚的地方，让我们的梦想有了寄托之地。到达小河中学之前，我们有着些许好奇、些许期待、些许不安：我们的到来会引起怎样的看法与评论？我们的活动可以顺利地进行吗？我们的食宿问题可否完全解决？我们的讲授内容，孩子们感兴趣吗？……但这一切都在抵达小河中学之后烟消云散，我们感受更多的是一份沉甸甸的责任。

7 月 3 日的见面会，为我们的实践活动拉开了序幕。见面会现场欢笑声阵阵，我们的队员使出浑身解数立誓要给孩子们一个良好的第一印象。简短概括的团队介绍视频，让孩子们大致了解了我们的活动目的和活动内容。诙谐有趣的自我介绍，让孩子们迅速接受了这一批大朋友们。有趣的问答，让孩子们蠢蠢欲动。开心的游戏，让大家其乐融融。精心准备的小笑话，更是让现场嗨翻了天……

见面会结束，我们的第二课堂正式开始。丰富多彩的课堂是我们心灵沟通的桥梁。声乐课，名曲缭绕于教室之间，同学们歌声嘹亮，聆听名曲、欣赏遥遥老师的葫芦丝演奏、观看音乐学院妙趣横生的动漫故事、识别各种乐器；旅游景点课，欣赏名山大川的图片，聆听流传千古的动人传说；美术课，亲手绘制钟爱的动漫卡通人物，巧手剪裁制作各种精美手工艺品；英语课，巩固旧知，情景模拟教学，大声地说出英语；户外素质拓展，队员与同学们尽情欢笑，密切配合，有张有弛，把纯真与青春结合，播撒快乐的种子。各种兴趣班也争相竞艳：刚柔并济的太极拳，诙谐有趣的"谈天说地"，妙趣横生的"英语沙龙"，青春活力的健美操，柔美动人的舞蹈，充满童真的话剧演出，活力快乐的歌曲演唱……每一位"蒲公英"人都尽自己最大的努力用行动来播撒爱的希望。

这是一段快乐的时光。我们与孩子们打成一片，用真心搭建爱的桥梁。为了满足孩子们的愿望，美术老师瑶瑶熬夜到凌晨两点只为画画送给孩子们；为了多抽时间陪孩子们，一身疲惫的高凡哥哥清早五点起床；为了增强与孩子们的沟通，所有的"蒲公英人"课堂时间一律待在教室里陪伴孩子们；为了向家长讲明我们的活动目的与内容，我们放学时陪孩子们回家，不论远近；为了保证下雨天孩子们的安全，我们全体护送孩子们回家。

这是一段疲惫的时光。我们清早六点起床做饭，八点陪孩子们军训。上午下午陪孩子们上课，中午有孩子提前来到学校便舍弃午休。晚上轮流梳洗，开完团队会议已是十点多。十多天里，面对清汤淡水，大家坚持着。没有被褥，便用一块床单、一床被罩解决问题。夜晚燥热，蚊虫很多，大家从不抱怨。常常，一挨枕头便进入了梦乡。

这是一段感动的时光。队员们分工协作，所有活动都井然有序。再多的苦再多的累，大家从不抱怨。知道大家都很辛苦，所以有些时候，也会很心疼队员们。有的时候面对孩子们的不理解，我们将心比心，真诚感化。听说我们的老队员明年可能不能来做实践了，听到我们说："我们不知道以后你们会不会想我们，但是我们会想你们的。"那些平日调皮捣蛋的小男生们忍不住哭了，离别的时候，我们已经不忍再想……

时光如白驹过隙，转眼我们已经来到了孝昌小河中学6天。这六天里，我们收获了感动，收获了快乐，结识了一群善良单纯的"小天使"，丰富了自己的人生阅历。实践的时间是有限的，但是我们的路还很长很长。我们的力量轻如微尘，但是我们坚持不懈，我们呼吁让更多的社会人士参加到我们关爱留守儿童的活动当中来。请给这些角落里的、田野里的、坚忍不拔的小小"蒲公英"们多一些关爱、多一些关注吧！哪怕只是一点点露水，相信他们也能长成参天大树！

蒲公英的梦想很多很多。我们梦想有一天，留守儿童放学回家面对冷冷清清的家时，能独立自主照顾好自己的生活。我们梦想有一天，想起远方的爸爸妈妈，孩子们能微笑着期待。我们梦想有一天，孩子们学会用感恩的态度去面对生活。我们梦想有一天，孩子们不再因为无人倾诉而形成封闭自卑的性格。我们梦想有一天，所有的孩子都能健康快乐地成长。我们梦想有一天，所有的留守儿童不再孤单遥望。我们梦想有一天，所有的留守儿童都能在阳光下露出灿烂的笑脸!

我们用行动抒写动人篇章,我们用爱心演绎华美旋律。蒲公英的梦想,一定会盛开在神州大地的各个角落!

(蒲公英暑期实践一分队:柯凑巧)

2. 2012 年优秀活动散文

爱,因为在心中

蒲公英,一个很简单、朴实的名字。记得在这个团队招新时,我也曾犹豫过,尽管很喜欢支教这样的社会实践方式,但我知道那并不代表自己就一定适合它。我担心自己做不好一个老师的工作,肩负不起那样一份对孩子的责任。不过,最终,在室友的鼓励下、老师的话语中,我坚定了这一个决定,然后经过两轮面试,成为了蒲公英的一分子。

在接下来的几个月里,我们开会讨论团队的种种问题,与武汉大学的社团联谊参加老人院的活动,支教组的队员们试着站上讲台并互相提出意见,社调组的队员们承担了做视频这一艰巨任务。还有每个星期二和星期四晚上的集训,大家一起跑步、玩游戏,就这样彼此慢慢熟悉了。

一直觉得蒲公英是个温暖的团队,我们来自不同学院、不同年级,因为同一个信念走到一起,因为一份爱,从相识到相知。

这份爱,来自对支教的喜欢。一直以来,我对教师这个职业都有一种向往,从幼稚的小时候到现在。我喜欢面对一群简单的孩子,看他们的天真可爱,看他们的认真努力,总觉得这样的一份工作,比职场的勾心斗角、尔虞我诈要好很多很多。在实践之前的很长一段时间里,我们支教组每个星期都有培训,课余时间自己准备课件。室友常常问我,你怎么总在做 PPT 啊? 的确,准备的过程要花很多时间,但我觉得从上课的效果来看是值得的,虽然那些孩子可能不会明白在网上找图片和资料需要花心思,但他们对英语认真的态度让我觉得很欣慰。在这次活动中,我好像突然理解了老师偏爱好学生的原因,也意识到了老师与学生之间的关系的重要性。当看到他们给所有老师的打分表时,我也看到了自己身上的不足,真正体会到作为一个老师看待一些问题时,与学生完全不同的心态与立场。

这份爱,来自团队的团结友好。加入蒲公英,我认识了一群性格各异的朋友。每次走在路上碰见他们,会很自然地打招呼;当室友问我那是谁时,我会开心地说，那是我们蒲公英的队员。每次开会和每个星期的两次晚上集训，我都尽量把时间冲突的其他事情推掉，因为不想缺席蒲公英的活动。在那些游戏里，我们从互相不记得名字，到可以报出彼此不同的学院、家乡，到可以没心没肺地开玩笑。这样一种融合，不需多言，很高兴能够在偌大的校园里认识一群自己班级以外的朋友，就这么自然、温馨。在十几天的实践里，我们对彼此的认识也更进了一步。队长在工作时严肃认真，平常会和我们一起疯，有时会像哥哥一般的照顾大家；老队员们会给我们讲去年实践的经历，真诚地传授经验给我们，玩游戏时也会有一点点老手的"狡诈"；新队员的我们在课堂上慢慢变得熟练、大胆，和大家打成一片，参与活动的种种。男生们承担了很多体力活，买菜、搬水、为我们搬床板、给学生搬课桌，可谓任劳任怨；女生们一起做了很多细活，洗菜、做饭、打扫寝室和教室、和学生聊天、送他们回家，不失细心体贴……十几天的时间里，我们如同一家人一样一起生活，一起团结地为团队忙碌着，上课、家访、走访政府机构，有时辛苦，有时疲惫，但当我们回首这一段时间，记忆里留下的只剩下美好。

这份爱，来自孩子的真挚感情。在阳新王英镇这个小小的、美丽的地方，我们与一群孩子度过了难忘的十几天，我想说，这个暑假因为有了他们而增添了一份感动与不舍，这个夏天因为他们而变得意义非凡。回来了很久，他们的身影和声音好像依然那么近，像是就在眼前、就在耳旁。尽管天气很热，他们都按时到校，哪怕住得很远；课堂上，他们积极举手，一张张脸上写满了认真和好学；活动中，他们热情参与，即使很害羞的孩子也鼓起勇气走上台来；有时候他们也不听话、不懂事，大哭、吵闹，在我们午休时围着教室故意喧哗，做错事却不愿承认、不想改正。我们也曾笑着说，自己在家对弟弟妹妹都没这么耐心，甚至有队友开玩笑说，要在临走之前把那些调皮的小家伙暴打一顿。但当我们要离开的时候，这一切都化做了眼泪与不舍，看着他们在镜头前各种可爱的姿势，听着他们说"我舍不得你们走""老师再见"，看到他们在我们面前落泪，心里有种很复杂的感觉，是难过，亦是满满的感动。也从心里感谢可爱的他们，让我们又一次回到小学和初中，感受那一份儿时的天真无邪和少年时的青涩懵懂。从孩子们的眼里，看得出他们也从这十几天里得到了些什么，哪怕是一点点，只要对他们的成长有好处，我们就不虚此行，我们的努力就有了初衷的意义。

这份爱，来自蒲公英的信念。"将语言化为行动，用爱心承载希望"，我们把留守儿童与自己联系在了一起，关注他们的学习、生活、心理状况，与他们的父母、长辈沟通。我们也要小心呵护那些孩子的心灵，不给他们贴上与同龄孩子不一样的标签。希望通过我们的努力，能够以一群大学生的形象，正确引导他们，让他们在成长的过程中少走一些弯路，做个开朗、活泼的好孩子、好学生，希望他们的心里没有忧郁的影子，希望他们的成长更阳光、简单。每一位蒲公英成员都会尽自己的努力，在这个过程中不断发现自己的不足，在这个团队里不断完善自己，在一次次活动中争取做得更好。我们的信念，我们的坚持，只为那些需要关爱的孩子。

爱，因为在心中，蒲公英会带着我们共同的梦想随风越飞越远，越飞越高……

（蒲公英实践团队赴黄石阳新小分队：王梦君）

3. 2013 年优秀活动散文

将语言化为行动，让爱心承载希望

"你每天都在做很多看起来毫无意义的决定，但某天你的某个决定就能改变你的一生。"

"团队很需要你，再次和蒲公英们并肩作战吧！我相信你可以的。"

还记得那年是 2013 年 7 月 7 日，我和一群蒲公英们第一次来到了从未听闻的黄石市排市镇后山学校，见到了那一张张生疏的面孔，还有破旧的教室、操场，以及臭味难闻的厕所。14 天过后，蒲公英们一起离开那个生活了十多天的土地，带着不舍和孩子们的爱。

暑期社会实践落幕了，也意味着蒲公英们要做出选择了，在学生会兼任实践部部长的我其实纠结过很长时间，是否申请留在团队，继续为公益事业奉献自己微博的力量，但是考虑到自己的能力和精力都十分有限，所以打算将这个机会留给其他热爱公益的蒲公英们，这对团队的发展或许更好，于是我在 8 月份并没有写申请书。对于我的决定，当时郭队问了我的想法，他想让我明白时间就像海绵中的水，有能力者一定会将它挤出，并好好运用的。但是当时的我并没有十分在意，因为我有自己的想法，也有自己的决定。

或许我与蒲公英团队有着一种解不开的缘，新学期开学了，郭队跟我讲了现在团队的状况，想了很多很多，最后为了团队建设，我留下来了。由于今年团队改革了，设置了部门，而我被留在了别人口中最累的宣传部，但是为了蒲公英，我可以花费更多的精力和时间，因为已经做出了决定，就要对自己的抉择负责。

　　就这样，我们九位老队员一起为着蒲公英不懈努力，从爱心书签的9人小队到招新后近40人的团队，这一路，走得太艰辛，而我们一路扶持着彼此。

　　不知不觉，又到一年实践时，由于身体的缘故原本已做出决定不参加实践的我改变了心意，我要回后山看看那些孩子们！和马队商量了以后，那晚，我给爸爸发了短信：爸，我暑假还想跟团队一起去黄石，这应该是人生中最后一次这样的经历了，我不想以后留下遗憾。爸爸看到短信之后，马上打电话过来，他总是支持我做的决定。那晚，我睡得很香，很安稳，因为又可以见到那群可爱的孩子。

　　终于待到期末考结束，我们一起踏上了去排市镇后山学校的路，这一路，赶得太艰辛！赶公交、赶地铁、赶火车，坐上到阳新的火车时队员们已疲惫不堪，再转车去后山，经过一路颠簸，终于到达了后山学校，熟悉的、弯曲的道路，又见道路旁边的蒲公英絮随风飘荡！一切都是那样的熟悉，唯独，去年的我作为社调人员，或许更多的是悄悄地来，悄悄地离开。

　　这次或许是命中注定要再次到来与他们相知。当到后山时，听到小朋友叫我的名字时，真的很激动，去年的十几天都在社调中度过，每天疲惫的身躯让自己也无心创造和小朋友们相处的机会，自己印象最深刻的只有三个小男生，戴希广、曹彪、王强。戴希广是当时出了名的小帅哥，曹彪、王强是在后期的家访时加深印象的，这大概就是与三个小男生的相识了。

　　再次的相见让我们相知，虽然今年依旧是作为社调人员参加的，但是这次与孩子们相处的机会比去年稍稍多了些。和孩子们一起打羽毛球，一起玩三国杀，一起打扫卫生，还记得那天，曹彪和戴希广帮我处理垃圾池周围的垃圾，说实话，周围真的很臭很臭，但是他们却一直帮我直到将垃圾处理完，还帮助我将垃圾桶拖到垃圾池旁边，可是由于垃圾桶受到长期的日晒雨淋，早已不牢固，在阶梯上的时候突然断了，曹彪一屁股坐在了地上，他一脸没事的样子让我没有过多在意，等我拉他起来的时候发现他受伤了，胳臂上在流血，当时我的眼泪快要掉下来了，心疼地问他："疼吗?"他笑笑，不疼。农村的孩子早当家，因为他们早已学会了承受，学会了坚强。

　　十四天的实践生活就这样流逝，离别那天，下着大雨，可是孩子们还是来了，这次的他们学会了坚强，没有哭鼻子，我们也能安心地离开。坐在面包车上，望着这周围熟悉的一切，面对这片我生活了一个月的土地，我想大声说：我爱你！

　　回到学校的第二天，戴希广打电话说想我了，心中有种隐隐的开心！虽然相处的时间很短，但是和他们在一起很开心。还记得每次洗衣服时，他们都会调皮的往我盆子里面扔那种扎扎的叶子，还会时不时地扎下我，知道我怕痒后每次见面都会伸出两只小爪挠我的腰，最后的最后都是我投降。最后几天他们又喜欢上了摸头，没洗多久的头发总会被摸得油油的，我们团队成员的头被他们摸了个遍。

这群调皮可爱又懂事的孩子们，永远是后山一道亮丽的风景线。

有时候会静静想：继续留在蒲公英建设团队，再次来到后山体验艰苦的生活值得吗？时间给了我答案。

如果没有蒲公英，就不会有现在这样成熟的自己；

如果没有蒲公英，就不会有与小蒲公英们的深厚友谊；

如果没有蒲公英，就不会与后山结下如此的缘。

再见，是为了更好的相见，或许，随着时间的推移，孩子们会忘记有那样一群哥哥姐姐来过这里，而我，却早已在大脑中新建了一个文件夹《后山的记忆》，它将伴随我一生。

将语言化为行动，用爱心承载希望，相信小蒲公英们会继续播撒希望的种子！

（蒲公英实践团队赴黄石阳新小分队：李金枝）

4.2014 年优秀活动散文

一路常相伴

去年的支教开始于一场大雨，结束于一片朝霞。今年却正好相反。结束时的那场大雨，仿佛在和我们去年的开始进行呼应，一样的飘泼，不一样的，却是我们的心情。

蒲公英很小，但是力量很大，给他一阵风，他就能飞到很远很远的地方，在那里开花，然后继续飞翔。我想，这就是蒲公英的含义，也正如我总说的那句话，"我们或许都做不了什么大事，但我们都可以怀着伟大的爱做一些小事"。每一个加入蒲公英的人，都一定会理解蒲公英对于家的定义。

后山的孩子，还是一样的活泼，还是一样的可爱，如果去到他们日夜渴求的大城市，他们可能会获得更好的教育，但同时也会失去他们身上最宝贵的东西——纯粹。但如果他们一直待在后山，却得不到生活条件的改善，得不到好的受教育的机会。出门务工的家长还是不在他们身边，而我们的陪伴却只有短短的十几天。十几天建立的感情能有多深？可以深到一年过去了，还是有人记得你，还是会打电话给你，甜甜地说："东东姐姐，你在做什么呀？"十几天的感情能有多深？可以深到他们生病感冒了第一个想到要打电话的不是自己的爸爸妈妈和看护人，而是我们这些所谓生命中的过客。所以感情的深浅与时间无关，而在于人心。有的人固执地认为，长时间的感情才是真感情，我只能说，那是因为他没有猛烈地付出过，没有真心且毫无保留地将自己交给另一个人，在后山，除了孩子们，除了我们的这些队员们和淳朴的村民们再也没有别人了。没有电脑电视，没有那些可以干扰感情、打扰感情的条件。这里的爱，是纯粹的。

大城市的孩子们习惯了比拼、计较，然而在后山，却从未有这样的事情发生。你可能会觉得是孩子们懂事，但仔细想来，只觉得可怜。当你在忙碌的时候，孩子们会很乖巧的不来打扰你，因为他们不想你讨厌他。当你忙着和另外的小孩子们玩的时候，忽视了他，他也不会生气，只会悄悄到别处去游荡，因为他们早已习惯独自玩耍。他们的敏感让人心疼，却也让人深思。家庭关爱的缺失，是成长的短板。

小强还是当年那个不可一世的小强，依旧爱惹麻烦，但却没有当年的放肆。热衷于打架，从实践刚开始，每天都会有人来和我说，小强今天又打架了，小强今天又欺负人了。设身处地地想，自己身边像小强这样的男生这个年纪也同样是爱打架，喜欢惹是生非。原因无非是希望得到关注，只可惜用错了方法。小强没有妈妈，又不喜欢爸爸。但是他很喜欢我们，有次有人当着他的面和我告状说小强在家打他的爷爷，小强这个小家伙一下就火了，眼神不停地瞟我，嘴里不停威胁人家让他不要再说了。发现我一点表情都没有才放下心来。我哪里是没有表情，我那时不知道我要怎么说他，怎么才能让他朝着正确的方向走，不要打架，不要欺负小孩子，不要把自己弄伤。可惜实践刚开始事情杂，还要拍微电影，实在抽不出时间来，等到稍微空闲下来，又找不到合适的时机。直到有一天晚上，他欺负人已经欺负到我们队员的宿舍楼来了，还是当着我的面，我就把他揪着狠狠地说了一通。虽然早就知道，小强小的时候可能因为没有家长，被比他大一点的孩子欺负过。但当他说出"我要是不欺负别人，别人就会欺负我"时，我没有愤怒，我只觉得伤心。每一个孩子的成长都是需要很多力量的，各种力量相互和谐、均衡才能让一个孩子健康快乐地成长。可是小强没有办法，没有能力获得这些本该属于他的爱。我又有什么资格去批评他呢？只是我真切的希望，小强可以少打架，这个世界上暴力是解决问题最直接的方法，但也是最笨的方法。不过，最后一次聊天的时候他和我说："我再也不打架了。"我相信他。

　　谈会锵都长胖了，肉嘟嘟的像一个球一样，去年的时候还像一个小女生，今年就变成小胖子了。曹彪倒是瘦了，梳着小刘海，远远看上去还以为是小女生呢。小戴侬又长高了。每个小孩都很可爱，我以为萍水相逢不会让我留下很深的印象，却没想到能轻而易举说出他们每个人的变化。爱，让我们彼此都更加完整，更加美好。

　　我们也许不能做什么伟大的事，但是可以怀着伟大的爱做些小事。蒲公英与后山，一路常相伴。

（蒲公英实践团队赴黄石阳新小分队：安东）